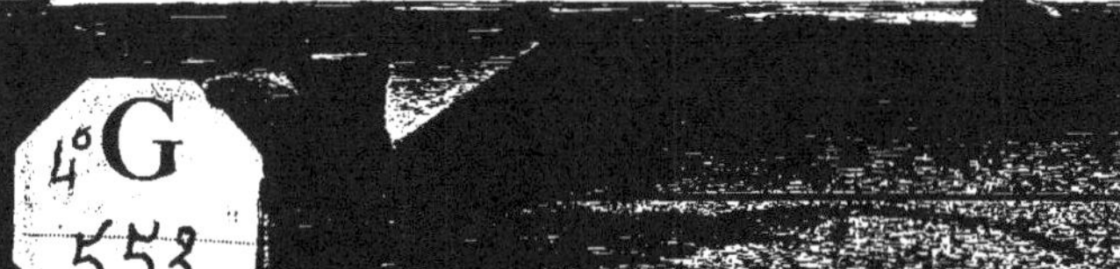

...EAUX D'HISTOIRE

...CONTEMPORAINE

ALLIANCE DES MAISONS D'ÉDUCATION CHRÉTIENNE

TABLEAUX D'HISTOIRE

HISTOIRE CONTEMPORAINE

(1790-1890)

PAR

L'ABBÉ M. GRISAUD

PROFESSEUR D'HISTOIRE A L'INSTITUTION SAINTE-MARIE
DE LA SEYNE (VAR)

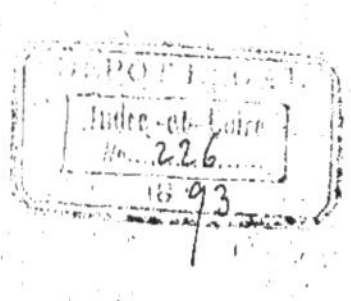

PARIS

LIBRAIRIE CHARLES POUSSIELGUE

RUE CASSETTE, 15

1893

PROPRIÉTÉ DE

TABLEAUX D'HISTOIRE

PAR M. L'ABBÉ GRISAUD

Histoire grecque (classe de cinquième)	» 80
Histoire romaine (classe de quatrième)	2 »»
Histoire du moyen âge (classe de troisième)	2 »»
Histoire moderne (1270-1610) (classe de seconde)	1 75
— (1610-1785) (classe de rhétorique)	1 75
Histoire contemporaine (classe de philosophie)	

PROGRAMME D'HISTOIRE CONTEMPORAINE

Première partie. — LA RÉVOLUTION ET L'EMPIRE

A. Les gouvernements. — Les états généraux. — Les cahiers.

I. *Les gouvernements révolutionnaires.* — 1° La Constituante; œuvre de la Constituante; orateurs de la Constituante. — Suppression de l'ancien régime.

2° La Législative; les partis dans l'Assemblée. — Impression produite par la révolution. — Rôle de l'émigration. — Les insurrections de 1792. — Chute de la royauté. — La Commune de Paris.

3° La Convention; Girondins et Montagnards. — Procès et mort de Louis XVI. — Lutte des Montagnards et des Girondins. — La Terreur et comité de Salut public. — Division et chute des Montagnards. — Institution de la Convention : esprit de ses réformes.

II. *Les gouvernements de réaction.* — 1° Le Directoire; détresse financière et conspirations. — Coup d'Etat du 18 fructidor 1797. — Violences et anarchie. — Coup d'Etat du 18 brumaire.

2° Le Consulat, décennal, à vie. — Constitution de l'an VIII. — Institutions du Consulat; leur esprit. — Les codes, le concordat, la Légion d'honneur, l'organisation financière. — Puissance du premier consul, son intervention dans les affaires de l'Europe. — Les complots. — Proclamation de l'empire.

3° L'empire. — Constitution impériale. — La cour; la nouvelle noblesse; l'armée. — Le Sénat et le conseil d'Etat. — L'absolutisme impérial. — L'université. — La législation; les finances; les travaux publics; l'industrie. — Les lettres, les arts, les sciences sous l'empire.

B. Les guerres. — 1° *Sous les gouvernements révolutionnaires.* — *a* Sous la Législative. — Première coalition : Campagne de 1792. — Valmy. — Jemmapes.

b Sous la Convention. — 1° *Guerre civile* en Vendée et en Bretagne. — 2° *La guerre étrangère.* — Armées et généraux de la république. — Suite de la première coalition, campagne de 1793, Nerwinde, Hondschoote, Wattignies. — Campagnes de 1794, 1795; Fleurus; conquête de Hollande. — Traité de Bâle.

2° *Sous les gouvernements de réaction.* — *a* Sous le Directoire. — Campagne de 1796. — Campagne d'Italie : Lodi, Castiglione, Arcole, Rivoli. — Traité de Campo-Formio.

Campagne d'Egypte. — Deuxième coalition. — Campagne de 1799. — Perte de l'Italie. — Victoire de Zurich.

b Sous le Consulat. — Campagne de 1800 : en Italie, Marengo; en Allemagne, Hohenlinden. — Traité de Lunéville. — Perte de l'Egypte. — Paix d'Amiens. — Expédition de Saint-Domingue.

c Sous l'empire. — 1° 1804 à 1807. — Troisième coalition. — Camp de Boulogne, Trafalgar, Ulm, Austerlitz. — Traité de Presbourg. — Confédération du Rhin. — Quatrième coalition : Iéna, Auerstaedt, Eylau, Dantzig, Friedland, traité de Tilsitt. — Les États feudataires.

2° 1807-1812. Le blocus continental et ses graves conséquences. — Guerre d'Espagne; caractère de cette guerre. — Cinquième coalition : Eckmühl, Essling, Wagram, traité de Vienne. — Etat de l'Europe en 1810.

3° 1812-1814. — Sixième coalition : campagne de Russie, la Moskowa, Moscou, la retraite, la Bérézina. — Campagne de Saxe : Lutzen, Dresde, Leipzig. — Campagne de France : l'invasion, capitulation de Paris. — Abdication de l'empereur.

Seconde partie. — L'EUROPE DE 1815 A 1830

1° *La France.* — Première restauration (1814-1815). — Retour des Bourbons. — Louis XVIII. — La Charte. — Le premier traité de Paris. — Les Cent Jours. — Acte additionnel à l'empire. — Campagne de Belgique : Waterloo. — Seconde abdication et captivité de Napoléon. — Les traités de 1815. — Congrès de Vienne. — Second traité de Paris. — État de l'empire en 1815. — La Sainte-Alliance.

Seconde restauration. — Proclamation de Cambrai. — Le régime parlementaire sous Louis XVIII. — Principaux orateurs et hommes d'Etat. — Prospérité de la France sous Louis XVIII.

Charles X (1824-1830). — La congrégation et son influence. — Ministère de Villèle. — Ministère de Martignac. — Ministère de Polignac. — Les ordonnances de juillet. — La révolution de 1830. — Politique extérieure de la restauration. — La question d'Orient.

2° *L'Europe.* — La Sainte-Alliance et le carbonarisme. — Politique de congrès et d'intervention en Allemagne, en Espagne, en Portugal, à Naples, à Turin. — Congrès de Carlsbad, de Vienne, de Troppau, de Laybach, de Vérone.

En Angleterre : Règne de George IV (1820-1830). — Politique extérieure de Canning. — Réformes économiques d'Huskisson. — O'Connell en Irlande.

Indépendance des colonies espagnoles : le Mexique, la Colombie, le Brésil.

Troisième partie. — L'EUROPE DE 1830 A 1848

1° *La France.* — Louis-Philippe (1830-1848) et la monarchie parlementaire. — La Charte de 1830. — Les partis. — Les sociétés secrètes. — Les ministères. — Résultats généraux du règne. — Conquête de l'Algérie.

2° *L'Europe.* — Politique extérieure de Louis-Philippe. — Création du royaume de Belgique. — Russie et Pologne; chute de Varsovie. — Allemagne : mouvement révolutionnaire; le Zolwerein. — Italie : Insurrection à Bologne, intervention de l'Autriche. — Les Français à Ancône; avènement de Pie IX. — Espagne et Portugal : guerre des carlistes; règne d'Isabelle II; les mariages espagnols. — Suisse : Guerre du Sonderbund. — Angleterre : Guillaume IV; avènement de Victoria; Peel, Cobden. — La question d'Orient.

Quatrième partie. — LES LETTRES, LES SCIENCES ET LES ARTS DE 1815 A 1848

Lettres. — Influence des littératures étrangères. — Querelles des classiques et des romantiques. — Renaissance des études historiques. — Critique littéraire. — Les romans. — L'éloquence. — *Arts.* Peinture, sculpture, musique. — *Sciences.* Mathématiques, physique, sciences naturelles, médicales, physiologie, chirurgie. — Applications des sciences à l'industrie.

Cinquième partie. — LA RÉVOLUTION DE 1848 EN FRANCE ET EN EUROPE

1° *En France.* — Le gouvernement provisoire. — La Constituante. — La présidence constitutionnelle de Louis-Napoléon et la Législative. — Présidence dictatoriale et principat de Louis-Napoléon. — Coup d'Etat du 2 décembre.

L'Europe depuis 1848. — La Russie, la Pologne et les nihilistes. — L'Autriche : Révolte des Tchèques et de la Bohême; nouvelle constitution. — L'Allemagne : Le Parlement de Francfort. — Antagonisme de la Prusse et de l'Autriche ; la guerre des duchés ; guerre entre la Prusse et l'Autriche, Sadowa; guerre de France; l'unité allemande; nouvelle constitution de l'Allemagne. — L'Italie : Soulèvement après la guerre d'Italie; envahissement des Etats pontificaux et de Naples par les Piémontais; l'unité italienne. — En Espagne : Révolution de 1868; chute d'Isabelle II.

Sixième partie. — LE SECOND EMPIRE FRANÇAIS

Le second empire (1852-1870) : L'empire dictatorial (1852-1860). — L'empire libéral (1860-1870). — Administration impériale. — Constitution de 1852. — Les traités de commerce. — Les guerres du second empire : Guerre de Crimée; guerre d'Italie; formation de l'unité italienne. — Guerres de Chine, de Cochinchine. — Entrée au Japon. — Expédition de Syrie, du Sénégal. — Occupation de la Nouvelle-Calédonie. — Guerre du Mexique; guerre franco-allemande.

Septième partie. — L'EUROPE DEPUIS 1870

1° *La France.* — La troisième république. — L'Assemblée nationale (1871-1875). — La constitution de 1875. — Elections républicaines de 1876. — Mac-Mahon. — Grévy. — **1884**, modifications à la Constitution de 1875. — Carnot (1887).

2° *L'Europe.* — ANGLETERRE : Disraëli, Gladstone; les réformes électorales; la constitution anglaise; le Parlement; les Trade's-unions. — L'Angleterre et l'Irlande; le home rule. — ALLEMAGNE : L'empire et la constitution impériale. — Le Kulturkampf; les socialistes. — L'Alsace-Lorraine. — Le septennat militaire. — Frédéric III. — Guillaume II. — RUSSIE : Alexandre II. — Le nihilisme. — La Pologne. — Alexandre III. — ITALIE : Achèvement de l'unité. — Humbert Ier. — Le saint-siège. — ESPAGNE : Restauration d'Alphonse XII (1874). — Alphonse XIII. — AUTRICHE.

Huitième partie. — EXPANSION COLONIALE EUROPÉENNE AU XIXe SIÈCLE

1° La France en Asie, Afrique, Amérique, Océanie. — 2° L'Angleterre en Asie, Afrique, Amérique, Océanie. — 3° L'Allemagne en Afrique et en Océanie. — 4° L'Italie en Afrique.

L'Amérique contemporaine. — Guerre de sécession. — Haïti. — L'Amérique du Sud.

Neuvième partie.

LE MOUVEMENT INTELLECTUEL, ÉCONOMIQUE ET SOCIAL DEPUIS 1848 EN EUROPE

Lettres. L'érudition. — Les sociétés savantes. — La critique littéraire. — Les littératures étrangères. — *Arts.* Peinture, sculpture, musique, opéra-comique. — *Sciences.* Médecine, physiologie.

Applications de la chimie. — Pasteur. — Le mouvement scientifique au XIXe siècle. — Industrie et commerce. — Protection et libre-échange. — Traités de commerce et conventions internationales. — Expositions universelles. — Le socialisme. — Organisation du travail.

HISTOIRE CONTEMPORAINE

PREMIÈRE PARTIE

LA RÉVOLUTION ET L'EMPIRE

A. — LES GOUVERNEMENTS

I. — LES GOUVERNEMENTS RÉVOLUTIONNAIRES

Les états généraux. — L'assemblée nationale.

Le 27 décembre 1788, malgré l'avis des notables, et sur le conseil de Necker, Louis XVI convoqua les états et déclara que le tiers aurait double représentation. La noblesse et le haut clergé nommèrent directement leurs élus; le bas clergé et le tiers firent une élection à deux degrés.

La publication de la convocation des états occasionna de graves soulèvements à Paris, en Franche-Comté, en Bretagne, en Provence.

Les cahiers. — 1° *Dans l'ordre politique.* — Monarchie héréditaire : le roi a le pouvoir exécutif et partage le pouvoir législatif avec les états, qui seront convoqués périodiquement. Les droits féodaux sont abolis. — Tout citoyen peut prétendre aux fonctions civiles et militaires.

2° *Dans l'ordre religieux.* — Liberté de conscience; le culte catholique reste seul public.

3° *Dans les finances.* — Égalité devant l'impôt qui sera voté par les états.

4° *Dans la justice.* — Justice gratuite. — Juges nommés par le roi et inamovibles. — Unité de législation.

5° *Dans l'ordre économique.* — Liberté de l'industrie et de la presse; unité des poids et mesures.

Ouverture des états. — Ils s'ouvrirent à Versailles le 5 mai 1789. Le clergé comprenait 291 membres (Maury, Talleyrand); la noblesse, 270 (duc d'Orléans, La Fayette, Lally-Tollendal, Cazalès); le tiers état 578 (Mirabeau, Sieyès, Bailly, Barnave).

On discuta longuement pour savoir si la vérification des pouvoirs aurait lieu en commun, et si on voterait par ordre ou par tête. Le 17 juin, sur une proposition de Sieyès et de Mirabeau, le tiers se transforma en *Assemblée nationale.* Le 20 juin eut lieu le *Serment du Jeu de paume;* le 23, en séance royale, Louis XVI ordonna aux trois ordres de se retirer; le tiers refusa et déclara ses membres inviolables; le 27, le duc d'Orléans et un grand nombre de nobles et de prêtres se réunirent au tiers; le 9 juillet, l'Assemblée prit le nom d'*Assemblée nationale Constituante.* — La faiblesse du roi et l'influence funeste du duc d'Orléans facilitèrent le désordre qui se manifesta d'abord par l'insubordination des gardes françaises.

I. La Constituante.

La Constituante. — M. de Pompignan, archevêque de Vienne, fut président. Il y eut trois partis : la droite (Maury, Cazalès); la gauche (Mirabeau, Talleyrand, Sieyès); le centre (Lally-Tollendal, Malouet, Mounier).

Inquiet du triomphe du tiers, Louis XVI appelle des troupes à Paris et renvoie Necker qui ne l'approuvait pas. (Emeute à Paris. Les gardes françaises. Envahissement de l'hôtel de ville. Prise de la Bastille (14 juillet) le lendemain, rappel de Necker, renvoi des troupes. — Louis XVI à l'Assemblée avec ses frères.) — 17 juillet, le roi à Paris confirme la nouvelle municipalité avec Bailly pour maire, nomme La Fayette commandant de la garde nationale et prend la cocarde tricolore.

Nuit du 4 août. — Sur la proposition de M. de Noailles, la noblesse renonce à ses privilèges, le clergé suit son exemple; Louis XVI les approuve (*restauration de la liberté française*).

Journées des 5 et 6 octobre. — La révolution est maîtresse de Paris depuis le

I. — LES GOUVERNEMENTS RÉVOLUTIONNAIRES (suite).

I. La Constituante (Suite).

14 juillet. — Le pain manque dès le 5 octobre, et une émeute éclate à Versailles après la fête donnée par les gardes du corps aux officiers du régiment de Flandre. Le roi et l'Assemblée vont à Paris.

Les clubs. — A côté de l'Assemblée se forment les *clubs.* Le premier, l'association des Amis de la constitution, dits plus tard *Jacobins*, donne le mot d'ordre en province à 12,000 clubs. Les deux plus importants sont ensuite celui des *Cordeliers* (Danton, Marat, Desmoulins), et celui des *Feuillants* (La Fayette, Barnave). Ils sont aidés par de nombreux mauvais journaux.

Les royalistes découragés, commencent à émigrer après la prise de la Bastille (comte d'Artois, prince de Polignac, prince de Condé).

La Fédération du 14 juillet 1790. — Sur une proposition de la municipalité de Paris, l'Assemblée décréta la fête de la Fédération universelle. Louis XVI, assisté de Talleyrand, y jura de maintenir la constitution décrétée par l'Assemblée.

Cependant les émeutes recommencèrent bientôt, et le défaut de sécurité en France fit redoubler l'émigration. — Démission de 300 députés. — Retraite de Necker. — Louis XVI essaye de gagner Mirabeau, qui meurt (2 avril 1791). — Fuite du roi à la nouvelle d'une intervention armée des émigrés et par crainte de devenir l'otage de la révolution.

Arrêté à Varennes, on le ramena à Paris; ses pouvoirs furent suspendus, et on le garda à vue aux Tuileries (émeute jacobine au Champ de Mars pour demander la déchéance du roi). Louis XVI adhéra à la constitution de 1791. — Les députés se retirèrent après avoir décidé qu'aucun d'eux ne ferait partie de la nouvelle assemblée (30 septembre 1791). Le même jour eut lieu l'incorporation du Comtat-Venaissin à la France.

Œuvre de la Constituante. — La Fayette proposa de mettre en tête de la constitution une *Déclaration des droits de l'homme,* dont les dix-sept articles se réduisirent aux cinq principes suivants, dits principes de 1789 : souveraineté du peuple, droit des citoyens à la liberté individuelle, égalité de tous devant la loi, inviolabilité de la propriété, droit de résistance contre l'agression.

I. *Réformes sociales.* — Egalité civile et politique. — Liberté de conscience, de la presse, de réunion. — Le mariage n'est plus qu'un contrat civil. — L'état civil sera tenu par des fonctionnaires.

II. *Réformes politiques.* — La nouvelle constitution repose sur deux principes : souveraineté du peuple, séparation des pouvoirs. C'est la monarchie constitutionnelle; le roi n'a que le pouvoir exécutif et le veto suspensif pour deux législatures. L'Assemblée législative est élue pour deux ans à deux degrés; elle fixe et contrôle les impôts, et, sur une proposition du roi, règle le chiffre de la composition des armées.

III. *Réformes administratives.* — La France est divisée en quatre-vingt-trois départements, divisés en districts, cantons, communes. Le département est administré par un directoire de huit membres élus par le peuple et un conseil de trente-six membres; un procureur général syndic a le pouvoir exécutif. — Même organisation dans le district. — La commune a un maire et un conseil.

IV. *Réformes judiciaires.* — Un *tribunal de paix* par canton. — Un *tribunal civil* par district. — Les crimes sont jugés dans chaque département par un *tribunal criminel,* assisté d'un *jury.* — L'appel se fait au tribunal voisin. — *Tribunal de cassation* à Paris. — Haute cour de justice. — Les juges sont élus pour dix ans.

V. *Réformes financières.* — Des anciens impôts indirects, on ne garde que les *douanes,* reportées aux frontières, les droits d'enregistrement, de timbre, d'hypothèque. — On établit trois contributions directes : impôt *foncier,* impôt *mobilier,* impôt industriel ou *patente.* — Un bureau de comptabilité nationale remplace la Cour des aides et des comptes. — Après la confiscation des biens du clergé, l'Assemblée décide que l'Etat se chargera des frais du culte. — L'Assemblée émet les *assignats* remboursables, en principe, par la vente des biens nationaux; les différentes assemblées en émirent pour quarante-cinq milliards et demi; le Directoire ne pourra les rembourser et fera banqueroute.

VI. *Liberté du commerce et de l'industrie.* — Liberté du commerce maritime. — Suppression des douanes et de l'inspection des marchandises. — Suppression des corporations et des jurandes.

VII. *Constitution civile du clergé.* — Suppression des ordres religieux. — Les biens ecclésiastiques sont biens nationaux. — Les prêtres sont des fonctionnaires. — Curés et évêques sont nommés par le peuple. — L'État se charge des œuvres de charité. — Quatre évêques seulement jurèrent cette constitution.

---

[1] **Orateurs de la Constituante.** — 1° ORATEURS DE DROITE. — *Maury* (1746-1817) naquit dans le comtat Venaissin et se signala d'abord par ses prédications à Paris; académicien en 1785, il fut député à la Constituante et l'adversaire de Mirabeau. Après la Constituante, il émigra à Coblentz, puis à Rome, où il fut fait cardinal. Rallié à l'Empire, il entra au sénat (1806), accepta l'archevêché de Paris (1810) malgré le pape, et ne sut pas assez conserver son indépendance. A la Restauration, repoussé par le roi, il alla mourir à Rome. Plein de talent et d'audace, il était trop préoccupé d'humilier ses adversaires.

Cazalès (1758-1805) naquit à Toulouse, fut officier de dragons et député de la noblesse. Orateur éloquent, logicien

LA LÉGISLATIVE (1 octobre 1791 — 21 septembre 1792).

II. La Législative.

Cette assemblée comprenait 745 membres jeunes, sans expérience, élus sous le coup de la crainte des Jacobins. Il y eut quatre groupes : les *Feuillants*, les *Girondins*, les *Montagnards* ou *Démagogues* et le *Centre* (ventre).

— **Premiers actes de la Législative.** — 1° Suppression des titres « sire et majesté » — le trône royal remplacé par un fauteuil. — 2° Démission de Bailly et de La Fayette à la suite d'une émeute populaire; Péthion, maire de Paris; Danton, substitut. — Suppression du commandement général des gardes nationales. — 3° Brissot fait décréter la peine de mort et la confiscation des biens contre les émigrés non rentrés au 1er janvier 1792, et l'obligation du serment civique pour les prêtres.

Dès la fin de 1790, les émigrés étaient environ dix mille, groupés en trois corps : à Worms, avec le prince de Condé; à Coblentz, avec le comte d'Artois; en Belgique où ils étaient bien moins nombreux. Ils firent appel aux souverains, persuadés qu'ils leur aideraient à rétablir l'ordre en France, et à fortifier le pouvoir royal. Les souverains, qui n'étaient pas fâchés de voir la France s'affaiblir elle-même, donnèrent des conseils et des encouragements, mais refusèrent leur concours.

— **Ministère girondin.** — 10 mars. — 12 juin 1792. — Après un ministère feuillant de courte durée, Louis XVI se laissa imposer un ministère girondin (Dumouriez, Servan, Roland), qui lui fit déclarer la guerre à l'empereur François II. — Rendu responsable des débuts malheureux de la campagne, le roi fut privé de sa garde. On lui proposa la déportation des prêtres réfractaires et la création d'un camp de 20000 fédérés sous Paris; il y opposa son veto. — Le ministère girondin fut bientôt remplacé par un ministère feuillant.

— **Insurrections de 1792.** — 20 *juin*. — Émeute sans succès excitée par les girondins qui lancent la populace sur les Tuileries sous la conduite de Santerre et Legendre pour demander la sanction des deux décrets et le rappel des ministres girondins. — A ce moment, la Sardaigne se tourne contre nous; on déclare la patrie en danger, on accuse le roi de pactiser avec l'ennemi. — Le manifeste du duc de Brunswick (25 juillet) aggrave encore la situation.

— **10 août. Chute de la royauté.** — Les girondins, n'ayant pu obtenir la déchéance du roi et la mise en accusation de La Fayette, font l'émeute du 10 août (Chabot, C. Desmoulins, — pillage des Tuileries, — le roi et sa famille réfugiés à l'Assemblée; — par décret de l'assemblée, le roi, privé provisoirement du pouvoir exécutif, résidera au Luxembourg, — retour du ministère girondin, — établissement de la commune, — Convention nationale convoquée pour le 21 septembre afin de rédiger une nouvelle constitution).

La commune met la famille royale au Temple. — Départ des ambassadeurs étrangers.

— **La commune et les massacres de septembre.** — *Origine.* — Dès l'ouverture des états, un comité d'électeurs siégea en permanence à l'hôtel de ville. Ce pouvoir, régularisé après le 14 juillet, fut reconnu par la Constituante et le roi.

Grâce à un bureau central de correspondance entre les sections, la commune savait tout ce qui se passait dans Paris; elle se faisait obéir grâce aux troupes des sections; mais elle n'eut toute son influence qu'après le 10 août, quand Santerre devint chef de la garde nationale.

Sous prétexte de complots organisés contre le gouvernement, elle obtint de l'Assemblée le droit de visite domiciliaire (nuit du 29 août 1792). — Massacres des 2, 3, 4, 5, 6 septembre, aux Carmes, à l'Abbaye, à la Force, à la Conciergerie.

Au milieu de ces tristes événements, la Législative fit place à la Convention. Elle avait renversé la royauté constitutionnelle, laissé accroître l'influence des jacobins, aggravé la lutte entre le roi et la nation et ruiné la France par l'émission de deux milliards deux cents millions d'assignats.

---

convaincu, adversaire de Barnave, il consentit à toutes les réformes utiles. Il émigra après l'arrestation du roi à Varennes, s'offrit pour le défendre à la Convention, et rentra en France en 1801.

2° ORATEURS DU CENTRE. — *Malouet* (1740-1814) naquit à Riom, fut intendant du port de Toulon, député du tiers, conseiller secret du roi. Il voulait un gouvernement analogue à celui de l'Angleterre. Émigré en 1792, il demanda à venir défendre le roi; rentré en 1801, il fut commissaire de la marine à Anvers (1803); conseiller d'État en 1810, ministre de la marine (1814).

Lally-Tollendal (1751-1830), député de la noblesse de Paris, célèbre par les efforts qu'il fit pendant dix ans pour réhabiliter son père. Partisan d'une monarchie tempérée par deux chambres, et du *veto* absolu du roi. Il passa en Suisse après les 5 et 6 octobre, rentra en 1792, fut enfermé à l'Abbaye, s'échappa et s'enfuit en Angleterre. Rentré sous le Consulat, il fut pair de France sous la Restauration et académicien.

3° ORATEURS DE LA GAUCHE. — *Mirabeau* (Gabriel-Honoré de Riquetti, comte de), 1749-1791. Exclu par la noblesse à cause de ses désordres, il fut élu du tiers à Aix et à Marseille. Adversaire de Maury, il flatta trop le peuple. Conseiller secret de Louis XVI par l'intermédiaire du comte de la Marck, il fit payer ses services. Il fit du tiers état la nation elle-même, et sut presque toujours faire triompher ses doctrines.

Barnave (1761-1793), avocat à Grenoble, député du tiers, partisan des réformes sous un gouvernement monarchique, il se signala surtout par sa discussion avec Mirabeau sur le droit de paix et de guerre. Chargé de ramener la famille royale de Varennes, il se laissa gagner à la cause monarchique, eut des relations secrètes avec la reine, fut arrêté et guillotiné.

Sieyès (1748-1836), né à Fréjus, entra dans l'état ecclésiastique malgré lui, fut vicaire général de Chartres, député au tiers de Paris et un des principaux rédacteurs de la Constitution. Régicide, membre du Directoire; il fut pour beaucoup dans la fortune de Bonaparte. Sous l'empire, il fut sénateur et académicien.

LA CONVENTION (21 septembre 1792 — 26 octobre 1795).

Réunie le jour même de la séparation de la Législative, la Convention comprenait 749 membres, presque tous élus sous l'influence des septembriseurs. Elle proclama la république le 22 septembre.

Son histoire se partage en trois périodes : 1° du 21 septembre 1792 au 2 juin 1793, chute des girondins ; — 2° de la chute des girondins à la mort de Robespierre (9 thermidor 1794) ; — 3° du 9 thermidor 1794 au 26 octobre 1795.

III. La Convention.

1re période.

PREMIÈRE PÉRIODE

I. **Les partis.** — Il y avait dans la Convention trois partis : la *Montagne*, soutenue par les clubs des Jacobins et des Cordeliers; la *Gironde*, soutenue par le salon de Mme Roland; la *Plaine*.

L'Assemblée ayant permis au gouvernement de renouveler tous les corps judiciaires et administratifs, la Gironde protesta et demanda, sans succès, le châtiment des assassins de septembre et la mise en accusation de Marat, Robespierre et Danton comme aspirant à la dictature.

II. **Procès et mort de Louis XVI. — Conséquences** — La Montagne demanda aussitôt la mise en accusation du roi. — Louis XVI fut cité à la Convention le 3 décembre 1792 : Lindet dressa l'acte d'accusation. Le roi et sa famille furent enfermés dans la tour du Temple jusqu'au 11 décembre, où commença le procès; il eut pour défenseurs : Tronchet, Malesherbes, de Sèze, fut condamné le 15 janvier 1793, et exécuté le 21. Les émigrés et les puissances reconnurent aussitôt le Dauphin sous le nom de Louis XVII.

Cette mort eut pour conséquences : au dehors, une coalition de l'Europe contre la France; au dedans, le soulèvement de la Vendée et le triomphe de la Montagne.

La Convention leva aussitôt 300000 hommes, émit 800000 millions d'assignats et décréta la réquisition.

La Montagne fit établir : un *Comité de sûreté générale*, un *tribunal révolutionnaire* et le *Comité de salut public*. Ce dernier comité devint tout-puissant à partir de juillet 1793 : *Carnot* y fut toujours élu pour la guerre, et *Jean-Bon Saint-André* pour la marine. Il comprenait trois bureaux principaux : la guerre, les finances et la police générale qui établit partout la terreur.

Après la défaite de Nerwinde, la Gironde fut rendue responsable de la défection de Dumouriez et accusée de vouloir porter le duc d'Orléans au pouvoir. Elle répondit par le procès de Marat qui fut acquitté; elle fit alors établir un comité de douze membres pour juger les actes de la Commune (arrestation d'Hébert, — émeute du 31 mai). Les Jacobins obtinrent la suppression des douze et la liberté d'Hébert. — Emeute du 2 juin. — Marat fait expulser ou arrêter les Girondins.

2e période.

DEUXIÈME PÉRIODE

I. **Insurrections fédéralistes et royalistes.** — Les Girondins soulevèrent plus de cinquante départements et firent de la Normandie un centre de réaction fédéraliste. — Les royalistes soulevèrent la Bretagne, la Vendée et Lyon. — Toulon se donna aux Anglais, introduits en Corse par Paoli.

1° *En Vendée.* — Insurrection générale sous les ordres de Cathelineau, Stofflet, d'Elbée, Bonchamp, Charette, de Lescure, de la Rochejaquelein. Les Vendéens prennent Saumur (juin 1793); Cathelineau est tué à Nantes; la grande armée vient réduire l'insurrection, et la lutte se transporte au centre du Bocage.

— *Kléber et les Mayençais.* — Kléber, battu à Torfou, fut vainqueur à Cholet (octobre 1793). — Les royalistes furent défaits à *Granville* où ils étaient allés attendre des secours anglais, au *Mans* et à *Savenay.* L'armée vendéenne fut ruinée après l'assassinat de la Rochejaquelein par un grenadier français (mars 1793); plusieurs chefs traitèrent avec la république; Charette et Stofflet, désunis, firent une guerre de partisans et signèrent successivement la paix à *la Jaunaye* et à *Saint-Florent* (1795).

Hoche acheva de pacifier la Vendée et s'attacha les habitants par sa modération. — Charette et Stofflet, ayant voulu venger les émigrés massacrés à Auray (le Champ des Martyrs), furent pris et mis à mort (février, mars 1796).

2° La Bretagne avait organisé la *chouannerie*, sous la direction de Georges Cadoudal. — Hoche la désarma par le traité de *la Mabilais* (avril 1795).

3° Les émigrés réfugiés en Angleterre tentèrent une descente à *Quiberon;* compromis par la mésintelligence de leurs chefs, ils furent arrêtés par Hoche, grâce à quelques républicains cachés parmi les royalistes. Hoche leur promit la vie sauve; mais Tallien, représentant de la Convention, viola la parole du général et les fit fusiller.

LA CONVENTION (21 septembre 1792 — 26 octobre 1793).

III. La Convention (*Suite*).

2e période.

— Ces défaites des divers partis royalistes firent échouer le complot préparé avec l'aide de Pichegru, général de l'armée du Rhin, et de Condé, chef des émigrés d'Allemagne.

4° Lyon, tombé aux mains des royalistes, fut assiégé et saccagé par Kellerman (août-octobre 1793). — Dugommier chassa les Anglais de Toulon, grâce à Bonaparte (19 décembre 1793).

II. **La Terreur.** — Pour faire face à toutes ces attaques, la Convention proclama qu'en temps de révolution tout ce qui se fait pour le salut public est légitime. De là, levée en masses, réquisitions permanentes, emprunt forcé de un milliard sur les riches, Pitt déclaré ennemi du genre humain, ordre aux généraux de fusiller les prisonniers, loi des suspects, loi du maximum, loi sur les accaparements, suppression de la liberté religieuse, création de l'armée révolutionnaire parcourant la France avec la guillotine, profanation des caveaux de Saint-Denis, fêtes de la Raison, noyades de Nantes (Carrier), Jean Lebon à Arras, Tallien à Bordeaux, calendrier républicain. — Charlotte Corday (descendant de Corneille) assassine Marat (13 juillet 1793). — Les plus illustres victimes de cette période furent : Marie-Antoinette, vingt-deux Girondins, Philippe-Egalité, les généraux Houchard, Beauharnais, Custine.

III. **Divisions et chute de la Montagne** — La Montagne se détruisit par ses excès et ses divisions. — Les *Hébertistes*, parti avancé soutenu par le journal *le Père Duchesne*, par le club des Cordeliers et la Commune, virent leur chef Hébert accusé par Danton et Robespierre de provocation à l'anarchie et d'alliance avec l'étranger. Hébert fut condamné le 13 mars 1794. — Les *Dantonistes*, parti modéré dont les chefs, Danton et C. Desmoulins, furent accusés d'orléanisme par Robespierre et mis à mort (5 avril 1794). — Les *Robespierristes* tenaient le milieu entre les deux partis précédents; maîtres de la France dès la fin d'avril 1794, ils commencèrent la *grande Terreur*, qui fit 1400 victimes en quarante jours (Madame Elisabeth, les poètes Roucher et A. Chénier), établirent la fête de l'Etre suprême, portèrent la loi sanglante du 22 prairial et autorisèrent le Comité de salut public à traduire les représentants eux-mêmes en accusation, sans décret d'arrestation. Robespierre, rendu responsable de tous ces crimes, essaya vainement de se disculper. Accusé d'aspirer à la dictature, il fut mis hors la loi avec Saint-Just et Couthon, et, malgré la Commune, pris le 10 thermidor par Barras à l'hôtel de ville et exécuté.

3e période.

TROISIÈME PÉRIODE

I. **Réaction thermidorienne.** — Tallien, Fréron, Legendre, sous l'influence de l'opinion, entraînèrent la Convention dans une réaction énergique : abolition de la plupart des institutions révolutionnaires; exécution de quatre-vingt-seize membres de la Commune; rappel des Girondins; administration de Paris confiée à deux commissions sous le contrôle de l'Assemblée; les Muscadins, ou jeunesse dorée, font fermer le club des Jacobins (les cendres de Marat à l'égout). Sous l'influence de cette réaction, le luxe et les plaisirs reparurent, et les salons de Mme de Staël et de Mme Tallien exercèrent une grande influence.

II. **Insurrections de 1795.** — 1° *Insurrections jacobines.* — Le 12 germinal 1795 et le 1er prairial, les Jacobins profitèrent de la famine pour soulever le peuple de Paris et reprendre le pouvoir à la faveur de l'émeute; mais les sections et la jeunesse dorée protégèrent l'Assemblée (courage du président Boissy-d'Anglas). — 2° *Insurrections royalistes.* — C'est alors qu'eut lieu la tentative de Quiberon et l'alliance de Pichegru avec le prince de Condé.

CONSTITUTION DE L'AN III

Daunou en fut l'auteur principal. — Elle fut achevée le 22 août 1795.

1° Le pouvoir exécutif était donné à un *Directoire* de cinq membres rééligibles par cinquième tous les ans, et élus au scrutin secret par les Anciens sur une liste décuple du nombre des directeurs et présentée par les Cinq-Cents; — 2° le *pouvoir législatif* était donné à deux assemblées élues à deux degrés et renouvelables par tiers tous les ans : les *Anciens* et les *Cinq-Cents;* ces derniers préparent les lois; les premiers les examinent et les sanctionnent.

Un décret additionnel réservait les deux tiers des places de la nouvelle assemblée aux conventionnels.

— Les départements seront divisés en *cantons* et en *communes*, et chaque département aura un *directoire*. Une nouvelle loi électorale établissait des élections à deux degrés. Pour être membre des *assemblées primaires*, il fallait être Français, avoir 21 ans, être inscrit au registre civique du canton, payer la contribu-

LA CONVENTION (21 septembre 1792 — 26 octobre 1793) (suite).

III. **La Convention** (*Suite*).

tion foncière ou personnelle. Ces assemblées nommaient : les juges de paix, les officiers municipaux et un électeur pour 200 citoyens.

Pour être membre des *assemblées électorales*, il fallait avoir 25 ans, un revenu de 150 journées en campagne, de 200 en ville. — Ces assemblées nommaient : les administrateurs des départements, les juges des tribunaux et de la cour de cassation et les députés au Corps législatif.

La Convention proclama faussement que cette constitution avait été approuvée par les citoyens. — Royalistes et bonapartistes s'unirent dans l'émeute du 13 vendémiaire (27 septembre 1795), pour renverser la Convention; Barras et Bonaparte rétablirent l'ordre.

Le 28 octobre, la Convention se sépara après avoir aboli la peine de mort, et désigné les membres de la nouvelle assemblée et choisi les 5 directeurs.

INSTITUTIONS DE LA CONVENTION

Elle émit un grand nombre de décrets, qui n'étaient que l'ébauche d'institutions auxquelles Bonaparte donnera une organisation définitive et pratique.

École normale. — Bureau des longitudes. — Conservatoire des arts et métiers. — École polytechnique. — Loi du 3 brumaire 1795, organisant l'instruction publique à tous les degrés. — Système métrique. — Premières lignes télégraphiques. — Grand livre de la dette publique. — Muséum d'histoire naturelle. — Conservatoire de musique. — Nombreux hospices. — Préparation d'un code uniforme.

II. — LES GOUVERNEMENTS DE RÉACTION

I. — LE DIRECTOIRE (27 octobre 1795 — 9 novembre (18 brumaire) 1799).

I. **Le Directoire.**

Ce fut un gouvernement de transition caractérisé par l'agiotage, la licence des mœurs et l'incrédulité (Fêtes de la théophilanthropie).

Il y eut deux périodes marquées chacune par les efforts d'un des anciens partis pour recouvrer le pouvoir; ces deux périodes sont séparées par le traité de Campo-Formio.

1re période.

PREMIÈRE PÉRIODE (27 octobre 1795 — 17 octobre 1797).

Les directeurs, tous régicides (Barras, Rewbell, Letourneur, Carnot, Laréveillère-Lépeaux), se partagèrent les différentes branches de l'administration.

1° **Détresse financière.** — Pas de numéraire, — les arsenaux vides, — la disette dans tout le pays. — Cependant, à Paris et dans quelques grandes villes, il y avait un luxe effréné chez les bourgeois et les paysans enrichis par la vente des biens nationaux, les spéculations sur les blés, les assignats et les fournitures de l'armée. Cette situation provenait : 1° de la suppression des contributions indirectes par la Convention et de la négligence des communes à dresser le rôle des contribuables. Au début du Directoire, les contributions n'avaient pas été levées depuis plusieurs années. 2° Les assignats, discrédités, furent supprimés (février 1796); on fit un emprunt de 600 millions sur les propriétaires; on les remplaça par les *mandats territoriaux*, qui furent discrédités moins d'un an après leur émission. Le Directoire fit enfin banqueroute de 30 milliards et déclara que ses créanciers seraient remboursés pour les deux tiers par des bons du trésor échangeables contre des biens nationaux. L'autre tiers (86 millions) fut dit *consolidé* et inscrit sur le grand-livre comme rente perpétuelle.

2° **Lutte du Directoire contre les partis.** — Avec l'armée de l'intérieur on forma le camp de Grenelle, pour résister aux jacobins et aux royalistes. 1° Le comte d'Artois et 7000 hommes débarquèrent à l'île d'Yeu; Charette et Stofflet, qui ne purent les rejoindre, furent pris et fusillés. 2° *Gracchus Babœuf*, socialiste, essaya de soulever le camp de Grenelle; il fut pris et fusillé. 3° Les royalistes, profitant de l'affaiblissement des jacobins et soutenus par le club de Clichy et les émigrés rentrés en France, eurent la majorité aux élections de l'an V (1797). Deux des leurs, Pichegru et Barbé-Marbois, devinrent présidents des assemblées, et Barthélemy remplaça Letourneur comme directeur. La majorité modérée des deux assemblées vota la suppression des lois révolutionnaires.

3° **Coup d'état du 18 fructidor.** — Il fut fait, malgré Barthélemy et Carnot, par les autres directeurs avec l'aide des troupes envoyées d'Italie par

I. — LE DIRECTOIRE (27 octobre 1795 — 9 novembre (18 brumaire) 1799) (suite).

I. Le Directoire (Suite).

1re période. Bonaparte et commandées par Augereau. — Tuileries cernées; cinquante-trois députés déportés (Carnot eut le temps de fuir en Allemagne). — Abrogation des lois réparatrices de l'an V. — Club de Clichy fermé. — Nobles et émigrés exclus des fonctions publiques. — Moreau destitué de son commandement, pour n'avoir pas fait connaître assez tôt la trahison de Pichegru; Hoche le remplace. — Merlin de Douai et François de Neufchâteau directeurs à la place de Barthélemy et de Carnot. — Pichegru à Cayenne.

2e période.

DEUXIÈME PÉRIODE

(17 octobre 1797 — 9 novembre (18 brumaire) 1789).

A l'extérieur, le Directoire résiste à la deuxième coalition et fait la campagne d'Égypte. — A l'intérieur, il excite un mécontentement général en mettant en vigueur les lois de la Convention contre les prêtres et les émigrés.

Les élections de l'an VI (mai 1798) ayant donné la majorité aux démocrates, les directeurs (Treilhard a remplacé François de Neufchâteau) les annulèrent (22 floréal, 11 mai 1798). — Pour faire face aux nécessités de la guerre, on créa la *conscription*, on augmenta l'impôt de l'enregistrement et des domaines, on créa celui des portes et fenêtres.

Loi des otages (1799). — Quand des troubles éclataient dans une commune, le gouvernement pouvait, sans instruction, jeter en prison, jusqu'au rétablissement de la paix, les nobles et les parents d'émigrés.

Les élections de l'an VII furent encore favorables à l'opposition; de plus, Siéyès, qui avait remplacé Rewbell, obtint, avec Barras, l'expulsion des trois autres directeurs par le coup d'État du 30 prairial. Les nouveaux directeurs furent alors : Siéyès, Barras, Gohier, Roger-Ducos et le général Moulin. On ferma le club du Manège où Bernadotte était très influent. — Mais, dans le peuple, on désapprouvait la persécution religieuse (Pie VI, chassé d'Italie à la suite de l'établissement de la république romaine, meurt à Valence) : on se plaignait des emprisonnements et des déportations arbitraires.

18 brumaire. — La crise se termina par le coup d'État préparé par Siéyès. C'est la troisième révolution depuis 1789 : 1791, par la bourgeoisie; 1793, par le peuple; 1799, par l'armée.

Bonaparte, instruit de la triste situation de la France, revient d'Egypte et se lie avec les modérés. Le 18 brumaire, sous prétexte d'un complot jacobin, les Anciens transfèrent le Corps législatif à Saint-Cloud, et Bonaparte reçoit le commandement des troupes de Paris. Siéyès, Barras, Roger-Ducos, démissionnent; Gohier et Moulin sont gardés à vue au Luxembourg par Moreau. Le lendemain, Bonaparte vient à Saint-Cloud, et, après une séance orageuse, un décret supprime le Directoire et donne le pouvoir exécutif à trois consuls provisoires : *Bonaparte, Siéyès, Roger-Ducos*. Les assemblées sont ajournées et remplacées par deux commissions chargées de faire une nouvelle constitution.

II. — LE CONSULAT (9 novembre 1799 — 18 mai 1804).

II. Le Consulat.

I. **État de la France.** — Une enquête constata en 1800 : la ruine du trésor, la nullité de l'instruction primaire, la faiblesse de l'instruction secondaire, l'incapacité de l'État à subvenir à l'assistance publique, la ruine du commerce et de l'industrie, l'accroissement de la dépopulation, la famine en permanence et un nombre considérable de brigands dans le pays.

II. **Constitution de l'an VIII.** — 1° *Pouvoir exécutif.* — Trois consuls décennaux et rééligibles (Bonaparte, Cambacérès, Lebrun); les deux derniers n'ont que voix consultative. Les consuls sont assistés d'un *conseil d'État*, qui, sous leur direction, rédige les projets de loi et en expose les motifs au tribunat.

2° *Pouvoir législatif.* — Le *tribunat* discute les projets de lois et fait soutenir son vote par trois orateurs devant le *Corps législatif*, qui vote au scrutin secret et sans discussion. Ces deux assemblées sont renouvelables chaque année par cinquième.

3° *Pouvoir conservateur.* — Le *Sénat* (au début, 60 membres de 40 ans au moins et inamovibles) est recruté parmi les notabilités nationales sur une liste présentée par les consuls, le corps législatif et le tribunat. Le sénat élit les membres des deux autres assemblées, les consuls, les ministres, les juges en cassation, et veille au maintien de la constitution.

4° *Loi électorale.* — Le système électif établissait trois espèces de listes : les *notabilités communales, départementales, nationales*, parmi lesquelles on choisissait les membres des diverses administrations.

Cette constitution fut acceptée par 3 011 700 suffrages (24 décembre 1799).

II. — LE CONSULAT (9 novembre 1799 — 18 mai 1804) (suite).

II.

Le

Consulat

(*Suite*).

III. **Mesures réparatrices du Consulat.** — Rappel des proscrits du 18 fructidor; abolition de la loi des otages; suppression de l'impôt forcé progressif; mise en liberté des prêtres; ils ne seront plus tenus qu'à un serment de fidélité à la constitution. — Honneurs funèbres à Pie VI; suppression de la fête du 21 janvier. — Soumission définitive des Vendéens et des Chouans à la suite des négociations (à Montfaucon) entre l'abbé Bernier et d'Autichamps (décembre 1799). — Amnistie aux émigrés rentrés avant le 1er vendémiaire an XI et promettant de rompre toute relation avec les Bourbons et l'étranger; on excepte les chefs de la guerre civile et ceux qui seraient dans les armées étrangères.

IV. **Organisation administrative du Consulat.** — 1° *Finances.* — Établissement d'une caisse d'amortissement, d'une agence des contributions directes, qui, sous la surveillance du gouvernement, répartissait l'impôt et le percevait. Il y avait un payeur général par département. — On fonda la *Banque de France* (janvier 1800) pour aider le commerce et l'industrie. Les courtiers et les agents de change eurent un caractère public, pour assurer et faciliter les transactions commerciales.

2° *Organisation départementale.* — Le département fut divisé en *arrondissements* et en *municipalités communales.* Les autorités étaient, dans le département : le préfet, le conseil de préfecture, le conseil général; dans l'arrondissement : le sous-préfet et le conseil d'arrondissement; dans la municipalité : le maire et le conseil municipal.

3° *La justice.* — 1° Création de 29 cours d'appel dans les villes où avaient siégé les anciens parlements. 2° Le premier consul nomme les juges, qui seront désormais inamovibles. 3° Une *cour d'assises*, établie au chef-lieu de chaque département, est formée de juges détachés des cours d'appel; ils sont assistés d'un jury.

Le *Code civil*, dont les auteurs principaux furent Tronchet et Portalis, acheva l'œuvre décrétée par la Constituante et tracée dans ses grandes lignes par la Convention. Discuté au Conseil d'État, présenté au Tribunat et au Corps législatif, il fut promulgué en 1804. Il fondait la société sur les principes de la liberté, de l'égalité des droits, du respect de la propriété; mais il affaiblissait l'autorité paternelle et donnait à l'État un pouvoir exorbitant.

4° *Le concordat.* — 15 juillet 1801, 26 messidor an IX. — Négocié entre le cardinal Consalvi, le général Bonaparte et l'abbé Bernier, il fut inauguré à Paris le jour de Pâques (18 avril 1802). En voici les points principaux : La religion catholique est la religion de la majorité des Français. — Le dimanche est rétabli, ainsi que quatre grandes fêtes consacrées : Noël, l'Ascension, l'Assomption, la Toussaint. — L'État désigne les archevêques et les évêques, mais le pape peut refuser l'institution canonique. Les curés sont choisis par les évêques et approuvés par l'État. — Il y aura 50 évêchés et 10 archevêchés. — La vente des biens ecclésiastiques est déclarée inaliénable. — Les évêques et les curés recevront un traitement à titre d'indemnité.

Sous prétexte de régler la police des cultes, Bonaparte fit rédiger les *Articles organiques* à l'insu du pape et contre ses intentions connues. Le pape ne les a jamais admis; ils sont une restriction des droits de l'Église (nécessité d'une autorisation du gouvernement pour publier en France les brefs et les bulles du pape ou les décrets des conciles. — En certains cas, appel comme d'abus devant le conseil d'État).

5° *La Légion d'honneur.* — Bonaparte remplaça par la Légion d'honneur les *armes d'honneur* décernées par la Convention. Il se proposait de récompenser le mérite civil et militaire (16 cohortes comprenant chacune 7 grands-officiers, 20 commandeurs, 30 officiers, 300 légionnaires, à la tête un grand chancelier). Chaque légionnaire pourra porter la croix sur sa poitrine et recevra une dotation proportionnée à son grade.

6° *Instruction publique.* — 1° Établissement d'écoles primaires dans les communes qui peuvent payer les instituteurs; 2° fondation de 32 lycées, où sont créées des bourses pour les fils de fonctionnaires et de soldats et pour les enfants pauvres; 3° enseignement supérieur : 10 écoles de droit, augmentation du nombre d'écoles de médecine; écoles des ponts et chaussées, des arts mécaniques à Châlons, de l'art militaire à Fontainebleau.

V. **Accroissement du pouvoir consulaire** (1802). — Les complots formés contre le premier consul (complot jacobin, octobre 1800, — machine infernale, décembre (1800), avaient rendu sa cause populaire. Il en profita pour épurer le Tribunat et le Corps législatif, qui lui avaient fait opposition. — Par un sénatus-consulte du 2 août 1802, il reçut le consulat à vie, le droit de grâce et celui de choisir son successeur.

Le Sénat peut régler tout ce qui n'était pas prévu par les lois. — Le Tribunat, réduit à 50 membres, n'est plus qu'un conseil d'État. Les listes des notabilités sont supprimées; les assemblées cantonales choisiront les citoyens les plus imposés pour former les collèges électoraux à vie d'arrondissement et de département, qui présenteront les candidats aux places dans les grands corps de l'État.

Après la rupture de la paix d'Amiens (12 mai 1803), Bonaparte réprima le dernier complot royaliste, encouragé par l'Angleterre. Georges Cadoudal fut pris et mis à mort (25 juin 1804), Pichegru enfermé au Temple, où il s'étrangla, et Moreau banni.

Irrité de voir qu'on en voulait à sa vie, Bonaparte fit arrêter, dans le duché de Bade,

II. — LE CONSULAT (9 novembre 1799 — 18 mai 1804) (suite).

II. Le Consulat (*Suite*).

le duc d'Enghien, qui lui avait été dénoncé, à tort, comme l'auteur de ces complots, et le fit fusiller à Vincennes (20 mars 1804).

A ce moment, l'influence de Bonaparte est prépondérante en Europe : les députés italiens, réunis à Lyon, l'ont nommé président de la république cisalpine, qu'il appelle « italienne ». — 1802. Un sénatus-consulte réunit à la France : Piémont, Parme, l'île d'Elbe. — 1803. Par l'*Acte de médiation,* il organise la Suisse en une république fédéraliste de 19 cantons — En Allemagne, il règle la situation des princes dépossédés par le traité de Lunéville : il leur donne les États des princes ecclésiastiques. La Prusse et les princes protestants furent favorisés dans cet arrangement au détriment de l'Autriche et des catholiques.

III. — L'EMPIRE (1804-1814)

III. L'empire.

Le 30 avril 1804, sur la proposition du tribun Curée, le gouvernement de la république fut confié à un empereur choisi héréditairement dans la famille des Bonaparte (Lucien et Jérôme étaient exclus). Le 18 mai, le Sénat proclamait, à Saint-Cloud, Napoléon, *empereur des Français.*

Des registres ouverts dans les communes, pour avoir l'avis du peuple sur le fait de l'hérédité, donnèrent 3510000 oui et 3000 non (Carnot).

I. **Constitution impériale ou de l'an XII.** — 1° *L'empereur.* — Sa liste civile est de 25 millions; les membres de la famille impériale ont le titre de « prince » et reçoivent un million de dot; Napoléon a toute autorité sur eux. — Une nouvelle noblesse est créée pour donner plus d'éclat à la cour.

2° *La cour impériale.* — Elle comprenait : *les membres de la famille impériale;* les *six grands dignitaires de l'empire* : le grand électeur (Joseph), le connétable (Louis), l'archi-chancelier d'empire (Cambacérès), l'archi-chancelier d'État (Eugène Beauharnais), l'archi-trésorier (Lebrun), le grand amiral (Murat), les *grands maréchaux d'empire* dont le nombre ne pouvait excéder 16, sans compter 4 maréchaux honoraires; enfin, les *grands officiers civils :* grand aumônier, grand chambellan, grand veneur, grand écuyer, grand maréchal du palais, grand maître des cérémonies.

3° *Les grands corps de l'État.* — Le *Sénat* eut presque toute la puissance législative, le droit d'annuler les jugements des tribunaux, de casser les élections, de dissoudre le Corps législatif. Il comprenait les princes, les grands dignitaires et des personnages nommés par l'empereur. — Il y avait 35 *sénatoreries,* correspondant au territoire d'une cour d'appel; le sénateur devait y résider 3 mois par an et envoyer à l'empereur des rapports sur les fonctionnaires et les affaires de son ressort.

Le Corps législatif. — Il était choisi par le Sénat sur une liste présentée par les collèges électoraux des départements; il discutait en comité secret et votait les impôts.

Le Tribunat fut amoindri en 1804 et supprimé en 1807, à cause de son opposition à l'empereur dans les discussions du Code civil, du Concordat et de la Légion d'honneur.

Le conseil d'État. — Il avait toute la confiance de l'empereur, rédigeait les projets de lois et les règlements administratifs, et contrôlait les ministres. Il y avait des conseillers en *service ordinaire* (ils soutenaient devant le Corps législatif les projets du gouvernement), et les conseillers en *service extraordinaire* (inspection des préfets en province, levée des contributions en pays annexé, inspection des codes et de l'administration de France dans les principautés, les duchés, les royaumes fondés par Napoléon).

Une *haute cour* jugera les complots contre la sûreté de l'État et la personne de l'empereur. — Napoléon fut sacré à Paris par Pie VII (2 décembre 1804); la veille, le cardinal Fesch avait béni son mariage avec Joséphine. — Le 11 juillet, l'aigle impériale avait remplacé la fleur de lis. — Le 14 juillet, s'était faite la première distribution de croix de la Légion d'honneur. — Le 16 août, au camp de Boulogne, la distribution des croix aux soldats.

On peut distinguer deux périodes dans l'histoire du premier empire : 1804-1810, période de gloire et d'accroissement, jusqu'au traité de Vienne (14 octobre 1809), qui met fin à la cinquième coalition. — 1810-1814, période de décadence; l'Europe suit l'exemple donné par l'Espagne et secoue le joug impérial, dont la ruine s'achève par la campagne de Russie.

II. **Institutions impériales.** — Les institutions impériales furent faites dans le même esprit politique que celles du Consulat, esprit d'absolutisme et de concentration gouvernementale; toutes les libertés furent diminuées ou détruites.

1° *L'armée.* — Elle fut réorganisée au camp de Boulogne après la paix d'Amiens. Les *divisions,* formées de troupes de même arme, conservent chacune une batterie d'artillerie. Le *corps d'armée* comprend plusieurs divisions combinées suivant

III. — L'EMPIRE (1804-1814) (suite).

III.

L'empire

(*Suite*).

l'importance des opérations. Après Tilsitt, Napoléon s'efforça d'avoir de nombreux cadres d'officiers et de sous-officiers.

L'*infanterie* comprend : l'infanterie de ligne et l'infanterie légère. Les régiments ont 5 bataillons, dont 1 de dépôt; les bataillons ont 6 compagnies, dont 2 d'élite pour former à l'occasion des corps séparés. — Il y a encore 27 régiments étrangers, ayant chacun une batterie d'artillerie.

La *cavalerie* comprend : la cavalerie de ligne (dragons, lanciers), la cavalerie légère (hussards, chasseurs), la cavalerie de réserve (cuirassiers, carabiniers). — L'*artillerie* comprend : 9 régiments à pied, 6 à cheval. — La *réserve* comprend : la *garde impériale*, subdivisée en : vieille garde, moyenne garde, jeune garde.

2° *Les impôts.* — Les impôts indirects sont rétablis sous le nom de « droits réunis » (boissons, cartes à jouer, voitures publiques). En 1806, on établit la *Cour des comptes*, avec les mêmes attributions que la Chambre des comptes de l'ancien régime.

3° *Les codes.* — On achève l'œuvre législative du Consulat : 1806, Code de procédure civile; 1807, Code de commerce; 1810, Code d'instruction criminelle et Code pénal.

4° *L'Université.* — Elle a le monopole de l'instruction. — Organisation : un grand maître assisté d'un conseil; des inspecteurs généraux pour surveiller l'enseignement et l'administration. — L'empire est divisé en *Académies* administrées par des recteurs, des conseils académiques, des inspecteurs. L'enseignement a 3 degrés : primaire, secondaire, supérieur. Le recrutement des professeurs est assuré par l'école normale supérieure.

III. **Lutte de Napoléon Ier contre Pie VII (1805-1814).** — Il y eut deux points importants dans cette lutte regrettable :

1° *Spoliation des Etats pontificaux et captivité de Pie VII.* — Sous prétexte de relier le royaume d'Italie à celui de Naples, Napoléon prit *Ancône*, puis *Bénévent* et *Ponte-Corvo*. Le pape protesta. — Pie VII ayant refusé d'adhérer au blocus continental, le général Miollis occupa Rome (1808), et Pie VII se retira au Quirinal. — Par un décret daté de Schœnbrunn (17 mai 1809), Bonaparte réunit les Etats de l'Eglise à l'empire; Pie VII l'excommunia; Napoléon le fit arrêter et enfermer à Savone.

2° *Démêlés au sujet de l'institution canonique des évêques.* — Pie VII prisonnier refusait de donner l'institution canonique aux évêques, l'empereur passa outre (Maury à Paris, — l'évêque de Nancy transféré à Florence. — Pie VII annula ces nominations), empêcha toute communication de Pie VII avec les évêques, convoqua un concile national à Paris (serment des évêques au pape; plusieurs sont exilés ou enfermés à Vincennes. — Les séminaristes sous les drapeaux, — fermeture des maisons des sœurs de Charité à Paris). — Enfin, les évêques firent accepter, *pour la France*, que le métropolitain donnerait l'institution canonique, si le pape la refusait pendant plus de six mois. Pie VII refusa cette concession pour l'Italie, et à cause de cela fut transféré à Fontainebleau.

La lutte fut suspendue un instant par la campagne de Russie. Au retour, Napoléon ayant proposé au Corps législatif, comme un *acte définitif*, un simple projet de Concordat accepté par le pape, Pie VII le dénonça aux évêques. La lutte allait s'aggraver, quand, après Leipzig et l'invasion des alliés, Napoléon mit le pape en liberté.

IV. **Grands travaux d'utilité publique.** — 1° *Monuments.* — Panthéon achevé, Saint-Denis restauré (chapelles sépulcrales, — tables expiatoires, — chapitre d'évêques). — Colonne Vendôme; la Madeleine; arc de triomphe du Carrousel; la Bourse; pont d'Iéna.

2° *Assainissement de Paris.* — Canal de l'Ourcq, fontaines plus nombreuses ouvertes jour et nuit, cimetière du Père-Lachaise, canal Saint-Martin, achèvement des quais de la Seine.

3° *Nouvelles routes.* — *Grands canaux.* — *Travaux maritimes.* — Dix canaux sont créés ou continués : Ourcq, Bourgogne, Berry, Meuse au Rhin, Rhône au Rhin, Beaucaire, la Rochelle, Ille-et-Rance, Blavet, Nantes à Brest, Saint-Quentin. — Routes : de Metz à Mayence, de Roanne à Lyon, de la Corniche; — achèvement de celles du Simplon et du mont Cenis, du mont Genèvre, des bords du Rhin.

Grands travaux d'amélioration dans les ports de : Amsterdam, Flessingue, Anvers, Dunkerque, Calais, Cherbourg, Brest, La Spezzia, Venise.

4° *Industrie.* — 1811, création du ministère des manufactures et du commerce. — Ecole des arts et métiers à Compiègne. — Invitation aux savants de chercher les moyens de remplacer le sucre de canne par celui de betterave, afin de diminuer l'influence commerciale anglaise. — *Jacquart*, à Lyon, invente le métier à tisser la soie. — *Richard* et *Lenoir-Dufresne* prennent aux Anglais le secret de l'industrie cotonnière. — *Oberkampf* établit la fabrication des toiles peintes; — *Ternaux*, celle des châles. — *Bréguet*, simple ouvrier horloger, remplace Carnot à l'Académie des sciences et au bureau des longitudes. — *Lasteyrie* introduit en France le mouton mérinos, et crée à Paris la première imprimerie-lithographie.

III. L'empire. (Suite.)

Les lettres, les sciences et les arts sous l'empire (1789-1814).

V. **Les lettres, les sciences et les arts sous l'empire (1789-1814)** — *Influence de la révolution et de Napoléon sur l'esprit français.* — Si la révolution compte un grand nombre de ses victimes parmi les lettrés, les savants et les artistes (Roucher, A. Chénier, Fabre d'Églantine, Bailly, Condorcet, Lavoisier, Bochart de Saron, Morand, Philippe de Girard), il faut reconnaître cependant qu'elle a donné un certain mouvement, une certaine vigueur à des genres littéraires jusqu'alors presque inconnus. Le 18 octobre 1794, le comité d'instruction publique votait 100 000 écus pour être distribués chaque année aux lettrés et aux savants.

Napoléon eut moins de sympathie pour la littérature que pour les savants et les artistes. Il suscita de grands architectes et de grands peintres, à qui il donna des subventions généreuses et qu'il combla de dignités et d'honneurs. Mais on doit reconnaître que cette protection fut souvent exigeante et égoïste, et quelquefois injuste.

La littérature de cette période, aussi bien que les arts, ont un caractère essentiellement classique; les auteurs dramatiques puisent leurs sujets dans l'histoire de Sparte, d'Athènes et de Rome; les allusions à cette antiquité sont fréquentes dans les discours, dans la peinture, la statuaire et l'architecture, tout rappelle les Grecs et les Romains.

I. **Les lettres.** — 1° *Le théâtre.* — *Théâtre de la révolution.* — Le 13 janvier 1791, un décret proclama la liberté des théâtres; la Constituante émancipa ensuite les comédiens, leur reconnut le droit électoral et supprima la censure.

Dès lors les théâtres se multiplièrent et se peuplèrent d'acteurs patriotes qui entrèrent dans le mouvement de la révolution, si bien qu'avec les pièces de tout genre de cette époque, on pourrait reconstituer la suite des journées de la révolution. Les auteurs principaux de ce temps furent : Sylvain Maréchal, Desbarreaux, Cizos-Duplessis, Destival, de Valcour, Joseph Chénier, Picard, Pigault-Lebrun.

Cependant toutes les pièces n'étaient pas jacobines, et dès 1793 on put voir des pièces qui étaient une protestation contre la révolution, et que l'on dénonça comme peu patriotiques. La dernière pièce politique de la révolution fut une glorification du 18 brumaire : *la Journée de Saint-Cloud ou le 18 Brumaire*, par Léger, Chapel et Armand Gouffé.

La Convention restreignit d'abord la liberté du théâtre, puis rétablit la censure le 14 mai 1794; les théâtres changèrent de nom, et l'on s'efforça, par tous les moyens, de républicaniser la scène. Les pièces des grands maîtres du XVIIe siècle étaient toutes revues avec soin, et la plupart rejetées comme mauvaises, ou corrigées.

— *Le théâtre sous l'empire.* — Bonaparte rétablit le privilège des principaux théâtres, et ainsi fit tomber les autres; mais il sut arrêter les pièces avant qu'elles fussent connues et imposa parfois aux auteurs des changements absurdes. La plupart des pièces parues pendant la révolution sont sans intérêt pour nous; elles suivent de très près la tragédie classique française, déjà dépréciée avec Voltaire, et elles sont toutes taillées sur un même modèle, écrites dans le même rythme et sans qu'on tienne compte de la couleur locale. Les principaux tragiques de ce temps furent : Ducis, Joseph Chénier, Raynouard, Luce de Lancival, Laharpe, Baour-Lormian, Népomucène Lemercier.

Le drame naquit en France à la fin du XVIIIe siècle, et Diderot en a formulé la théorie, en même temps qu'il en a donné les spécimens. D'ailleurs, à cette époque l'influence de Shakespeare était alors considérable en Europe, et le théâtre allemand, qui était bien connu en France (Gœthe, Schiller, Lessing), appartient plus au drame qu'à la tragédie. Le drame fut très florissant pendant la période révolutionnaire et impériale; les pièces qu'il a produites ont plus de valeur littéraire que les tragédies. On peut signaler : *Mélanie*, de Laharpe; *Calas*, de Joseph Chénier; *la Mère coupable*, de Beaumarchais, qui transporta ses personnages de la comédie dans le drame. Le plus fécond de tous les dramaturges fut *Alexandre Duval*, qui fit surtout des pièces à personnages historiques et écrites en prose.

La comédie d'intrigue a eu beaucoup de succès à l'époque révolutionnaire et impériale; elle s'est réfugiée sur les scènes d'ordre inférieur, et a gagné, au contact plus intime du peuple, plus de liberté et de vitalité. *Beaumarchais* forme encore dans ce genre la transition entre l'ancien et le nouveau régime (1790, son libretto d'opéra-comique, *Tarare*, est une comédie); *Desforges* donna *le Sourd ou l'Auberge pleine* aujourd'hui encore estimé; *Collin d'Harleville, Fabre d'Eglantine, Andrieux, Népomucène Lemercier, Alexandre Duval, Picard*, qui fut académicien et que ses contemporains ont comparé à Molière.

Les types populaires de Mme Angot, Nicodème, Cadet-Roussel, M. de Crac, datent de cette époque.

III. — L'EMPIRE (1804-1814) (suite).

III. L'empire (Suite). — Les lettres, les sciences et les arts sous l'empire (1789-1814).

II. *Autres genres littéraires.* — Le premier chant lyrique de la révolution fut la *Marseillaise;* on peut citer encore: le *Chant du départ* de Joseph Chénier; le *Dithyrambe sur l'immortalité de l'âme*, que l'abbé Delille avait composé pour la fête de l'Etre suprême et que Robespierre n'osa faire chanter en public. Mais le poète lyrique attitré fut *Ecouchard-Lebrun*, qui prenait le titre de « poète national ». Il fut pensionné successivement par Louis XVI, par la Convention et par Napoléon.

La *poésie descriptive* fut encore en pleine vogue, tandis qu'on ne peut pas citer un seul vrai *poème épique.* Toutes les œuvres dans ce genre ne sont qu'une imitation ou une compilation plus ou moins heureuse des poèmes épiques connus. C'est qu'au fond les auteurs ne croient pas à leur sujet et font une épopée aussi bien qu'ils feraient un vaudeville ou une élégie; le XVIIIe siècle a ruiné tout enthousiasme et toute croyance, les auteurs s'abaissent jusqu'à la parodie licencieuse de l'épopée.

La *chanson* et la *romance sentimentale* eurent du succès; les débuts de Béranger sont de ce temps (1812, la *Chanson des gueux*). *Il pleut, il pleut, bergère,* de Fabre d'Eglantine; *Combien j'ai douce souvenance,* de Chateaubriand.

Le *roman sentimental* et le *roman moral* furent illustrés par les dernières œuvres de Bernardin de Saint-Pierre (la *Chaumière indienne,* 1790). Mais le roman de cette période est presque tout aux mains des femmes, dont les deux plus illustres sont *Mme de Genlis*, qui a laissé plus de 100 volumes, et *Mme de Staël* (*Delphine*, 1802; *Corine, ou l'Italie*, 1807). — On peut signaler encore : Mme Cottin, Mme de Charrière, Mme de Krüdner, Mme de Souza, Mme de Rémusat, Mme de Duras, Mme Sophie Gay.

Ces romans sont presque tous remarquables par l'analyse des passions et des sentiments, par l'observation exacte de la société, par une vive sensibilité et par un certain naturel de style. On pouvait déjà prévoir la révolution que Chateaubriand allait opérer dans le roman.

Chateaubriand donna *Atala* en 1801, *René* en 1802, les *Martyrs* en 1809; *Atala* procède de *Paul et Virginie*, *René* du *Werther* de Gœthe. Chateaubriand a créé le roman personnel et introduit dans ce genre le désenchantement et la désespérance. Les *Martyrs* sont notre premier roman historique. — *Xavier de Maistre* (le *Lépreux de la cité d'Aoste*, la *Jeune Sibérienne*) et *Charles Nodier* (les *Proscrits*, le *Peintre de Salzbourg*) ont fait aussi des romans; Nodier a même créé le genre « Nouvelle » dans lequel nous excellons.

Dès cette époque, il y a lieu de signaler les origines du *mouvement romantique,* c'est-à-dire l'influence des littératures du Nord, anglaise, allemande, scandinave. Bien que la période impériale soit surtout *classique,* ou plutôt *pseudo-classique,* car elle a mal entendu les civilisations antiques, cependant elle a vu commencer le mouvement romantique. Elle a subi l'influence *celtique,* avec les poésies des *bardes* de la Grande-Bretagne, publiées par l'Ecossais Macpherson (Ossian), et traduites ou imitées par Baour-Lormian. La musique et la peinture subirent cette influence (l'opéra des *Bardes,* de Lesueur; l'opéra d'*Uthal,* de Méhul).

Mais l'influence de la littérature anglaise avec Shakespeare, Milton, et celle de la littérature allemande avec Schiller, Gœthe, Wieland, Klopstock, Mme de Staël, fut bien autrement considérable. — Une troisième source de romantisme fut tirée de nos *Chansons de gestes* que Creuzé de Lesser ressuscita dans son épopée de la *Chevalerie*, en 50 000 vers.

— *La critique littéraire.* — *Joseph Chénier,* classique pur, a, dans son *Tableau de l'état et des progrès de la littérature française depuis* 1789, montré un grand esprit de critique et d'impartialité, sauf pour Chateaubriand et les premiers romantiques, pour qui il est d'une extrême rigueur.

— *Laharpe* a publié son *Cours de littérature*, de 1799 à 1805; mais il ignore la littérature du moyen âge. — *Mme de Staël* a écrit : l'*Essai sur les fictions*, le *Livre de la littérature*, l'*Allemagne*. — *Geoffroy* a créé le *feuilleton littéraire* dans le *Journal de l'empire*.

— *La tribune.* — *L'éloquence politique.* — L'existence d'une assemblée politique en France à cette époque est un fait politique et littéraire considérable; mais la tribune française se distingue des tribunes anglaise et américaine en ce qu'on y discute des principes plus que des intérêts. Les orateurs ont tous les défauts de leur temps et quelques défauts personnels; ils aiment les souvenirs classiques, l'emphase, la sensibilité, la philanthropie. Tous les partis eurent des orateurs éminents : l'abbé Maury, Cazalès, Mirabeau, Vergniaud et Napoléon.

III. — L'EMPIRE (1804-1814) (suite).

III. L'empire (Suite). — Les lettres, les sciences et les arts sous l'empire (1789-1814).

III. **Les sciences morales et politiques.** — LA PHILOSOPHIE. — La plus grande partie des philosophes de la révolution et de l'empire appartient à l'école *sensualiste*, fondée par Locke et Condillac au XVIIIe siècle (Destutt de Tracy, Morellet, Volney, Laromiguière). Napoléon les appelait « idéologues » et, par haine pour eux, supprima la *classe des sciences morales et politiques* à l'Institut. Il y avait aussi quelques matérialistes; le plus célèbre fut *Cabanis*. — *Maine de Biran* fut un profond spiritualiste; il basa son système sur la *volonté*, comme Descartes l'avait basé sur la pensée. *Royer-Collard* restaura le spiritualisme à la Sorbonne; tout en affectant de se donner comme élève de Maine de Biran, il dut beaucoup à l'école écossaise. Ses principaux élèves furent : Cousin, Jouffroy, Damiron.

— L'HISTOIRE. — Les périodes troublées de la révolution et de l'empire ont été, par elles-mêmes, peu favorables aux travaux historiques en France. De plus, la dispersion des ordres religieux a interrompu leurs travaux sur les origines nationales, et l'Institut de France n'était pas encore en mesure de les reprendre. D'ailleurs, on avait peu de goût pour ces recherches patientes. On s'occupa un peu de l'histoire du XVIIIe siècle; il y eut, jusqu'en 1801, quelques publications et quelques mémoires sur l'histoire même de la révolution; mais à partir de 1801 il n'y a presque plus de publications historiques; on rédige des mémoires, mais on les tient secrets. La seule publication importante est l'*Histoire des guerres de la révolution*, par Jomini.

Les études orientales. — En 1795 fut fondée l'École des langues orientales. A l'occasion de la campagne d'Égypte fut fondé l'*Institut d'Égypte*, qui a puissamment contribué à la connaissance des antiquités égyptiennes par la copie des inscriptions et la collection des monuments curieux, comme le zodiaque de Denderah. — 1803. Silvestre de Sacy étudia les caractères cunéiformes de la Perse; 1810, il publia sa grammaire générale et fit connaître les géographes arabes et le fabuliste hindou Bidpaï. — Enfin, on commença l'étude du sanscrit.

Les théories politiques et sociales. — La révolution avait proclamé le dogme de la souveraineté populaire, sur lequel Napoléon voulut fonder son pouvoir. Dans le même moment (1796-1810), *J. de Maistre* et *de Bonald* formulaient avec éclat le principe de la restauration de la monarchie de droit divin (de Bonald : *la Théorie du pouvoir religieux et politique; — les Lois naturelles de l'ordre social; — la Législation primitive.* — De Maistre : *Considérations sur la France; — Principe générateur des constitutions.*)

Les actes mêmes de la révolution portaient à attaquer le principe de la propriété; Brissot et Rabaud sont allés jusqu'à proposer le partage égal des fortunes; ces théories furent ardemment discutées dans les clubs, et c'est pour les appliquer que la Convention et le Directoire ont par trois fois décrété l'emprunt forcé sur les riches. La Convention cependant recula devant les conséquences des principes formulés dans son sein; par un décret du 18 mars 1793, elle punit de mort celui qui proposerait une loi agraire.

Mais ces idées furent reprises dans les clubs. Babœuf, qui puisa presque toutes ses théories dans le *Code de la nature*, de Morellet, s'adjoignit un certain nombre de terroristes, fonda avec eux le « club du Panthéon » ou « société des Égaux », et s'efforça de répandre les théories communistes, basées sur ce principe : « La terre n'est à personne, les fruits sont à tout le monde. » Son échec dans une conspiration contre le Directoire et sa mort mirent fin aux tentatives socialistes et communistes.

IV. **Les arts.** — 1° *Architecture et sculpture.* — On a peu construit pendant la révolution, et sous l'empire l'architecture est *classique*; tout est romain (Panthéon, Invalides). Sous l'influence de Napoléon, on visait au grand et au colossal en tout et partout; il n'a manqué à Napoléon que le temps pour exécuter ses projets.

Percier et *Fontaine* furent les deux principaux architectes de Napoléon; ils commencèrent par créer d'après les modèles antiques les modèles du mobilier républicain, qui fit fureur en Europe. Napoléon les chargea de restaurer les Tuileries, de continuer le Louvre, d'élever l'Arc de triomphe sur le Carrousel, de faire les décorations pour son sacre et pour son mariage. — *Chalgrin* fut chargé de dresser l'*Arc de triomphe de l'Étoile*, qui fut continué par *Goust*. — *Lepère* et *Gondouin* firent la *colonne Vendôme* et s'inspirèrent pour cela de la colonne Trajane; elle fut inaugurée en 1810. — Le *temple de la Gloire*, commencé du vivant de Napoléon (Posen 2 décembre 1806), ne fut pas achevé par lui, et la Restauration en fit l'église royale de la Madeleine. — 1807. *Poyet* fut chargé de terminer le *Corps législatif*, que Gisors et Lecomte avaient commencé. — *Brongniart* com-

III. L'empire (Suite). — **Les lettres, les sciences et les arts sous l'empire (1789-1814).**

mence le palais de la Bourse. — *Bonnard* commence au quai d'Orsay deux palais, l'un pour les Affaires Etrangères, l'autre pour les Ambassadeurs des puissances; les travaux, interrompus en 1810, furent achevés sous Louis-Philippe. — Entrepôts de Bercy et de Grenelle. — Théâtre des Variétés. — Théâtre de la Gaieté.

— La sculpture de l'époque impériale se distingue par la science du dessin, une vigueur tempérée et une correction froide. Elle a subi l'influence de l'Italien Canova et du Danois Thorwaldsen. Nos principaux sculpteurs à cette époque furent : *Michallon, Moitte, Gérard, Cartellier, Dumont, Bosio, Dupaty, Lemot.*

2° *Peinture et arts du dessin.* — L'ancien régime légua à cette période tout un groupe de grands peintres, qui furent les maîtres de deux principales générations de peintres.

— La première génération eut pour maître *David* (1748-1825), qui eut pendant vingt-cinq ans le rôle de Le Brun sous Louis XIV. Ardent montagnard et plus tard peintre attitré de Bonaparte, il fut le génie ordonnateur de toutes les fêtes de la Convention et de tous les cortèges du régime impérial. Il s'est attaché avant tout à la correction du dessin; il n'est point coloriste au point de chercher les effets de lumière et les contrastes de couleurs. On peut lui reprocher une correction et une raideur dans ses tableaux romains, et une pompe un peu théâtrale dans ses tableaux où figure l'empereur (*les Sabines, Léonidas aux Thermopyles, le Serment du Jeu de Paume, le Couronnement de l'empereur, la Distribution des aigles*, les *portraits de Pie VII et de Mme Récamier*).

Les principaux peintres de cette génération furent *Regnault* (1754-1829), *Lethière* (1760-1832), *Prudhon* (1758-1823), dessinateur impeccable, coloriste savant et fin. Ce fils d'un maçon de Cluny fit son éducation tout seul, inventa de nouveau, pour ainsi dire, la peinture à l'huile. Remarqué au Salon de 1808 par l'empereur, il reçut la croix et fut nommé professeur de dessin de Marie-Louise. — *Carle Vernet* (1758-1836), fils du célèbre paysagiste, père du peintre des batailles, fut lui-même l'illustrateur de l'épopée impériale. La plupart de ses tableaux de batailles sont à Versailles. Il fut aussi célèbre caricaturiste, peintre de courses et de chasses.

La seconde génération eut pour maître *J.-B. Isabey* (1767-1855), élève lui-même de David. Il se fit un nom surtout par ses portraits, bien qu'il soit connu aussi comme peintre d'histoire. Il a été le peintre des Merveilleuses de la république et des Maréchales de l'empire (*la Revue des Tuileries, Bonaparte à Rouen, Bonaparte chez Oberkampf, Napoléon empereur, Joséphine, le Roi de Rome, Mmes Tallien, Récamier, d'Abrantès*).

Gérard (1770-1837), surnommé le *peintre des rois et le roi des peintres*, est remarquable par son dessin correct, son coloris harmonieux et sa grande vérité d'expression. Il a peint *Austerlitz*, des tableaux bibliques, des tableaux mythologiques (*l'Amour et Psyché*, son chef-d'œuvre), des tableaux d'histoire classique, de très nombreux portraits : la Famille Impériale, les Maréchaux de l'empire, les Rois et les Reines de l'Europe.

Gros (1771-1834) fut le vrai précurseur des romantiques. Ses tableaux de batailles firent une véritable révolution (*Aboukir, Eylau, les Pyramides, les Pestiférés de Jaffa*). Il a su tirer de puissants effets du contraste des couleurs, le premier il a su représenter des cimeterres et des chevaux arabes, et l'ensemble de ses tableaux annonce déjà les *Orientales* de V. Hugo. Lui seul semble avoir su peindre les batailles héroïques et en faire de vraies épopées.

Pierre Guérin (1774-1833), élève de Regnault est le type caractéristique de l'école classique; il n'a presque traité que des sujets antiques. — Il faut signaler enfin les débuts de *Géricault* (1791-1824), et d'*Ingres* (1780-1867).

3° *La musique.* — La musique subit l'empreinte de la révolution, comme les autres arts. Elle créa les *chants nationaux*, et par la liberté du théâtre elle ouvrit la carrière aux talents ignorés. Les deux principaux compositeurs français furent *Méhul* (1763-1817) et *Lesueur* (1763-1837). *Chérubini* (1760-1842) s'établit en France après avoir eu des succès en Italie, fut en grande faveur sous la république, mais déplut à Napoléon. *Gossec* (1733-1829), Belge d'origine, vécut en France. Méhul, célèbre surtout par son opéra de *Joseph*, est remarquable comme symphoniste et par la couleur locale qu'il sait donner à la partition. — Chérubini, en dehors de quelques opéras, est surtout renommé pour sa messe du sacre, le *Kyrie* et le *Credo* de sa messe en *fa*. Sa musique, pleine de force et de vigueur, produit de grands effets harmoniques; elle est remarquable par la correction du style. — Lesueur réussit peu au théâtre; on le considère comme un précurseur de Berlioz et un novateur.

III. — L'EMPIRE (1804-1814) (suite).

III. L'empire (*Suite*). — Les lettres, les sciences et les arts sous l'empire (1789-1814).

Parmi les musiciens de l'époque précédente qui terminèrent alors leur carrière, les plus célèbres furent *Grétry* et Dalayrac. — Les chefs-d'œuvre de la musique allemande, surtout ceux de Mozart et de Haydn, commencèrent à être connus dès cette époque (*les Noces de Figaro, Don Juan, la Création*); mais la musique italienne fut beaucoup plus répandue, grâce au goût même de Napoléon et à nos relations importantes avec la péninsule. Les principaux grands maîtres italiens de ce temps furent : Paisiello, Zingarelli, Spontini.

V. **Les sciences.** — La France, menacée par l'invasion en 1793, dut en grande partie son salut à ses savants. Les frères *Chappe* firent établir, en 1793, le *télégraphe aérien.* En 1794, le capitaine *Coutelle,* à la bataille de Fleurus, employa un *ballon captif.* Nos savants, privés du secours de l'Allemagne pour la fonte des canons, trouvèrent le moyen d'en faire avec les cloches des églises. *Fourcroy* trouva des procédés rapides de fabrication de l'acier, pour suppléer à ce que l'Angleterre nous fournissait avant la guerre. En extrayant le salpêtre des murailles, ils arrivèrent à fabriquer de la poudre à raison de 12 millions de livres par an. Le Comité de salut public, par un arrêté du 14 pluviôse, organisa des cours pour enseigner la fabrication de tous les engins de guerre, et les plus grands savants du temps y furent employés. — *Armand Seguin* inventa un procédé rapide pour tanner les cuirs destinés aux équipements militaires.

Mathématiques et astronomie. — Il est à remarquer que les mathématiciens de ce temps ont presque tous été mêlés à la politique et à la guerre. Les hommes les plus remarquables dans cette branche des sciences furent : *Lagrange,* organisateur de l'École polytechnique, dont il fut professeur; Napoléon le fit comte, sénateur et grand-officier de la Légion d'honneur; on a pu dire de lui qu'il a, pour ainsi dire, renouvelé les sciences mathématiques.— *Laplace,* professeur d'analyse mathématique à l'École normale, après le 18 brumaire, ministre de l'intérieur, sénateur, grand-officier de la Légion d'honneur. — *Monge,* ministre de la marine en 1792, ardent jacobin, consacra sa science à la défense nationale; plus tard il fut professeur à l'École polytechnique et membre de l'Institut. C'est lui qui recruta le personnel scientifique de l'Institut d'Égypte. Au retour de l'expédition, il fut fait sénateur, comte de Péluse et directeur de l'École polytechnique. Il perdit tous ses titres sous la Restauration. — *Carnot,* officier du génie, remplit des fonctions politiques importantes. C'est lui qui plaça Bonaparte à la tête de l'armée d'Italie. Après le 18 brumaire, Bonaparte lui donna le ministère de la guerre. En 1815, il organisa la défense d'Anvers; il fut exilé sous la Restauration. Il fut, comme Monge, surtout géomètre. On peut citer encore : *Meusnier, Lancret, Legendre, Hachette, l'abbé Bossut.*

Pour l'*astronomie,* il y a lieu de signaler l'Allemand *Schroetter,* qui fit de brillantes études sur Vénus; l'Italien *Piazzi,* qui découvrit *Cérès.* Dans le même temps furent découvertes plusieurs autres planètes dites *astéroïdes,* visibles seulement au télescope. — Les Anglais ont été les maîtres dans l'astronomie physique avec *Herschell* et *Mitchell;* mais les Français le sont dans l'astronomie mathématique avec *Méchin* et *Delambre,* qui furent chargés de mesurer le méridien terrestre entre Dunkerque et Barcelone, opération qui devait constater scientifiquement la longueur du *mètre,* base du système décimal. — *Laplace* est le plus grand des astronomes français par son *Exposition du système du monde* et son *Traité de mécanique céleste.*

La physique et la chimie. — *Gay-Lussac,* inventeur du *psychromètre,* est surtout célèbre par ses expériences en *aérostation,* qui lui permirent de faire de précieuses observations sur les oscillations de l'aiguille aimantée et la composition de l'air atmosphérique. En 1797, *Garnerin* inventa et expérimenta le parachute.

C'est aussi à cette époque qu'il faut rapporter les savants travaux de l'Anglais *Wollaston,* d'*Arago,* de *Gay-Lussac* et de *Thénard* sur la lumière (polarisation, couleurs complémentaires, spectre solaire); ceux de l'Américain *Rumford,* de *Prévost* et de *Saussure* sur la chaleur (transformation du mouvement en chaleur, la chaleur rayonnante); enfin les études et les applications ingénieuses de la vapeur par l'Américain *Ewans,* les Anglais *Trevithick* et *Vivian,* et l'Américain *Fulton.* Ce dernier, dès 1797, proposait au Directoire une torpille et un bateau sous-marins; en 1803, il lança son premier bateau sur la Seine; mais le peu d'encouragement qu'il reçut du premier consul l'engagea à s'adresser aux États-Unis, qui, en 1814, firent construire le premier navire à vapeur destiné à la haute mer.

Jusqu'en 1780, l'*électricité statique* seule était connue; mais, en 1780, *Galvani* découvrit l'électricité dynamique; ce fut le point de départ des savants travaux de *Volta,* de *Cruikshank,* de *Wollaston* et de *Davy* (la pile de Volta, pile en colonne, pile à auges). La plus remar-

III. — L'EMPIRE (1804-1814) (suite).

III. L'empire (*Suite*). — Les lettres, les sciences et les arts sous l'empire (1789-1814).

quable application de toutes ces découvertes fut le *télégraphe électrique*, inventé en 1811 par *Sommering* : il faut dire cependant que l'Américain *Coxe* en avait eu la première idée.

Les progrès de la chimie furent considérables : outre les savants mémoires de *Lavoisier* et de *Guyton de Morveau*, il faut signaler les travaux de *Berthollet* sur l'acier, la teinture, les sels (lois de Berthollet), qui ont fait faire de grands progrès à la chimie industrielle; ceux de *Vauquelin*, le fondateur de notre chimie médicale (il dégagea le chrome du plomb spathique de Sébécès et le glucinium de l'émeraude); ceux de *Chaptal* sur la chimie appliquée aux arts et à l'agriculture; ceux de *Gay-Lussac* sur l'acide borique, le bleu de Prusse, le sodium, le potassium (alcoomètre, chloromètre, alcalomètre, — loi des volumes); enfin ceux du baron *Thénard* sur les combinaisons de l'arsenic et de l'antimoine avec l'oxygène et le soufre (le bleu Thénard, l'eau oxygénée pour nettoyer les tableaux à l'huile).

Trois savants étrangers méritent d'être signalés entre tous : l'Anglais *Davy*, dont les découvertes en chimie sont considérables, mais qui est peut-être plus connu par sa *lampe des mineurs* et par sa découverte de l'*iode*, que Gay-Lussac découvrait presque en même temps; l'Anglais *Dalton*, qui créa un nouveau système de philosophie chimique, et enfin le Suédois *Berzélius*, qui fit faire de grands progrès à la méthode chimique en traduisant ses combinaisons par des lettres et des chiffres.

VI. **Les sciences naturelles.** — *Lacépède* poursuivit ses travaux d'histoire naturelle jusqu'en 1804. — *Lamark*, par ses travaux sur la conchyologie, montra l'importance de la division des animaux en vertébrés et invertébrés; c'est lui qui a posé le principe de la doctrine de l'évolution. — *Geoffroy Saint-Hilaire*, membre de l'expédition d'Égypte, sauva les collections; ses ouvrages ont un caractère philosophique. — *Cuvier*, le plus grand zoologiste du siècle, acheva la classification des animaux à peu près telle que nous l'acceptons aujourd'hui. Son cours d'*anatomie comparée* l'a conduit à fonder la *paléontologie*. Il a publié le résultat de ses recherches et de ses découvertes dans deux ouvrages : *le Discours sur les révolutions du globe*, et *les Recherches sur les ossements fossiles*.

Les principaux botanistes furent : *Laurent de Jussieu*, *Lamark*, qui publia un *Dictionnaire de botanique* et une *Flore générale de la France*. — En géologie, il faut signaler les travaux des Allemands *Werner* et *Léopold de Buch*, des Français *de Saussure*, *Cuvier* et *Brongniart*, qui, se complétant les uns les autres, ont conduit les savants à la connaissance des différentes couches de terrains. Brongniart a reconstitué l'histoire si compliquée des diverses couches terrestres en se basant sur les coquillages et les ossements fossiles.

VII. **Les sciences médicales.** — Le plus célèbre anatomiste fut *Bichat*, dont les travaux ont été complétés de nos jours par l'*histologie*, et dont les plus illustres disciples furent : Broussais, Corvisart, Laënnec. Il s'est signalé aussi par ses études physiologiques sur la vie et la mort. Il était de l'école *vitaliste*, opposée à l'école *matérialiste*, dont Cabanis fut le principal représentant.

Thouret introduisit en France la pratique de la vaccination, inventée par *Jenner*. — *Hallé* créa en France l'enseignement de l'*hygiène*. — *Marc*, plus tard médecin de Louis-Philippe, fut le fondateur en France de la *médecine légale*. — Les Anglais *Dalton* et *Young* constatèrent et définirent le *daltonisme*.

Les guerres de la révolution et de l'empire fournirent aux chirurgiens d'excellentes occasions de se perfectionner dans leur art. Leur maître fut *Sabbatier*, mort en 1811. Après lui il faut citer : *Dessault*, mort en 1795, qui fonda en France l'enseignement clinique chirurgical; *Pelletan*, *Chopard*, *Richerand*, *Boyer*, *Percy*, qui organisa le service des armées de Napoléon; mais surtout *Larrey*, dont l'histoire est presque celle des guerres de son temps.

B. — LES GUERRES

I. — SOUS LES GOUVERNEMENTS RÉVOLUTIONNAIRES

PREMIÈRE COALITION (avril 1792 — octobre 1797).

1. Sous les gouvernements révolutionnaires et le commencement du Directoire.

1° Coalition partielle.

Coalition partielle (Prusse, Autriche, Piémont et Sardaigne). — *Causes et préliminaires.* — Les Girondins reprochaient trois choses à l'empereur Léopold II : la *convention de Mantoue* avec le comte d'Artois pour la délivrance de Louis XVI; la *déclaration de Pilnitz* pour le rétablissement du roi dans ses droits; les *assemblées d'emigrés* à Worms avec Condé, à Coblentz avec le comte de Provence.

De son côté, l'Assemblée nationale s'était heurtée à l'Europe, en supprimant le régime féodal. En effet, Louis XIV avait confirmé dans leurs droits et privilèges les seigneurs allemands possessionnés en Alsace. Aussi ces seigneurs refusèrent, en 1789, d'accepter l'abolition de l'ancien régime, qui rendait incompatibles le nouveau droit public de France et la coutume de l'Europe.

L'empereur François II répondit donc aux sommations des Girondins en réclamant des indemnités pour les princes dépossédés et la restitution d'Avignon au pape. De fait, les Girondins voulaient la guerre comme « le seul moyen de faire tomber la constitution ».

Louis XVI sur les instances de Dumouriez, déclare la guerre à *François II, roi de Hongrie et de Bohême* (20 avril 1792).

I. *La défensive.* — Les Autrichiens occupent aussitôt *Quiévrain* et *Tournai* aux Pays-Bas (panique de nos troupes. Lafayette prisonnier). — Les Prussiens prennent *Longwy* et *Verdun*, pénètrent par le défilé de la Croix-aux-Bois et sont battus à *Valmy* (20 septembre, Dumouriez, Kellerman).

II. *L'offensive* (dans les premiers jours de la Convention). — 1° *Au nord :* échec des Autrichiens à *Lille;* Dumouriez les bat à *Jemmapes*, puis occupe la Belgique, à qui il donne la constitution de la république française. — 2° *Sur le Rhin :* après Valmy, Custine va occuper les places du Rhin. — 3° *Au sud :* nous enlevons au Piémont *Nice* et la *Savoie* qui devient le département du Mont-Blanc.

Pendant ce temps, guerre civile en Vendée et en Bretagne. (Voir plus haut.)

2° Coalition générale.

Coalition générale. — Cette coalition, organisée par William Pitt, ministre de George III (1760-1820), fut provoquée par les conquêtes de la France, la propagation des idées révolutionnaires et la mort de Louis XVI.

Les principaux généraux français étaient : Dumouriez, Hoche, Jourdan, Pichegru, Moreau, Kléber.

Les principaux généraux alliés étaient : Clerfayt, York, le duc de Brunswick, Moellendorff.

Les alliés avaient cinq armées : sur l'Escaut, sur la Sambre, sur la Meuse et le Rhin, aux Alpes, aux Pyrénées, auxquelles nous ne pouvions opposer que des bandes indisciplinées ou des conscrits.[1]

1° *Revers.* — (Janvier-septembre 1793.) *Au nord :* Dumouriez marche

---

[1] *Les armées et les généraux de la république.* — Le 23 août 1793, la Convention décréta la levée en masse. On eut ainsi un nouvel élément dans une armée déjà très hétérogène. Pour unifier toutes ces troupes, on pratiqua l'*amalgame* en associant un bataillon de ligne à deux bataillons de volontaires. On forma ainsi 196 *demi-brigades* de 3 bataillons chacune. La cavalerie irrégulière fut fondue dans la cavalerie de ligne, qui forma 95 régiments de 4 escadrons chacun. On créa 8 régiments d'artillerie à cheval; une division comprit deux brigades (12 à 15000 hommes) : 12 bataillons, 8 escadrons, une batterie de 6 à 8 bouches à feu. On eut ainsi, en 1794, 1 026 000 hommes, dont 732000 devant l'ennemi.— La difficulté de faire face à l'ennemi en même temps sur tous les points amena une nouvelle tactique, et Carnot recommanda aux généraux de se masser sur les points décisifs.

L'émigration d'un grand nombre d'officiers, l'accroissement de l'armée et la nécessité de trouver des chefs énergiques et capables bouleversèrent les règles de l'avancement. L'artillerie et le génie eurent moins à souffrir de l'émigration. Les volontaires de 1791, sans obéissance, furent commandés d'abord par des généraux de l'ancien régime (Rochambeau, Lafayette, Luckner), puis par une première classe de généraux républicains élevés sous l'ancien régime et formés aux procédés routiniers des guerres politiques du XVIIIe siècle. On trouve parmi eux des aventuriers (Dumouriez), des gentilshommes philosophes mécontents de l'ancienne cour (Biron, Custine, Menou, Montesquiou), quelques officiers plus modérés et plus réguliers (Dagobert, Dugommier, Pérignon, la Tour d'Auvergne), enfin des hommes retenus dans les rangs inférieurs ou découragés de servir par les anciennes ordonnances sur les titres de noblesse (Kellermann, Kléber, Schérer, Sérurier).

La seconde génération des généraux républicains est celle de 1792; les plus vieux ont 30 ans. Les uns sont officiers et ont passé par les écoles royales (Bonaparte, Davout, Desaix, Clarke, Macdonald, Marmont), d'autres servent dans le rang et sont pour la plupart des soldats de fortune entrés en 1792 dans les bataillons de volontaires (Hoche, Marceau, Victor, Oudinot, Jourdan, Masséna, Lefebvre, Murat, Augereau, Lannes).

A ces troupes régulières il faut ajouter l'élément étranger, qui était assez considérable et pris dans toutes les nations légion belge, brigade piémontaise, légion italique, brigade irlandaise, chasseurs suisses, légion polonaise).

I. — SOUS LES GOUVERNEMENTS RÉVOLUTIONNAIRES (suite).

I. Sous les gouvernements révolutionnaires et le commencement du Directoire (*Suite*).

2° Coalition générale.

sur la Hollande, mais rentre en Belgique après la défaite d'un de ses lieutenants à *Aldenhoven;* battu lui-même à *Nerwinde,* il passe à l'ennemi avec son état-major. Nous perdons toutes nos places du nord. — *Sur le Rhin :* l'Alsace est menacée après la prise de Mayence, défendue par Kléber. — *Aux Alpes :* les Piémontais s'établissent au camp de *Saorgio.* — *Aux Pyrénées :* les Espagnols prennent le camp du *Boulou.* — *Sur mer :* les Anglais prennent Tabago et Pondichéry, et menacent nos côtes.

La Convention prend alors des mesures audacieuses : levée en masse, service obligatoire, amalgame, ordres pour rétablir une discipline sévère. — A l'intérieur, elle lutte contre les Girondins et les royalistes et établit la Terreur.

2° *Succès.* — (Septembre 1793 avril 1795. — Carnot organise la victoire.) — *L'invasion repoussée : Au nord,* Houchard et Jourdan dégagent la frontière par leurs victoires de *Hondschoote* et *Wattignies.* — *Sur le Rhin,* Hoche et Pichegru dégagent la Lorraine et l'Alsace par la prise de Wissembourg; les Autrichiens, poursuivis jusqu'à Mayence, sont rejetés derrière le Rhin.

Reprise de l'offensive. — *Au nord et sur le Rhin,* les victoires de Moreau et de Jourdan (Courtray, Tourcoing, Fleurus, Aldenhoven) nous donnent la Belgique et la ligne du Rhin après notre entrée à Coblentz. — Pichegru occupe la Hollande et fonde la république batave (prise de la flotte hollandaise par les hussards). — *Aux Alpes,* nous occupons la ligne des Alpes et la rivière de Gênes (Bonaparte, Masséna). — *Aux Pyrénées,* Dugommier refoule les Espagnols et meurt à la bataille de la *Mouga.* Moncey occupe les provinces basques. — *Sur mer.* L'émigration avait enlevé presque tous les officiers de marine; les Anglais incendièrent l'arsenal de Toulon. Perte de la Corse et des Antilles.

Traités de la Haye et de Bâle. — Nous traitons à la Haye avec la Hollande qui reconnaît notre protectorat et nous cède : Maëstricht, Venloo et leurs dépendances, le droit de garnison dans plusieurs places, la libre navigation de la Meuse, de l'Escaut et du Rhin, 300 millions, 20 navires de guerre à notre disposition et 25 000 hommes.

A Bâle, la Prusse, préoccupée par le partage de la Pologne, nous cède la rive gauche du Rhin, et obtient des promesses d'indemnités à la paix générale.

L'Espagne recouvre les provinces basques et les villes de Catalogne, mais elle reconnaît la république française et nous cède la partie espagnole de Saint-Domingue. — Le Portugal et les princes d'Italie restent neutres.

II. — SOUS LES GOUVERNEMENTS DE RÉACTION

II. Sous les gouvernements de réaction. — Fin du Directoire. — Le Consulat.

La coalition redevient partielle.

La coalition redevient partielle (Autriche, Angleterre, Piémont). — Persuadé qu'il faut d'abord ruiner l'Autriche, Carnot lance sur Vienne trois armées : à gauche, Jourdan avec l'armée de Sambre-et-Meuse, par la vallée du Mein; au centre, Moreau avec l'armée du Rhin-et-Moselle, par la vallée du Neckar; à droite, Bonaparte avec l'armée d'Italie, par la Lombardie et le Tyrol. — Ce plan laissait à l'ennemi la facilité de battre les trois corps séparément.

1° *En Allemagne* (1796-1797). — Jourdan passe le Rhin à Dusseldorf et descend jusqu'à Ratisbonne. — Moreau, malgré les Autrichiens, pénètre dans le Wurtemberg. Mais l'archiduc Charles vient soutenir sa droite contre Jourdan, qu'il bat à *Wurtzbourg* et à *Altkirchen* (mort de Marceau à 26 ans); Moreau revient alors sur le Rhin, qu'il passe entre Brisach et Huningue.

Pendant ce temps, Hoche remplace Jourdan et repousse les Autrichiens jusqu'à *Wetzlar,* où il est arrêté par les préliminaires de *Léoben.*

2° *En Italie.* — Bonaparte remplaça Schérer (1796) à la tête d'une armée en détresse. Ses principaux généraux étaient : Augereau, Masséna, Sérurier, Laharpe. Il y eut trois étapes dans cette campagne.

1° *Dans le bassin supérieur du Pô.* — Bonaparte, après avoir tourné les Alpes au col de San-Bernardo, battit les Autrichiens et les Piémontais à *Montenotte,* puis les Piémontais seuls à *Millesimo* et à *Mondovi;* après quoi il leur imposa l'armistice de *Chérasco,* qui devint le traité de *Paris* (15 mai 1796).

2° *Entre le Mincio et l'Adige.* — Après une fausse démonstration sur Valenza, Bonaparte passe le Pô vers Plaisance, marche sur *Lodi,* où il bat l'Autrichien Beaulieu, et occupe *Milan,* à qui il donne un gou-

II.

Sous les gouvernements de réaction.

—

Fin du Directoire.

—

Le Consulat (*Suite*).

La coalition redevient partielle.

vernement républicain. Il va ensuite assiéger *Mantoue;* les opérations durèrent huit mois.

C'est alors que Bonaparte, pressé par le Directoire de lui venir en aide, rançonne l'Italie sans pitié (32 millions, des œuvres d'art). La république de Venise est obligée de nous céder plusieurs places importantes; les ports de Naples et de Toscane sont fermés aux Anglais. — Par l'armistice de Bologne avec Pie VI, il obtint de l'argent, des manuscrits, des œuvres d'art et plusieurs places. Les insurrections furent partout réprimées avec sévérité.

L'Autrichien Wurmser, envoyé pour délivrer Mantoue, fut battu à *Lonato, Castiglione, Roveredo, Bassano,* et enfermé dans la place; mais il empêcha ainsi la jonction de nos armées d'Italie et de Rhin-et-Moselle. — Alvinzi, envoyé à son secours, fut battu au pont d'*Arcole.*

Pendant les loisirs du siège, Bonaparte répandit les idées nouvelles en Italie; il réunit les petits États sous le nom de « république cispadane », la Lombardie forma la « république transpadane ».

3° *De l'Adige aux Alpes.* — En janvier 1797, Alvinzi, revenu avec une cinquième armée, est encore battu à *Rivoli.* — Capitulation de Mantoue (février 1797). — Bonaparte envahit les États du Pape, qui a rompu l'armistice de Bologne, et lui impose le traité de *Tolentino* (30 millions, Comtat-Venaissin, Bologne, Ferrare).

Bonaparte marche alors contre l'archiduc Charles, qui est libre depuis la défaite de Jourdan et de Moreau; il le bat à la *Piave,* au *Tagliamento,* au col de *Tarvis,* et marche sur Vienne en trois colonnes (col de Brenner, col de Tarvis, Frioul). Sa victoire au col de *Neumark* amène les préliminaires de *Léoben* (18 avril 1797).

A ce moment, insurrection dans les États vénitiens (les Pâques véronaises) et fin de la république de Venise (16 mai). — La république de Gênes devient la *république ligurienne,* et le bassin du Pô forme la *république cisalpine.*

Négociations inutiles avec l'Angleterre pour signer la paix. — Mort subite de Hoche à Wetzlar.

Traité de Campo-Formio (17 octobre 1797). — Il fut négocié par Bonaparte et Cobentzel aux conférences d'*Udine.*

1° L'Autriche reconnaît les républiques fondées par la France. Elle nous cède la Belgique, la rive gauche du Rhin, les îles Ioniennes. — Le congrès de Rastadt réglera les affaires de l'Allemagne. — Liberté de Lafayette.

2° Nous cédons à l'Autriche les territoires de Venise sur terre ferme : Istrie, Dalmatie et les côtes de l'Adriatique jusqu'aux bouches de Cattaro.

Campagne d'Égypte et de Syrie.

Campagne d'Égypte et de Syrie (1798-1801). — *Cause.* — Par cette expédition, le Directoire voulut ruiner le commerce anglais et prendre l'empire de la Méditerranée. Les Directeurs profitèrent de l'occasion pour éloigner Bonaparte qui leur portait ombrage.

Bonaparte espérait s'unir aux chrétiens d'Orient, arriver aux Indes par la mer Rouge et s'allier à *Tippo-Saïb,* roi de Mysore, ennemi des Anglais.

L'Égypte était sous la dépendance nominale de la Porte; mais, en fait, sous la domination des chefs mameluks Mourad-bey, Ibrahim-bey. Les personnages illustres de cette expédition furent, les marins : Brueys, Villeneuve, Decrès, Ganteaume; — les généraux : Kléber, Desaix, Murat, Lannes, Junot, Menou; — les savants : Monge, Berthollet, Dolomieu, Geoffroy Saint-Hilaire, Larrey.

PREMIÈRE PÉRIODE

Bonaparte (19 mai 1798 — 23 août 1799). — 1° *En Egypte.* — Départ de Toulon (13 mai) sous les ordres de Brueys, avec l'armée d'Italie; prise de *Malte;* après quoi, Bonaparte échappe à Nelson et prend *Alexandrie* (1er juillet). Il exploite les divisions qui affaiblissent l'autorité des beys, et se présente aux Egyptiens comme leur libérateur. Il marche ensuite sur le *Caire,* à travers le désert de *Damanhour,* est vainqueur à *Chébreiss* (13 juillet), puis, divisant ses troupes en cinq carrés de six rangs chacun, il gagne la bataille des *Pyramides* (21 juillet) et entre au Caire (23 juillet). — Desaix, vainqueur à *Sédiman*(7 octobre), s'avance jusqu'à la frontière de la Nubie et occupe la haute Egypte.

Sur mer, Brueys fut battu et tué à *Aboukir* (1er août 1798).

Bonaparte établit, sous la présidence de Monge, l'*Institut d'Égypte,* dont les travaux confirmèrent le témoignage de Moïse sur l'histoire des Hébreux. — Il se chargea de la perception des impôts et de toute l'administration (au Caire, sévère répression d'une émeute occasionnée par son système d'impôts).

II. — SOUS LES GOUVERNEMENTS DE RÉACTION (suite).

II. Sous les gouvernements de réaction. — Fin du Directoire. — Le Consulat (*Suite*).

Campagne d'Égypte et de Syrie.

2° *En Syrie.* — Le sultan Sélim III, conseillé par l'Angleterre, avait préparé deux armées, l'une à Damas, l'autre à Rhodes. Bonaparte battit la première à *El-Arisch*, prit *Gaza* et *Jaffa*, mais assiégea vainement *Saint-Jean-d'Acre* pendant 60 jours (Phelippeaux, Sidney Smith). Il se dégagea ensuite des attaques d'une nouvelle armée turque par les victoires de *Tibériade, Nazareth, Mont-Thabor*; puis, abandonnant Saint-Jean-d'Acre et effrayé des désastres causés par la peste, il revint en Egypte.

L'armée de Rhodes fut battue à *Aboukir* (24 juillet 1799), où l'amiral anglais venait de la débarquer.

Bonaparte, instruit de nos revers au début de la seconde coalition et de l'anarchie dans laquelle se trouvait la France, laissa son armée à Kléber et partit avec Lannes, Murat et Berthier (20 août); il débarqua à Saint-Raphaël (9 octobre 1799).

DEUXIÈME PÉRIODE

Kléber (25 août 1799 — 14 juin 1800). — L'Angleterre ayant refusé de ratifier la convention d'El-Arisch signée par Kléber, celui-ci alla battre le grand-vizir à *Héliopolis* et refoula les Turcs en Syrie. — Il réprima ensuite une seconde révolte au Caire et fut assassiné deux mois plus tard (14 juin 1800).

TROISIÈME PÉRIODE

Menou (14 juin 1800 — 2 septembre 1801). — Menou, qui s'était fait musulman, remplaça Kléber et laissa les Anglais débarquer à *Canope*. Il capitula bientôt au *Caire* et à *Alexandrie*. Nos troupes se retirèrent avec les honneurs de la guerre et furent transportées en France aux frais de l'Angleterre.

SECONDE COALITION

III. Sous les gouvernements de réaction. — Fin du Directoire. — Le Consulat (*Suite*).

Causes. — *Politique extérieure du Directoire* (1798-1799). — Impuissant à maintenir l'ordre au dedans, le Directoire voulut se soutenir par des conquêtes. De plus, il s'appliqua à répandre les idées nouvelles en Europe, en fondant des républiques, et donna ainsi à W. Pitt un prétexte pour armer l'Europe contre la France.

1° *République batave.* — Les patriotes hollandais, avec l'appui des soldats de Joubert, donnèrent à la Hollande une constitution semblable à celle de la France (8 départements; extension de l'influence française jusqu'au Zuyderzée).

2° *République helvétique.* — A Bâle, Pierre Ochs, et le colonel Laharpe à Vaud, propagèrent les idées nouvelles avec l'appui du Directoire. — En 1797, des patriotes vaudois firent appel au Directoire pour le maintien de leurs privilèges contre la république de Berne. Le Directoire profita de l'occasion pour se venger de l'asile donné aux émigrés; deux armées envahirent le territoire de Bâle. Les Vaudois proclamèrent la *république lémanique*, et Ochs donna une constitution à Bâle. Mais 20 000 paysans se soulevèrent pour défendre le pays; Brune, déjà maître de Fribourg, entra à Berne, et la Suisse fut annexée à la France sous le nom de *république helvétique* avec un gouvernement semblable au nôtre (mai 1798).

3° *République romaine.* — Le Directoire, après Tolentino, voulut profiter du grand âge de Pie VI et empêcher la réunion du prochain conclave. Le 26 décembre 1797, le général Duphot ayant été blessé mortellement dans une émeute, Joseph Bonaparte, notre ambassadeur, refusa d'accepter les explications données par le pape. Berthier occupa la ville et proclama la république au Capitole (15 février 1798). Le Vatican fut pillé et Pie VI transporté à Viterbe, à Sienne, à Florence, à Grenoble et à Valence, où il mourut (août 1799).

4° *République parthénopéenne.* — Ferdinand IV, de Naples, effrayé de la présence des Français à Rome, voulut les chasser avec l'aide du général Mack. Championnet lui abandonna la ville un instant, mais bientôt il battit Mack à Civitta-Castellana, reprit Rome et entra à Naples, où il proclama la *république parthénopéenne* (23 janvier 1799). Ferdinand se réfugia en Sicile.

Charles IV Emmanuel, dépouillé du Piémont, se retira en Sardaigne, et le grand-duc de Toscane, qui avait donné asile au pape, vit ses Etats occupés par le Directoire, qui établit un gouvernement provisoire à Florence.

W. Pitt profitant de tous ces empiétements forma contre nous une vaste coalition avec la Turquie, l'Autriche, le Portugal, le Piémont, Naples et la Hollande.

Le Directoire établit alors la conscription, l'impôt des portes et fenêtres et un emprunt forcé de 100 millions.

Les hostilités débutèrent par l'assassinat de nos plénipotentiaires au congrès de *Rastadt* (28 avril 1799).

La guerre. — **La guerre contre la seconde coalition.** — Nous avions cinq armées sur pied : Brune en Hollande, contre le duc d'York. — Jourdan sur le Danube, contre l'archiduc Charles. — Masséna en Suisse contre les Russes de

II. — SOUS LES GOUVERNEMENTS DE RÉACTION (suite).

II. Sous les gouvernements de réaction. — Fin du Directoire. — Le Consulat (*Suite*).

La guerre.

Korsakov. — Schérer sur l'Adige, contre Kray. — Macdonald à Naples, contre Mélas et Souvarov. — Notre plan ressemblait à celui de 1796. L'ennemi se massa sur trois points pour couper notre ligne d'opérations, qui avait 600 lieues.

1re période. Sous le Directoire.

PREMIÈRE PÉRIODE

Sous le Directoire (mars-octobre 1799).

1° *En Allemagne.* — Jourdan, battu à *Stockach*, recule sur le Rhin.

2° *En Italie.* — Schérer, Moreau, Macdonald, sont successivement battus (Magnano, Cassano, la Trebbia) et reculent jusqu'à Gênes; Joubert, devenu général en chef, est tué à *Novi* (15 août), où nous sommes encore défaits. — L'Italie est perdue.

3° *En Suisse.* — Masséna, vainqueur des Austro-Russes à *Zurich*, sauve la France et arrête Souvarov qui arrivait sur Altorf par le Saint-Gothard.

4° *En Hollande.* — Brune bat les Anglo-Russes à *Bergen* et à *Castricum* et fait capituler les Anglais à *Alkmaar* (18 octobre).

C'est alors que Bonaparte, revenu d'Égypte, fait le coup d'état du 18 brumaire. Dès que la nouvelle constitution eut été votée, il entama des négociations pour la paix. Paul Ier, qui se défiait de l'Angleterre et croyait avoir été trahi par l'Autriche à Zurich, abandonna la coalition. — Duroc obtint la neutralité de la Prusse. — L'Espagne, le Danemark et la Suède devinrent nos alliés et renouvelèrent entre elles la *confédération maritime,* déjà signée en 1780 contre l'Angleterre. L'Angleterre, qui exigeait l'abandon de nos conquêtes et le retour des Bourbons, et l'Autriche, à qui Bonaparte voulait imposer le retour au traité de Campo-Formio, ne signèrent pas la paix.

2e période. Sous le Consulat.

DEUXIÈME PÉRIODE

Sous le Consulat (1800-1802).

Campagne d'été.

Campagne d'été. — 1° *En Allemagne.* — Moreau chasse Kray vers la Bavière (Engen, Stockach, Biberach, Hochstædt, Neubourg), lui coupe ses communications avec l'Italie et lui impose l'armistice de *Parsdorf* (15 juillet 1800).

2° *En Italie.* — Masséna, par une héroïque défense, arrête Mélas devant *Gênes,* où il capitule. Cependant, le 4 juin, pendant que Suchet est rejeté sur le Var et que les Anglais bloquent les côtes, Bonaparte, avec une armée de réserve formée secrètement sur plusieurs points de la frontière, passe le grand Saint-Bernard, prend Ivrée, Novare, Milan, Pavie, et tourne ainsi Mélas, qui vient d'entrer dans Gênes. Lannes bat ensuite à *Montebello* (9 juin) et Bonaparte à *Marengo* (14 juin) les Autrichiens, qui cherchent à se concentrer à *Alexandrie,* où ils capitulent (15 juin). Nous recouvrons ainsi : Gênes, le Piémont et l'Italie du nord jusqu'au Mincio.

Campagne d'hiver.

Campagne d'hiver. — Les négociations pour la paix duraient depuis quatre mois, lorsque l'Angleterre les fit échouer. L'Autriche envoya alors une armée en Italie, et une autre en Bavière. Brune dut arrêter la première, Moreau la seconde, et Macdonald devait s'établir dans le Tyrol pour maintenir les relations entre les deux armées.

1° *En Italie.* — Brune s'avance par la Brenta jusqu'à Vérone, où il est rejoint par Macdonald, qui arrive par le Splugen, malgré l'hiver. Ils passent l'Adige

II. — SOUS LES GOUVERNEMENTS DE RÉACTION (suite).

II. Sous les gouvernements de réaction. — Fin du Directoire. — Le Consulat (*Suite*).

La guerre. — 2e période. Sous le Consulat. — Campagne d'hiver.

et signe avec l'Autriche l'armistice de *Trévise* (16 janvier 1801). — Les Napolitains, refoulés vers Rome par Murat, signent la convention de *Foligno*, qui ferme les ports d'Italie aux Anglais.

2° *En Allemagne.* — Moreau, vainqueur à *Hohenlinden*, s'avance jusqu'à l'Ens et signe l'armistice de *Steyer* (25 décembre 1800).

Les traités.

Les traités. — 1° *Lunéville* (paix du continent, 9 février 1801. — Joseph Bonaparte, de Cobentzel). — François II nous cède, en son nom et au nom des princes allemands, la rive gauche du Rhin; les princes seront indemnisés avec des biens ecclésiastiques allemands sécularisés. Reconnaissance des républiques fondées par la France. — Le duc de Parme reçoit la Toscane avec le titre de roi d'Etrurie. — Neutralité de la Suisse.

2° *Florence* (28 mars 1801). — Le roi de Naples nous cède : les îles d'Elbe et de Piombino, les Présides de Toscane. — Il ferme ses ports aux Anglais et nous donne droit de garnison dans plusieurs places.

3° *Saint-Ildefonse* (1er octobre 1801). — L'Espagne nous rend la Louisiane, devient notre alliée, et promet de détacher le Portugal de l'alliance anglaise. — Parme est donnée à l'infant Louis.

L'Angleterre restait seule en armes, avec la Turquie et le Portugal; pendant que nous traitions avec les autres puissances, elle nous prit *Malte* (septembre 1800. — 22 mois de siège).

Irritée par nos traités et par la *Ligue des neutres* (les 4 puissances du Nord) renouvelée sous l'influence de Paul Ier, elle occupa toutes les colonies des neutres (démission de Pitt) et fit bombarder *Copenhague*, port principal de la ligue. Paul Ier ayant été assassiné sur ces entrefaites, son fils, Alexandre Ier, traita avec l'Angleterre, et la ligue fut rompue. (En Egypte, assassinat de Kléber, capitulation de Menou.)

4° *Traité d'Amiens* (paix des mers, 25 mars 1802. — Joseph Bonaparte, Cornwallis). — L'Angleterre ne consentit à la paix qu'après la victoire de Linois à *Algésiras*, l'intervention de Gouvion-Saint-Cyr en Portugal (traité de Badajoz, — les ports portugais fermés aux Anglais) et les préparatifs de Bonaparte au Havre et à Boulogne pour une descente en Angleterre.

Elle reconnut nos conquêtes sur le continent et les nouvelles républiques; elle restitua toutes les colonies, sauf la *Trinité* (Espagne), *Ceylan* (Hollande). — L'Egypte devait être rendue à la Porte et Malte aux chevaliers de Saint-Jean. — Nous promettions de quitter Naples. — Les îles Ioniennes restaient sous le protectorat russe. — La liberté des mers était reconnue.

Pendant les deux années qui précédèrent la proclamation de l'empire, Bonaparte s'occupa : à l'intérieur, des réformes qui augmentèrent sa puissance et sa popularité; à l'extérieur, il fit l'expédition de Saint-Domingue, et se défendit contre l'Angleterre, qui allait rompre la paix d'Amiens.

Expédition de Saint-Domingue. — Depuis que la Constituante avait proclamé l'abolition de l'esclavage, le plus grand désordre régnait dans l'île; les Anglais en profitèrent pour s'y établir et nuire à notre influence. L'île proclama son indépendance, et *Toussaint-Louverture* fut nommé gouverneur à vie (1801). Après la paix d'Amiens, les amiraux Villaret-Joyeuse, Latouche-Tréville et le général Leclerc vinrent pour soumettre les révoltés. Les nègres furent battus, et Toussaint-Louverture emmené prisonnier en France au fort de Joux, où il mourut. Mais la fièvre décimant nos troupes, les nègres Dessalines et Christophe tuèrent ceux que la maladie épargnait; Rochambeau fut réduit à capituler devant les noirs et les Anglais (novembre 1803). La rupture de la paix d'Amiens obligea Bonaparte à abandonner Saint-Domingue (1804). Dessalines se fit proclamer empereur (Jacques Ier); il fut assassiné en 1806; depuis lors il y eut deux républiques dans l'île.

Rupture de la paix d'Amiens (12 mai 1803). — Jalouse de l'influence de la France sur le continent et irritée des empiétements de Bonaparte, l'Angleterre refusa de rendre Malte et exigea l'évacuation de la Hollande et de la Suède. Bonaparte, de son côté, refusa toute concession et fit occuper Naples et le Hanovre. L'ambassadeur anglais quitta Paris, et Pitt, revenu aux affaires, fit arrêter tous les navires français et bataves. Le 22 mai, Bonaparte fit arrêter tous les Anglais voyageant en France. Il fit ensuite d'immenses préparatifs à Boulogne, vendit la Louisiane aux Etats-Unis pour 80 millions et créa l'arsenal d'Anvers. Mais le projet de descente en Angleterre fut arrêté par la conspiration de Cadoudal, Pichegru et Moreau.

Le désir d'avoir un gouvernement stable, au moment de la rupture de la paix, amena la proclamation de l'empire.

II. — SOUS LES GOUVERNEMENTS DE RÉACTION (suite).

TROISIÈME COALITION

II. **Sous les gouvernements de réaction** (*Suite*). — **Sous l'empire.**

Causes et préliminaires.

Causes, préparatifs et préliminaires. — Napoléon justifiait par ses empiétements et ses annexions, les coalitions de l'Europe contre lui. Il s'était fait proclamer empereur des Français et roi d'Italie; il avait réuni la république ligurienne à l'empire et avait fait le fils de Joséphine, Eugène de Beauharnais, roi d'Italie; son beau-frère Murat était devenu grand-duc de Berg et de Clèves; sa sœur Pauline, princesse de Guastalla; sa sœur Élisa, duchesse de Lucques. Il avait fait : Talleyrand, prince de Bénévent; Berthier, prince de Neufchâtel; Bernadotte, prince de Ponte-Corvo; son frère Louis, roi de Hollande.

Le camp de Boulogne. — Trafalgar. — Pour prévenir une attaque, Napoléon réunit, entre Étaples et Calais, de nombreuses troupes et des bâtiments de toute sorte pour les transporter en Angleterre. Pour éloigner les Anglais, qui croisaient dans la Manche, l'amiral Villeneuve (Toulon) eut ordre de rejoindre les escadres de Cadix, Rochefort et Brest (Gravina, Missiessy, Ganteaume), de menacer les colonies anglaises des Antilles, et de revenir à la hâte dans la Manche pour faciliter les mouvements des escadrilles.

Ce plan échoua. Ganteaume fut bloqué dans Brest; Villeneuve et Missiessy ne purent se rencontrer : au retour des Antilles, où il attira Nelson, Villeneuve livra la bataille indécise du cap *Finisterre* (juillet 1805) et se retira à Cadix, où il fut bloqué par Nelson.

Napoléon, irrité de cet échec, lève le camp de Boulogne (29 août 1805) et se prépare à conduire la grande armée contre l'Autriche.

Au mois d'octobre, Villeneuve reçut l'ordre de se rendre à Tarente, et d'attaquer les Anglais en route, s'il les rencontrait. Le 21, il fut battu par Nelson à la hauteur de *Trafalgar*, et fait prisonnier. Désormais les Anglais étaient maîtres sur l'Océan.

La coalition se forma pendant que Napoléon attendait à Boulogne l'occasion de descendre en Angleterre. Pitt entraîna l'Autriche, la Russie, la Suède et Naples. — La Bavière, Bade, le Wurtemberg et l'Espagne nous restèrent fidèles. Les alliés formèrent quatre corps d'armée : Mack et l'archiduc Ferdinand, sur le Danube, doivent s'établir à Ulm, en Bavière, pour garder les passages de la Forêt-Noire; il seront appuyés par les Russes de Kutusoff. — L'archiduc Jean, dans le Tyrol, combinera son action avec l'archiduc Charles en Italie. — Un corps d'alliés suédois, russes et anglais reprendra le Hanovre. — Un corps d'alliés napolitains et anglais nous chassera de Naples.

Napoléon n'a que 300 000 hommes, dont il forme sept corps; il occupe le Rhin de Mayence à Strasbourg, et le Mein. Il négligera les attaques secondaires, enverra Masséna sur l'Adige, accablera Mack avant l'arrivée de Kutusoff et marchera sur Vienne.

Ses principaux généraux sont : Bernadotte, Marmont, Davout, Soult, Ney, Murat, Augereau, Masséna.

La guerre.

1° Campagne d'Ulm.

I. **Campagne d'Ulm** (septembre-octobre 1805). — 1° *En Allemagne.* — Mack est trompé par les fausses démonstrations de nos troupes sur le Danube. La grande armée entre dans le Wurtemberg, côtoie les Alpes de Souabe et descend sur la rive gauche du fleuve pour couper les Autrichiens de la route de Vienne. Nous entrons à *Munich* et à *Augsbourg* (Donauwerth, Westingen, Gunzbourg). Mack est ainsi enveloppé et capitule à *Ulm* (20 octobre). L'archiduc Ferdinand se retire vers la Bohême après nos victoires de *Memmingen* (Soult) et d'*Elchingen* (Ney). Davout et Murat le battent trois fois encore en le poursuivant.

2° *En Italie.* — Masséna bat l'archiduc Charles à *Caldiero* (30 octobre). — Ney chasse du Tyrol l'archiduc Jean. — Augereau fait capituler Jellachich à *Füssen*. — Masséna peut communiquer avec Napoléon. Cependant les deux archiducs se rejoignent à *Cilly*, s'enfoncent en Hongrie pour rejoindre les Russes en Moravie; ils sont arrêtés par la bataille d'Austerlitz.

2° Campagne d'Austerlitz.

II. **Campagne d'Austerlitz** (novembre-décembre 1805). — 1° *En Allemagne.* — Napoléon hâte sa marche sur Vienne, malgré notre défaite de Trafalgar et l'entrevue du czar et du roi de Prusse à Potsdam. Bernadotte poursuit l'archiduc Ferdinand, réfugié en Bohême et s'établit à Iglau. — Mortier bat Kutusoff à *Diernstein* (11 novembre). — Napoléon, au centre, sur la rive droite du Danube, bat les Russes à *Amstetten*, entre à *Vienne* (13 novembre), et envoie vers *Holla*

II. — SOUS LES GOUVERNEMENTS DE RÉACTION (suite).

II. Sous les gouvernements de réaction (Suite). — Sous l'empire.

La guerre. — 2° Campagne d'Austerlitz.

brünn Lannes, Murat, Davout, pour couper la retraite à Kutusoff que Bernadotte poursuit.

Ney était entré à *Insprück*, et Murat, après avoir battu les Russes à *Hollabrünn*, s'établit à *Brünn*, où Napoléon fixa bientôt son quartier général.

Les ennemis, campés à Olmütz, hésitaient à livrer une bataille générale; ils furent entraînés par le jeune czar Alexandre et son conseiller Dolgorouki et furent battus à *Austerlitz* (2 décembre 1805. — Bataille des trois empereurs).

Traité de Presbourg (26 décembre 1805). — 1° *Convention de Brünn*. — La Russie abandonne la coalition et se retire sans être inquiétée. — 2° *Traité de Schœnbrunn*. — La Prusse nous cède : Clèves, Wesel, Neufchâtel et le duché de Berg; elle donne Anspach à la Bavière; elle acquiert le Hanovre et promet de fermer ses ports aux Anglais. Napoléon l'éloigne ainsi du Rhin.

3° *Traité de Presbourg*. — L'Autriche cède : 1° au royaume d'Italie : Venise et ses dépendances jusqu'à l'Isonzo. 2° A l'Empire : le Frioul, l'Istrie, la Dalmatie jusqu'aux bouches du Cattaro et 40 millions. 3° A l'électeur de Bavière devenu roi : le Tyrol, le Vorarlberg et les évêchés de Passau et d'Augsbourg. 4° Au duc de Wurtemberg devenu roi : une partie du Brisgau et de la Souabe autrichienne. 5° Au margrave de Bade devenu grand-duc : Constance et le reste de la Souabe.

L'Autriche obtient les biens sécularisés de l'ordre teutonique et l'évêché de Salzbourg. — L'évêché de Wurtzbourg, érigé en électorat, est donné à l'archiduc Ferdinand.

L'Autriche était ainsi éloignée de l'Adriatique, exclue de la péninsule et entamée en Allemagne.

Napoléon rentra en triomphe en France, où il reçut le titre de *Grand*; le sénat décréta l'érection de la colonne Vendôme. — 27 décembre 1805, décret de la déchéance des Bourbons de Naples, parce que Ferdinand IV a violé le traité de neutralité en recevant les troupes anglo-russes. — 23 janvier 1806, mort de Pitt. — 1er janvier 1806, rétablissement du calendrier grégorien.

QUATRIÈME COALITION (septembre 1806 — juillet 1807).

II. Sous les gouvernements de réaction (Suite). — L'empire.

Les causes. — 1° Napoléon a humilié l'Europe à Presbourg. — Il a achevé de l'exciter contre lui en donnant les Deux-Siciles à son frère Joseph, ce qui obligea Ferdinand IV à se réfugier en Sicile, et en créant le royaume de Hollande pour son frère Louis.

2° Après avoir forcé la Prusse à accepter le Hanovre pour la brouiller avec l'Angleterre, il offrit secrètement à Fox, successeur de Pitt, de restituer cette province comme gage de la paix. Cette politique ambiguë lui aliéna la Prusse.

3° Nos troupes occupaient encore une grande partie de l'Allemagne. De plus, Napoléon forma la *confédération du Rhin* (Bavière, Wurtemberg, Bade, Berg, Hesse-Darmstadt et 16 autres provinces d'Allemagne). Francfort-sur-Mein était la capitale de la confédération; Napoléon en était le *protecteur* et signait avec elle une alliance offensive et défensive. Cette séparation fut notifiée à la diète de Ratisbonne le 1er août, et le 6, François II prenait le titre de *François Ier, empereur d'Autriche*. En même temps, Napoléon refusait à la Prusse la liberté de former une confédération du nord.

Frédéric-Guillaume III, excité par la reine Marie-Amélie, la noblesse et les promesses de la Russie, forma la quatrième coalition et somma Napoléon d'évacuer l'Allemagne. Celui-ci refusa, et défendit à Frédéric-Guillaume d'entrer en Saxe, sous peine de déclaration de guerre. La Prusse passa outre.

Les puissances alliées furent : la *Prusse*, l'*Angleterre*, la *Russie*, la *Suède*, le *Brunswick*, la *Saxe* et la *Hesse*. — Comme les Autrichiens en 1805, les Prussiens attaquèrent sans attendre leurs alliés. Le *vieux duc de Brunswick*, qui commandait en chef, établit son centre à *Erfurt*; le prince de *Hohenlohe*, à *Saalfeld* et à *Schleitz*. — Un troisième corps couvrait la ligne de l'Elbe. Brunswick pensait surprendre Napoléon avant qu'il eût pu concentrer ses troupes.

Napoléon s'avança avec la grande armée; Masséna défendait l'Italie, Marmont couvrait la Dalmatie. — Louis était en Hollande. — Brune protégeait la flottille de Boulogne. — Mortier était à Mayence.

La guerre. — 1° Campagne de Prusse.

Campagne de Prusse (septembre-décembre 1806). — Napoléon trompe Brunswick par une attaque simulée sur les routes de Mayence et de Magdebourg et débouche subitement à travers le Frankenwald dans la vallée de la Saale, dont il occupe tous les passages (victoires de *Schleitz* et de *Saalfeld*). Il empêche le prince de Hohenlohe de rejoindre les Russes; les Prussiens fuient jusqu'à *Iéna*, où Hohenlohe est battu le jour même où Davout bat Brunswick à *Auerstaedt* (14 octobre 1806).

On acheva la victoire : Davout entra à Leipzig, Murat à Erfurt, Napoléon à Potsdam et à Berlin. — Tout le pays entre l'Elbe et l'Oder fut pris. — Blücher capitula à *Lubeck*, et le roi de Prusse se réfugia à Kœnigsberg.

Napoléon imposa au pays une contribution de 159 mil-

II. — SOUS LES GOUVERNEMENTS DE RÉACTION (suite).

II. Sous les gouvernements de réaction (*Suite*). — **L'empire.**

- **La guerre.**
  - **1° Campagne de Prusse.** … lions, donna le titre de *roi* à l'électeur de Saxe qui se déclara pour nous, et publia à Berlin (21 novembre) le décret du *blocus continental*, qui fermait les ports européens aux Anglais. Il répondait ainsi aux Anglais, qui venaient de déclarer bloqués tous les ports de Hambourg à Brest.
  - **2° Campagne de Pologne.** **Campagne de Pologne** (décembre 1806-juillet 1807). — Napoléon voulait encore poursuivre les Russes. Avant de commencer la campagne de Pologne, il s'assura l'alliance du sultan, qui promit d'envoyer 80000 hommes sur le Danube (Sébastiani); il s'efforça d'armer la Perse contre le czar, et favorisa un soulèvement de la Pologne, qui l'accueillit comme un sauveur.
    - **1° Campagne d'hiver.**
      - 1° *Campagne d'hiver* (décembre 1806-février 1807). — Napoléon s'efforce de séparer les Russes des Prussiens (Benningsen, Lestocq). Des pluies torrentielles sauvent les Russes, qui avaient été battus à *Golymin, Soldau, Pultusk*. Napoléon établit cependant son quartier général à Varsovie et ses troupes dans l'angle formé par la Vistule, le Narew et le Bug; Ney et Bernadotte couvrent Lefebvre, qui assiégeait Dantzig.
      - Les Russes et les Prussiens se réunirent cependant et s'efforcèrent de délivrer Dantzig, en tournant notre ligne de bataille et en nous poussant vers l'intérieur de la Russie. Napoléon déjoua leurs plans, les chassa de toutes leurs positions et les battit à *Eylau* (Augereau, Davout, Ney, Murat) et à *Ostrolenka*. Dantzig capitula.
      - Napoléon se trouva dès lors dans une position d'autant plus favorable pour poursuivre les Russes, que Mortier avait battu les Suédois en Poméranie, et que le sultan, fidèle aux conseils de notre ambassadeur Sébastiani, avait chassé les Anglais de la mer de Marmara et s'était déclaré contre eux.
    - **2° Campagne d'été.** 2° *Campagne d'été* (juin-juillet 1807). — Pour devancer les Russes à Kœnigsberg, où les Prussiens avaient renfermé leurs dernières ressources, Napoléon entraîna Benningsen jusqu'à *Friedland*, où il le bat (14 juin). Le 17, Soult entrait à Kœnigsberg; le 19, Murat à Tilsitt. — La Russie, menacée, demanda la paix.
- **Paix de Tilsitt.** **Paix de Tilsitt** (8 juillet 1807). — Le 25 juin, dans une entrevue sur le Niémen, Napoléon avait détaché Alexandre de l'alliance de la Prusse et de l'Angleterre.
  - **1° Traité patent.** 1° *Traité patent.* — La Russie et la Prusse adhèrent au blocus continental, reconnaissent la confédération du Rhin et les royaumes donnés à la famille des Bonaparte. — On forme un royaume de Westphalie avec les pays entre la rive droite du Rhin et la rive gauche de l'Elbe (Magdebourg, électorat de Hesse-Cassel, duché de Brunswick). On donne au roi de Saxe le grand-duché de Varsovie (Posen et Varsovie). — Les ducs d'Oldenbourg et de Mecklembourg gardent leur territoire qui reste occupé par les troupes françaises pour assurer le blocus. — Dantzig devient ville libre et reçoit une garnison française.
  - **2° Traité secret.** 2° *Traité secret.* — La Russie nous cède : les bouches de Cattaro et les îles Ioniennes en échange de la Finlande qu'elle prend à la Suède, et des provinces turques d'Europe, moins Constantinople et la Roumélie.
  - **3° Traité occulte.** 3° *Traité occulte.* — La Russie et la France feront cause commune et obligeront l'Angleterre à souscrire au traité patent, à soustraire aux vexations de la Porte les provinces d'Europe; elles obligeront les autres puissances à fermer leurs ports à l'Angleterre[1].

---

[1] *Les États feudataires.* — Après Tilsitt, Napoléon eut sous ses ordres le plus beau cortège de rois, princes ou ducs qui ait jamais été vu. Il y avait 43 États fendataires, dont 35 titres donnés à ses généraux ou à ses ministres. Les *royaumes* de : Naples, Italie, Bavière, Wurtemberg, Westphalie, Hollande. — Les *grands-duchés* de : Varsovie

II. — SOUS LES GOUVERNEMENTS DE RÉACTION (suite).

CONSÉQUENCES DU BLOCUS CONTINENTAL — APOGÉE DE L'EMPIRE

II. Sous les gouvernements de réaction (Suite). — L'empire.

Après le décret de Berlin, l'Angleterre, qui n'avait plus que ses rades et les îles d'Héligoland, de Sardaigne, de Sicile et de Malte, châtia le Danemark de sa neutralité en bombardant de nouveau Copenhague. Elle changea ensuite de tactique; elle suspendit l'Acte de navigation de Cromwell, et par les ordonnances du 11 novembre 1807 déclara bloqués les ports du continent d'où serait exclu le pavillon anglais, et obligea tous les bâtiments à toucher dans un port anglais et à y payer une taxe. Napoléon lui répondit par l'*édit de Milan* (17 décembre 1807), qui déclarait le blocus général des îles Britanniques et considérait comme dénationalisé et de bonne prise tout navire ayant abordé dans un port anglais ou subi une visite anglaise. Mais l'Europe était inondée des marchandises anglaises entreposées à Héligoland. Pour en arrêter la vente, Napoléon mit un droit de 50 % sur les denrées coloniales; dès lors on ne songea plus qu'à se soustraire à ce droit, et il dut créer des *cours prévôtales* et des *tribunaux ordinaires* de douanes contre les contrebandiers.

Les conséquences commerciales et industrielles du *blocus* furent en partie regrettables. L'Angleterre ne put écouler tous ses produits; ses ports en étaient encombrés; ses ateliers furent fermés, et l'État dut augmenter sa dette pour soulager les ouvriers sans travail. Cependant le blocus contribua à augmenter le domaine colonial de l'Angleterre; elle chercha de nouveaux débouchés en Asie, en Afrique, en Amérique.

En France, pour suppléer à l'absence des produits anglais, nos industriels firent d'heureuses inventions (sucre de betterave, calicot, soude artificielle, toiles peintes, filatures de coton, tissage de laines).

Mais les usines furent fondées dans de telles conditions qu'à la levée du blocus elles ne purent soutenir la concurrence anglaise. Ces essais eurent cependant l'avantage de préparer le développement futur de notre industrie. Les populations eurent à souffrir de ces mesures, qui élevèrent considérablement les prix; elles se plaignaient de l'empereur, qui faisait brûler les étoffes d'origine suspecte en même temps qu'il vendait des *licences* permettant d'importer directement les objets prohibés et d'en avoir le monopole.

Les conséquences *politiques* ne furent pas moins graves. Napoléon se laissa entraîner à des guerres et à des injustices qui furent le point de départ de sa ruine : *intervention en Suède* et *en Portugal*, *lutte contre Pie VII*, *guerre d'Espagne*, *campagne de Russie*.

1° Intervention en Suède. — Gustave IV ayant refusé d'adhérer au blocus, Brune occupa la Poméranie (1807), la Russie s'établit en Finlande; Bernadotte, gouverneur des provinces hanséatiques, défendit la Norvège contre la Suède. Gustave abdiqua à la suite d'une conspiration militaire; Charles XIII, son oncle, lui succéda, recouvra la Poméranie, adhéra au blocus et adopta Bernadotte comme héritier (21 octobre 1810).

2° Intervention en Portugal. — Napoléon s'entendit avec l'Espagne avant d'attaquer Jean VI, régent de Portugal pendant la folie de Marie I, qui avait refusé son adhésion au blocus. Junot entra à Lisbonne (30 novembre). La famille royale se réfugia au Brésil, et un décret daté de Milan (23 décembre 1807) déclara déchue la famille de Bragance.

3° Lutte contre Pie VII. — Malgré ses obligations envers Pie VII, Napoléon maintint les articles organiques et refusa de rendre les Légations. Pie VII refusa d'adhérer au blocus et d'annuler le premier mariage de Jérôme Bonaparte. Pour se venger, Napoléon fit occuper successivement Ancône (1805), Bénévent et Ponte-Corvo (1806); il introduisit le code et même des réformes ecclésiastiques en Italie, menaça de faire un schisme, fit occuper Rome par Miollis (1808), et réunit les États du saint-siège à l'Empire par le décret de Schœnbrunn (1809). Pie VII l'ayant excommunié (10 juin), Napoléon le fit arrêter par Miollis et Radet, transporter à Savone, puis à Fontainebleau en 1813, où il obtint par la force un prétendu concordat que Pie VII désavoua bientôt. L'invasion mit fin à cette querelle; Pie VII rentra à Rome, d'où il fut chassé un instant pendant les Cent Jours. Il mourut en 1823.

---

et de Bade. — Les *duchés* de : Montebello (Lannes); Reggio (Oudinot); Tarente (Macdonald); d'Elchingen et principauté de la Moskova (Ney); d'Auerstaedt et principauté d'Eckmühl (Davout); de Rivoli et principauté d'Essling (Masséna); d'Abrantès (Junot); de Parme (Cambacérès); de Plaisance (Lebrun); de Massa (Régnier); d'Otrante (Fouché); d'Albuféra (Suchet); de Castiglione (Augereau); de Dantzig (Lefèvbre); de Gaëte (Gaudin); de Raguse (Marmont); de Valmy (Kellermann); de Guastalla (sa sœur Pauline, mariée au prince Borghèse); de Clèves et de Berg (Murat); de Dalmatie (Soult); d'Istrie (Bessières); de Frioul (Duroc); de Cadore (de Champagny); de Bellune (Victor); de Conegliano (Moncey); de Trévise (Mortier); de Feltre (Clarke); de Bassano (Maret); de Vicence (Caulaincourt); de Padoue (Arrighi); de Rovigo (Savary). — Les *principautés* de Lucques et Piombino (Bacciochi, époux d'Élisa); de Neufchâtel (Berthier); de Bénévent (Talleyrand).

II. Sous les gouvernements de réaction (Suite). — L'empire.

4° Guerre d'Espagne.

État politique de l'Espagne.

4° **Guerre d'Espagne** (1808-1814). — *État politique de l'Espagne.* — *Charles IV* était sans intelligence ni caractère, la reine *Louise de Parme* sans honneur, et l'ambitieux ministre *Godoï* était parvenu aux charges par les grâces de sa personne. Godoï était odieux à la nation parce qu'il favorisait la politique de Napoléon. *Ferdinand*, prince des Asturies, laissé de côté par le roi et la reine, mais soutenu par la noblesse et le peuple, conspirait avec Godoï. Napoléon voulut profiter de cette situation pour donner la couronne d'Espagne à un membre de sa famille. Il considérait d'ailleurs l'Espagne comme un point stratégique du premier ordre pour surveiller les mers et bloquer le commerce anglais.

En 1807, Godoï profita de la maladie de Charles IV pour se faire donner la régence, et Ferdinand demanda la main d'une princesse napoléonienne. Accusé de trahison, Ferdinand fut mis en prison, et son père soumit le différend à Napoléon. Sous prétexte de soutenir Junot en Portugal, Murat fut aussitôt chargé d'entrer à Madrid; la cour, effrayée, se retira à Aranjuez, d'où elle voulait gagner Cadix et le Mexique; mais le peuple s'insurgea (mars 1808), arrêta Godoï, et Charles abdiqua en faveur de son fils qui devint Ferdinand VII.

Murat conseilla à Charles IV de protester auprès de Napoléon contre son abdication et refusa de reconnaître Ferdinand VII, que Savary poussait à se confier à l'empereur et à aller le trouver. La rencontre eut lieu à Bayonne, où se rendirent le roi, la reine et Godoï (émeute à Madrid (2 mai) sévèrement réprimée par Murat). Après une scène scandaleuse, Charles abdiqua en faveur de Napoléon qui lui donnait le château de Chambord et 7 millions de revenus. Ferdinand VII, cédant à la force, abdiqua *autant que de besoin* et fut envoyé à Valençay, avec son oncle don Antonio et son frère don Carlos.

Napoléon donna la couronne d'Espagne à son frère Joseph, et celle de Naples à Murat. L'Espagne se révolta aussitôt sur tous les points sous la direction de la junte que soutenait l'Angleterre.

La guerre.

La guerre. — On peut diviser cette guerre en quatre périodes : 1° *De l'avènement de Joseph à l'intervention personnelle de Napoléon* (juin-octobre 1808). — La victoire de Bessières à *Medina-del-Rio-Secco* (14 juillet) ouvrit à Joseph la route de Madrid; mais la capitulation de Dupont à *Baylen* (21 juillet), notre défaite à *Vimeiro* et la convention de *Cintra* (Junot) nous firent perdre nos avantages; nous perdions même le Portugal, et Ferdinand VII entrait à Madrid.

Napoléon intervint alors lui-même. Il signa la convention de Paris (8 septembre 1808) avec la Prusse, fortifia la paix du continent par l'entrevue d'*Erfurt* (septembre et octobre 1808), où il confirma à Alexandre l'abandon de la Moravie, la Valachie et la Finlande (fêtes magnifiques, *Œdipe*, Talma), ne laissa que Davout et Oudinot pour garder les places de l'Elbe, de l'Oder, du Rhin et du Mein, et passa en Espagne avec la grande armée.

2° *De l'intervention de Napoléon à la 5e coalition* (novembre 1808-février 1809). — En arrivant à Vittoria, Napoléon résolut de couper les lignes espagnoles qui s'étendaient de Saragosse au golfe de Gascogne. Soult coupa le centre par la victoire de *Burgos;* Victor battit les Anglais à droite, à *Espinoza*, et peu après Lannes battait Palafox sur la gauche à *Tudela*. Le 4 décembre 1808, nos troupes, arrivées par le défilé de Somo-Sierra, faisaient capituler *Madrid*. Enfin, Soult battit à *la Corogne* (février 1809) les Anglais, arrivés trop tard pour défendre Madrid.

Pendant ces dernières luttes, Napoléon avait aboli l'inquisition, supprimé les deux tiers des droits féodaux et les couvents; les Espagnols s'en irritèrent. Napoléon crut cependant devoir se retirer à la nouvelle que l'Autriche armait contre lui (5e coalition).

3° *Depuis la retraite de Napoléon jusqu'à la pacification de l'Espagne par Soult* (février 1809-mai 1810).

II. — SOUS LES GOUVERNEMENTS DE RÉACTION (suite).

II. Sous les gouvernements de réaction (*Suite*). — **L'empire.**

4° Guerre d'Espagne. — La guerre.

— Le défaut d'unité dans le commandement compromit nos succès et facilita de nombreuses révoltes. Ney resta en Galice. Soult devait marcher sur Lisbonne, Victor se maintenir sur la ligne du Tage, Sébastiani protéger Madrid, Gouvion-Saint-Cyr et Suchet opérer en Catalogne.

Le 21 février 1809, *Saragosse* (Palafox), qui avait subi un premier siège en 1808, capitula; Palafox fut pris et interné au château de Vincennes, où il resta jusqu'en 1814. La prise de Saragosse eut pour résultat les victoires de *Ciudad-Réal* et de *Medellin*. Pendant ce temps, Soult pénétrait dans le Portugal et prenait *Porto*, d'où il fut chassé par Wellesley (duc de Wellington), qui alla rejoindre les Espagnols sur le Tage. Nos victoires de *Talavera* et d'*Ocana* l'obligèrent à rentrer en Portugal.

Napoléon donna ordre d'occuper le Portugal avant tout et de jeter les Anglais à la mer. Joseph prit *Séville;* Sébastiani, *Grenade* et *Malaga;* Mortier assiégea Badajoz, et Victor, Cadix.

4° *Jusqu'à la perte de l'Espagne* (mai 1810-juin 1813). — Soult cherche à se créer une principauté indépendante en Andalousie; Masséna lutte en Portugal contre Wellington; Suchet est en Aragon.

— *Armée de Portugal.* — Masséna prend Ciudad-Rodrigo, Almeida, Coïmbre, il est arrêté aux lignes de *Torrès-Védras;* laissé sans secours, il se retire et se fait battre à *Fuentès de Onoro.* Marmont succède à Masséna disgracié et chasse les Anglais de Badajoz avec Soult. Mais l'ennemi profite de leurs mésintelligences, les bat aux *Arapiles* et entre à *Madrid* (Wellington, — août 1812).

— *Armée d'Andalousie.* — Soult, sur l'ordre de Napoléon, se porte au secours de Masséna, mais sans succès et redescend sur Cadix, où Victor était retenu depuis quinze mois. Wellington l'avait réduit à la retraite (Cadix délivrée, — Badajoz perdu, — mars 1812). Soult, revenu en Andalousie, y resta jusqu'à ce que, trop isolé, il rejoignît Joseph dans la province de Madrid.

— *Armée d'Aragon.* — Suchet a chassé les Anglais de l'Aragon, a été fait maréchal avec le titre de duc d'Albuféra. La défaite de Joseph à *Vittoria* et la retraite de nos troupes vers les Pyrénées l'obligent à rentrer en Catalogne, où il est vainqueur à *Tarragone* (1813).

A la fin de 1812, Wellington s'était retiré en Portugal après un échec à Burgos. Peu après il attaqua Joseph, le ruina par la victoire de *Vittoria* (juin 1813), qui finit la guerre d'Espagne et fut bientôt suivie de l'invasion en France. Joseph et Jourdan, échappés avec peine par le défilé de Roncevaux, s'enfermèrent à Bayonne.

CINQUIÈME COALITION (1809)

Causes et préparatifs.

— L'Autriche depuis longtemps veut se venger du traité de Presbourg; elle se décide à agir, sur le conseil de l'Angleterre, après l'occupation de Rome par nos troupes, la chute des Bourbons d'Espagne, la capitulation de Baylen et le départ de Napoléon et de la grande armée pour l'Espagne.

L'Angleterre lui offre 100 millions et 100000 hommes, et elle compte sur le réveil de l'Allemagne (Tugenbund fondé par Maurice Arndt). L'Autriche déclara la guerre le 8 avril; l'archiduc Charles passa l'Inn, pendant que Jean marchait sur l'Italie et Ferdinand sur le duché de Varsovie.

Napoléon, revenu à la hâte d'Espagne, force les jeunes gens de famille riche âgés de 18 ans à entrer à l'Ecole militaire. — Il forme une armée de 425000 hommes. — Poniatowski doit arrêter Ferdinand en Pologne; Beauharnais, Jean sur l'Adige. — Il défendrait lui-même le Danube contre Charles.

La guerre.

— (Le Danube est le centre principal de la lutte. — Le 17 avril 1809, Napoléon commença à concentrer sur le Danube les corps de Davout et de Masséna; en cinq jours il battit cinq fois l'ennemi (Ten-

La guerre.

gen, Abensberg, Landshut, Eckmühl) et prend ensuite *Ratisbonne*.

L'archiduc Charles se retira sur la rive droite du Danube; Napoléon le poursuivit et battit à *Ebersberg* un de ses lieutenants. — Charles était allé se retrancher sur la gauche du Danube, avec une nouvelle armée, dans une position difficile à aborder parce qu'il avait coupé les ponts. Napoléon réussit cependant à passer le fleuve et s'établit dans l'île Lobau avec Masséna, Lannes et Bessières. Il livra les batailles sanglantes d'*Aspern* et d'*Essling* (21-22 mai, — mort de Lannes). Une crue subite du Danube nous fit abandonner la rive gauche. Napoléon fit alors de l'île Lobau un camp retranché. La nouvelle des malheureuses journées d'Essling fut très fâcheuse pour nous et excita les chefs du Tugenbund (Andréas Hoffer en Tyrol).

Cependant Napoléon, soutenu par l'armée d'Italie, qui avait battu les Autrichiens à *Saint-Michel* et à *Raab*, gagna encore la terrible bataille de *Wagram* (6 juillet). L'archiduc Charles signa aussitôt l'armistice de *Znaïm*, mais l'empereur ne se décida à la paix que lorsqu'il sut que les Anglais n'avaient pas de succès sérieux en Espagne, et qu'ils avaient échoué devant *Flessingue*, alors qu'ils se proposaient d'aller détruire Anvers.

Traité de Vienne.

Traité de Vienne (14 octobre 1809). — 1° L'Autriche adhère au blocus et reconnaît Joseph roi d'Espagne; 2° elle nous cède : Goritz, Trieste, la Carniole, la Croatie, les provinces illyriennes; 3° elle cède à la Bavière Salzbourg et Braunau; à la Russie, la Galicie orientale; au grand-duché de Varsovie, la Galicie occidentale. 4° Elle nous paye 85 millions et promet de réduire son armée à 150 000 hommes.

Un article secret stipulait le mariage de Napoléon avec l'archiduchesse *Marie-Louise* s'il faisait rompre son mariage avec Joséphine, de qui il n'avait pas d'enfants. — Le divorce fut prononcé, le mariage eut lieu le 1er avril 1810; Joséphine se retira à la Malmaison. — Le roi de Rome naquit le 20 mars 1811.

II. Sous les gouvernements de réaction (*Suite*). — L'empire.

L'EMPIRE FRANÇAIS ET L'EUROPE VERS 1810

Les États amis de la France sont ou *feudataires* (Italie, Naples, Suisse, Confédération du Rhin) ou *alliés* (Danemark, Suède, Prusse, Autriche, Russie). — Les États ennemis sont : l'Angleterre, l'Espagne, le Portugal et la Turquie, alliée de l'Angleterre par crainte de la Russie.

1° État politique de l'Europe.

I **État politique de l'Europe.** — La Russie et l'Angleterre sont les deux seules grandes puissances en dehors de la France.

La *Russie*, encore puissante malgré ses défaites, voit son alliance recherchée par Napoléon, qui lui a laissé prendre : Finlande, Bessarabie, Moldavie, Valachie, Galicie orientale. — L'*Angleterre*, seule ennemie irréconciliable de l'Empire, est maîtresse des mers; elle a perdu le Hanovre, mais elle a pris nos colonies et celles de nos alliés; elle soutient l'Espagne et occupe le Portugal. Elle souffre du blocus continental; mais ses ministres, énergiques et habiles, ne désespèrent pas de l'emporter sur la France.

L'*Autriche*, diminuée de l'Italie, du Tyrol et des provinces danubiennes, peut compter sur la Hongrie, et s'est rapprochée de Napoléon, qui vient d'épouser la fille de François Ier. — La *Prusse*, réduite à 5 millions d'habitants, reforme ses armées sous la direction du baron de Stein et du ministre de la guerre Scharnhorst. Réduit par Napoléon à une armée de 42000 hommes, Frédéric-Guillaume appelle successivement les hommes, de manière à ne pas dépasser ce chiffre et forme ainsi une nation armée. — Le *Danemark* reste fidèle à Napoléon jusqu'à sa chute. — La *Suède* s'est assuré l'alliance de Napoléon en appelant Bernadotte au trône.

2° État moral de l'Europe.

II. **État moral de l'Europe.** — Les grandes guerres ont changé la face de l'Europe; d'anciens États ont fait place aux nouveaux. Les États feudataires ont le code et l'administration de la France, mais la crainte de l'empereur est le seul lien entre tous ces États. Presque tous les peuples, humiliés dans leur honneur national, blessés dans leurs intérêts matériels, froissés dans leurs sentiments religieux, n'attendent qu'une occasion pour se retourner contre l'empereur.

3° État politique de l'empire français.

III. **État politique de l'empire français.** — Napoléon, au comble de la gloire et de la puissance et traité encore en ami par la Russie, malgré son alliance avec l'Autriche, recule encore les limites de son empire. En 1810, il prend à son frère Louis, la Hollande devenue un entrepôt de marchandises anglaises. Il prend aussi le Valais, une partie de la Westphalie et les villes de Hambourg, Brême, Lubeck. A la fin de 1810, l'empire comptait 130 départements, dont 103 dans les limites naturelles de la France, plus les 24 départements du royaume d'Italie (Lombardie, Légations, Vénétie), dont Eugène de Beauharnais était vice-roi, et les sept provinces illyriennes. L'empire avait 50 millions d'habitants.

II. Sous les gouvernements de réaction (*Suite*). — L'empire.

4° État moral de l'empire français.

IV. **État moral de l'empire français.** — Le pouvoir impérial est absolu, despotique et révolutionnaire. Les Français eux-mêmes en sont fatigués. L'ancienne noblesse lui est naturellement hostile; la bourgeoisie regrette la suppression de toute liberté et les souffrances du commerce; le peuple des villes se plaint des privations que lui impose le blocus; le peuple des campagnes se plaint du prolongement de la guerre, qui ruine l'agriculture. Les catholiques blâment la conduite de Napoléon à l'égard du pape. — Nos alliances ne sont pas solides.

SIXIÈME COALITION

Causes.

Les causes. — L'Europe se plaignait : 1° de ce qu'un troisième décret de Napoléon ordonnait de prendre et de brûler publiquement les produits anglais; 2° de ce que Napoléon avait pris la Hollande à son frère Louis; 3° de ce qu'il avait réprimandé Murat de s'être déclaré protecteur de l'indépendance italienne; 4° de ce qu'il avait pris le Hanovre à Jérôme. — Bernadotte, à qui il avait pris la Poméranie suédoise et Stralsund et qu'il avait sommé de choisir entre lui et la Russie, s'était déclaré pour la Russie. — Le czar Alexandre fut l'âme de cette coalition.

Alexandre se plaignait plus spécialement de ce que Napoléon refusait de s'engager à ne pas rétablir le royaume de Pologne; de ce qu'il avait annexé l'Oldenbourg qui appartenait à un prince de sa famille; enfin, de ce que Napoléon était le premier à violer le blocus par des *licences* qu'il vendait fort cher. Alexandre avait d'ailleurs porté un ukase (décembre 1810) interdisant nos produits en Russie, frappant nos vins de droits élevés et autorisant l'importation des denrées coloniales sous pavillon neutre.

Les alliances.

Les alliances. — L'année 1811 fut consacrée à des négociations peu sincères, dans le but de donner aux puissances le temps de réorganiser leurs armées et de se créer des alliances. Alexandre, après une victoire de Kutusov sur le Danube, signa le traité de *Bukharest* (28 mai 1812), par lequel il renonçait aux provinces danubiennes et obtenait de la Turquie la Bessarabie et la Moldavie jusqu'au Séreth. Il s'assura l'appui de la Suède en lui promettant la Norvège.

Napoléon garantit à la Prusse l'intégrité de son territoire, à condition qu'elle lui fournirait 20000 hommes et des grains; mais il lui défendit d'augmenter ses troupes. Il fit un traité semblable avec l'Autriche, qui n'osa pas se déclarer neutre, et en obtint un corps de 30000 hommes en Galicie.

Alexandre ayant exigé l'évacuation de la Prusse et de la Poméranie, Napoléon répondit en déclarant la guerre. — En 1813, la Prusse, l'Autriche et les princes de la ligue du Rhin nous abandonneront. En 1814, toute l'Europe sera contre nous. Les forces françaises, destinées à opérer en Russie ou à assurer nos communications entre le Rhin et le Niémen, comprenaient 11 corps sans compter la garde impériale et la réserve de cavalerie; en tout, 600000 hommes et 1100000 hommes si on compte l'armée d'Espagne et les autres troupes disséminées à travers l'Europe. Sur ce nombre, 150000 hommes de troupes auxiliaires n'attendaient qu'une occasion pour se retourner contre nous.

A ce moment, une disette affreuse sévissant en France, Napoléon établit le *Conseil des subsistances*. Mais il aggrava encore le mécontentement par une levée de 120000 gardes nationaux. (Mutineries dans les villes et les écoles, soulèvement et désertions en masse dans les pays du Nord et en Italie.)

Principaux généraux.

Principaux généraux. — *Français :* Davout, Oudinot, le prince Eugène, Ney, Gouvion-Saint-Cyr, Macdonald, Augereau, Martin, Lefèvre. — York et Schwartzemberg pour les troupes auxiliaires.

Russes : Barclay de Tolly, Bagration, Tormasov, Kutusov, Wittgenstein.

Cette coalition comprend 4 campagnes : 1° 1812, campagne de Russie, perte de la grande armée; 2° 1813, campagne de Saxe; 3° 1814, malheureuse campagne de France; 4° 1815, malheureuse campagne de Belgique.

CAMPAGNE DE RUSSIE (1812)

1° Campagne de Russie. — 1° Marche en avant.

1° **Marche en avant** (juin à septembre 1812). — Après un séjour trop prolongé à Dresde, où il tint une vraie cour de rois, Napoléon vint s'établir à *Vilna*, où il refusa, par crainte de l'Autriche, de se prêter au réta-

II. Sous les gouvernements de réaction (*Suite*). — **L'empire.**

1° Campagne de Russie.

1° Marche en avant.

blissement du royaume de Pologne. Dans le même moment, il refusa un arrangement avec le czar, dont l'armée avait été coupée par notre passage du Niémen. La grande armée se dirigea sur la Dwina. Malgré une double défaite, Barclay rejoignit, à *Smolensk*, Bagration, qui avait échappé à Davout après une défaite à *Mohilev*. Pour tourner ces deux armées, Napoléon livra une grande bataille sous les murs de *Smolensk;* Ney poursuivit les ennemis et les aurait écrasés à *Valoutina*, si Junot avait obéi à Napoléon. — Le corps principal de la grande armée s'avança sur Moscou, pendant que les ailes restaient en arrière pour assurer les communications. C'est alors que les Russes commencèrent à tout incendier et détruire sur notre passage. Kutusov nous laissa avancer jusqu'à *Borodino*, près de la Moscowa (victoire de Ney, 7 septembre 1812). Napoléon entra à Moscou le 14 (incendie de la ville), où il établit ses quartiers d'hiver. Le czar lui refusa la paix; Kutusof s'efforça alors de nous renfermer et de nous couper la retraite, et l'hiver s'annonçait terrible et précoce.

2° Retraite.

2° **Retraite.** — Elle commença sur *Smolensk* le 19 octobre par la route de *Kalouga*. Les Russes nous arrêtèrent à *Malo-Jaroslawetz* et se firent battre. Napoléon reprit alors l'ancienne route de Smolensk (cause principale de nos désastres). Cependant l'armée, partagée en 4 corps et harcelée par les Russes, arriva à Smolensk (12 novembre); le 16, Ney livra le combat de *Krasnoé* et rejoignit Napoléon sur la rive droite du Dniéper à *Orcha*. Les 24000 hommes qui nous restaient purent, malgré de grandes pertes, passer la *Bérésina*, grâce au général Eblé.

L'empereur revint alors subitement à Paris (conspiration Mallet), laissant le commandement à Murat, que Ney suppléa souvent. Les restes de la grande armée arrivèrent enfin à Kœnigsberg (19 décembre), après un dernier combat à *Kowno* (320000 hommes perdus dans cette campagne).

Les défections commencèrent aussitôt : la Prusse nous abandonna, l'Autriche ne fit rien. — Murat laissa le commandement au prince Eugène et ne s'occupa plus que de sauver les intérêts de son royaume de Naples. Eugène réunit à grand'peine 17000 hommes, évita Berlin, où se trouvaient les Cosaques, et alla sur l'Elbe attendre les ordres de l'empereur (9 mars 1813).

CAMPAGNE DE SAXE (1813)

2° Campagne de Saxe.

1° Causes et préliminaires.

Causes et préliminaires. — Nos malheurs en Russie. — Le mouvement d'indépendance allemand, auquel on associe les étudiants de Prusse et de Westphalie. — — Le traité de *Kalisch* entre la Russie et la Prusse, qui proclamèrent la dissolution de la Confédération du Rhin et invitèrent les princes allemands à concourir à l'affranchissement de la patrie.

L'Angleterre renouvela son alliance avec la Russie, traita avec la Suède, à qui elle promit la Norvège, et prit à sa solde 30000 hommes commandés par Bernadotte. — L'Autriche prit plus tard le rôle de médiatrice; mais elle arma secrètement jusqu'au jour où elle entraînera la Bavière contre nous.

Napoléon, après avoir obtenu des Chambres 370 millions, 350000 hommes, plus 10000 gardes d'honneur, et avoir donné la régence à Marie-Louise, rejoignit Eugène sur l'Elbe. — Sur 12 corps dont se composait son armée, 6 n'étaient composés que d'étrangers, et les 6 autres n'étaient qu'à moitié français.

2° Campagne d'été.

Campagne d'été (30 avril — 14 juin). — Les victoires de *Weissenfels* et de *Lutzen* (mort de Bessières) nous rendent la ligne de l'Elbe; mais Napoléon ne peut poursuivre l'ennemi faute de cavalerie, il entre à Dresde, où il rétablit Frédéric-Auguste roi de Saxe. Il attaque ensuite le czar, retranché sur les bords de la Sprée, gagne les victoires de *Bautzen* et de *Wurschen* et

II. Sous les gouvernements de réaction (*Suite*). — **L'empire.**

2° Campagne de Saxe.

2° Campagne d'été.

poursuit les alliés jusqu'à l'Oder. — Notre arrière-garde est culbutée à *Hochkirchen* et à *Reichenbach* (mort de Duroc). — Davout rentre à *Hambourg*, et Napoléon à *Breslau*. Enfin, l'empereur, sur les instances de Metternich, signe l'armistice de *Pleswitz* (5 juin), et envoie des représentants au congrès qui va s'ouvrir à Prague. Il voulait seulement gagner du temps et refusait de céder aux instances de son entourage (Caulaincourt), et même aux désastreuses nouvelles d'Espagne (Vittoria).

3° Campagne d'automne.

Campagne d'automne (14 août — 12 novembre). — L'Autriche entra dans la coalition après l'armistice. Bernadotte et Moreau conseillent aux alliés de cerner l'empereur et d'agir énergiquement sur les points où il ne sera pas en personne. Les alliés forment trois armées : 1° armée du Nord avec Bernadotte; 2° armée de Silésie avec Blücher; 3° armée de Bohême avec Schwarzemberg.

Napoléon, vainqueur à *Goldberg* et à *Dresde* (mort de Moreau), perdit le fruit de ses victoires par les défaites de Saint-Cyr à *Kulm*, d'Oudinot à *Gross-Beeren*, de Ney à *Dennewitz*, et se replia sur *Leipzig*, où il fut cerné et battu (16 au 19 octobre 1813, *bataille des nations*). Il se dirigea alors à la hâte sur la France et gagna en route la victoire de *Hanau* sur les Bavarois.

Pendant ce temps, nos armées capitulaient à Dresde, Torgau, Wittenberg, Magdebourg, Stettin, Glogau. Rapp et Davout résistèrent jusqu'à la dernière extrémité à Dantzig et à Hambourg. — En Espagne, nous reculions partout, et l'invasion allait commencer. — Napoléon ayant refusé la paix proposée par les puissances, celles-ci déclarèrent à Francfort que désormais elles faisaient la guerre à l'empereur et non à la France. Ce fut un coup fatal pour Napoléon. Le Corps législatif (16 décembre 1813) demanda à connaître les intérêts politiques de l'État et manifesta les vœux du peuple pour la paix. Napoléon le prorogea et s'accorda, par un sénatus-consulte, une levée de 300000 hommes sur les classes de 1804 à 1814 et la mobilisation de 200000 gardes nationaux.

CAMPAGNE DE FRANCE (1814)

3° Campagne de France.

A ce moment, Murat traite avec l'Autriche; l'Espagne et l'Allemagne sont perdues pour nous; en France même, une association se forme pour rétablir les Bourbons, et Napoléon peut à peine compter sur 80000 hommes, le reste étant retenu dans les places de la Vistule, de l'Oder, de l'Elbe ou en Espagne.

C'est alors que l'empereur renvoya le pape à Rome, Ferdinand VII à Madrid, qu'il nomma Marie-Louise régente et chargea Joseph de la défense de Paris.

Schwarzemberg, avec l'armée de Bohême, les empereurs de Russie et d'Autriche et le roi de Prusse, passa le Rhin à Bâle et marcha sur la Seine par les Vosges et le plateau de Langres en repoussant Mortier. — Blücher, avec l'armée de Silésie, passa le Rhin entre Manheim et Mayence et s'avança sur la Marne par la Sarre, la Moselle et la Meuse en refoulant Marmont. — Bernadotte, avec l'armée du Nord, envahit la Belgique en repoussant Maison, et malgré Carnot, qui défendait Anvers. — Dans l'est, Bubna et Belgarde passèrent par Genève et menacèrent Lyon, défendu par Augereau. — Au sud, Wellington entrait en France, chassant devant lui Suchet à l'est et Soult à l'ouest.

Les souverains alliés furent réunis à Vesoul le 23 janvier. — Napoléon manœuvra entre la Seine et la Marne pour empêcher la jonction de Blücher et de Schwarzemberg.

1° Attaque contre Blücher et Schwarzemberg.

1° *Attaque contre Blücher et Schwarzemberg.* — Vainqueur à *Saint-Dizier*, Napoléon écrase Blücher à *Brienne* sans pouvoir lui empêcher de rejoindre Schwarzemberg près de Bar-sur-Aube. Battu ensuite à la *Rothière*, il recule jusqu'à Troyes (1er février).

Le 7 février, ouverture du congrès de *Châtillon*, où les alliés ne nous offrent plus que les frontières de 1790 (une ligne longeant les Pays-Bas autrichiens, nous laissant les trois Evêchés, touchant au Rhin au-dessous de Strasbourg allant jusqu'à Bâle et contournant la Suisse, la Savoie et Nice). Napoléon avait d'abord donné carte blanche à Caulaincourt pour traiter avec les alliés; mais ayant appris que les armées alliées s'étaient séparées, il marcha contre Blücher.

II. Sous les gouvernements de réaction (Suite). — L'empire.

3° Campagne de France.

2° 1re attaque contre Blücher seul.

2° *Première attaque contre Blücher seul* (10-15 février 1814). — Établi sur les deux rives de la Marne, Blücher oblige Macdonald à s'enfermer successivement à Château-Thierry, à la Ferté-sous-Jouarre, à Meaux. Napoléon arrive par la gauche, gagne les batailles de *Champaubert, Montmirail, Château-Thierry, Vauchamps*, et oblige Blücher à reculer sur Châlons. Il retire alors les pleins pouvoirs de Caulaincourt.

3° Attaque contre Schwartzemberg seul.

3° *Attaque contre Schwartzemberg seul* (17-22 février 1814). — Victor et Oudinot sont refoulés par l'armée de Bohême, qui, le 16 février, est à huit lieues de Paris. Napoléon arrive et en six jours fait reculer Schwartzemberg de cinquante lieues (Mormant, Nangis, Montereau); il l'aurait écrasé, si Blücher n'avait pas pris l'offensive.

4° 2e attaque contre Blücher seul.

4° *Seconde attaque contre Blücher seul* (3-27 mars 1814). — Par un traité signé à *Chaumont* (1er mars), les puissances s'étaient engagées à ne pas traiter séparément avec la France et à n'entamer aucune négociation avec Napoléon. Cependant elles n'étaient pas rassurées; les populations de l'Est coupaient les relations avec l'Allemagne et arrêtaient les convois, et elles craignaient de voir arriver Augereau par la vallée de la Saône. Aussi Schwartzemberg se rendit à Langres, où il espérait attirer Napoléon, tandis que Blücher redescendait la Marne pour rejoindre l'armée du Nord et marcher sur Paris. Napoléon poursuivit ce dernier et l'accula à Soissons, où il espérait le prendre; mais cette ville, récemment occupée par un corps polonais, offrit un asile à Blücher. Cependant Napoléon passa l'Aisne à *Béry-au-Bac*, délogea Blücher du plateau de *Craonne* et l'enferma à *Laon*, où il l'assiégea vainement. Il prit Reims le 14 mars.

A ce moment la situation de Napoléon est très grave. Bernadotte occupe la Belgique moins Anvers défendu par Carnot. — Augereau, inactif à Lyon, y laisse arriver les Autrichiens; Soult, chassé de Bayonne et vaincu à *Orthez*, se replie sur Toulouse; Bordeaux accueille le duc d'Angoulême et proclame Louis XVIII; le comte d'Artois est à Vesoul depuis le 21 février. — Le congrès de Châtillon se sépare le 19 mars, après avoir décidé de marcher directement sur Paris.

5° Dernières opérations.

5° *Dernières opérations* (20-30 mars). — Battu à *Arcis-sur-Aube*, par Schwartzemberg, Napoléon tenta de soulever la Lorraine et l'Alsace et de barrer les défilés des Vosges. Mais Marmont et Mortier, chargés de défendre la ligne de Paris, furent battus à la *Fère-Champenoise*, et les alliés prirent position autour de la capitale. Alexandre eut son quartier général à Bondy. — Joseph et Clarke, ministre de la guerre, n'avaient rien fait pour la défense de Paris. — Sur un ordre de l'empereur, Marie-Louise et le roi de Rome furent emmenés à Blois.

Paris essaya cependant de se défendre; le 30 mars, après une lutte de douze heures, Joseph, avant de se sauver à Orléans, signa la capitulation. — Napoléon apprit cela à six lieues de Paris; désespéré, il se retira à Fontainebleau, et les alliés entrèrent dans la capitale le 31 mars.

Chute de l'Empire. — Les souverains, ayant refusé de traiter avec un Bonaparte, déclarèrent qu'ils reconnaîtraient la constitution que se donnerait la nation. Le Sénat et le Corps législatif (63 membres du premier corps sur 142; — 77 du second sur 303) se déclarèrent pour les Bourbons, et l'on forma un gouvernement provisoire sous la présidence de Talleyrand. Napoléon fut déclaré déchu, et le droit d'hérédité aboli dans sa famille.

Napoléon avait encore 50000 hommes sur les bords de l'Essonne et aurait voulu marcher sur Paris, mais ses généraux s'y opposèrent. Ney, Caulaincourt et Macdonald, chargés de plaider la cause du roi de Rome auprès du czar, allaient réussir quand on apprit que Marmont, commandant les troupes de l'Essonne, abandonnait l'empereur. Le czar rejeta alors tout projet de régence et Napoléon abdiqua le 6 avril.

Soult chercha encore à arrêter les Anglais en leur livrant une dernière bataille à *Toulouse*, pendant que Talleyrand fixait, par le *traité de Fontainebleau* (11 avril), le sort de Napoléon et de sa famille (le titre d'empereur avec la souveraineté de l'île d'Elbe, 2 millions de revenus, 400 hommes de garde. — Marie-Louise et son fils recevaient Parme et Plaisance; — Eugène de Beauharnais, la principauté de Leuchtenberg).

Le 20 avril, Napoléon fit ses adieux à sa garde; — le 4 mai, il abordait à l'île d'Elbe.

SECONDE PARTIE

L'EUROPE DE 1815 A 1830

A. — LA FRANCE

I. — LA PREMIÈRE RESTAURATION. — LES CENT JOURS ET LES TRAITÉS DE 1815 — LA SAINTE-ALLIANCE

1. La France.

1° Première restauration.

Le gouvernement provisoire, par une nouvelle constitution, appela Louis XVIII au pouvoir. Le comte d'Artois, lieutenant général du royaume entré à Paris (12 avril) signa (23) la convention de Paris. Louis XVIII débarqua à Calais le 24 et publia, le 2 mai, la *déclaration de Saint-Ouen* entra à Paris le 3 mai, et prit pour ministres : Talleyrand, le baron Louis, Dupont, de Blacas, Ferrand, de Montesquiou.

1er traité de Paris.

Premier traité de Paris (30 mai 1814). — Talleyrand fut chargé de cette négociation, qui nous donnait les limites de 1792, plus quelques cantons dans les départements des Ardennes, de la Moselle, du Bas-Rhin, de l'Ain, et l'annexion d'une partie de la Savoie. Nous gardions les colonies que nous avions au 1er janvier 1792, sauf Tabago, Sainte-Lucie, l'Ile-de-France et ses dépendances et la partie de Saint-Domingue que nous avait cédée l'Espagne au traité de Bâle. — Les puissances décidèrent de régler dans un congrès, à Vienne, les limites des autres Etats d'Europe.

La charte et l'opposition aux Bourbons.

La Charte et l'opposition aux Bourbons. — Louis XVIII respecta les institutions de la révolution et de l'empire. La société resta démocratique, tous les Français étant égaux devant la loi et admissibles aux charges. L'administration resta centralisée, et tous les services publics et les divisions administratives maintenus. Le Code, la Légion d'honneur, la Banque, l'Université furent conservées. Seuls la conscription et les droits réunis furent remplacés par le *recrutement* et les *contributions indirectes*.

Louis XVIII voulut que la charte fût octroyée par lui, roi par la grâce de Dieu, et datée de la 21e année de son règne, contrairement au texte du Sénat, et il mécontenta ainsi les libéraux.

Cependant, sous ses formes absolutistes, la charte établissait un régime constitutionnel : gouvernement partagé en trois pouvoirs, le roi et deux Chambres. Le roi a le pouvoir exécutif, nomme et révoque les ministres responsables et peut dissoudre la Chambre. La Chambre des pairs, nommée par le roi et héréditaire ratifie les lois; la Chambre des députés, nommée par les électeurs payant au moins 100 francs d'impôts, vote les lois et les budgets; la presse et les religions sont libres, mais la religion catholique est *religion d'Etat*.

Néanmoins ce gouvernement honnête manqua d'habileté et mécontenta surtout trois classes de citoyens : les *militaires*, dont un grand nombre étaient sans emploi ou à demi-solde à cause de la signature de la paix et des embarras financiers. Cette mesure fut rendue odieuse parce qu'on permit aux officiers de marine de rentrer avec le grade supérieur à celui qu'ils avaient avant l'émigration, ou même avec les grades gagnés dans l'armée anglaise. — Les *anciens fonctionnaires*, qui perdirent leurs places. — Les *acquéreurs de biens nationaux*, naturellement opposés à un gouvernement favorable au clergé et aux nobles.

2° Les Cent Jours. 20 mars - 29 juin 1815.

Napoléon, à la nouvelle de la situation difficile de Louis XVIII, quitta l'île d'Elbe, débarqua à Cannes (1er mars), et agit en empereur dès qu'il fut à Lyon, faisant croire qu'il était d'accord avec les puissances et que l'impératrice allait être couronnée avec son fils. Le

I. La France (*Suite*).

2° Les Cent Jours.

jour même (13 mars) où il publiait une série de décrets pour réorganiser, disait-il, l'administration, le congrès de Vienne le déclarait hors des relations civiles et sociales. Le 20 mars, il entra à Paris; Louis XVIII était parti pour Gand, la veille.

Le 1er mai, au Champ de Mai, il proclama l'*acte additionnel* et distribua des drapeaux. Mais Napoléon ne trouva ni dans les Chambres ni dans le peuple l'appui qu'il espérait. Dans le midi et dans l'ouest (petite chouannerie) il y eut des mouvements insurrectionnels promptement réprimés. Les puissances refusèrent de traiter avec lui, bien qu'il acceptât le traité de Paris. Il fit appel à la France, et, fatigué de l'opposition des Chambres et de son isolement, laissa le gouvernement à un conseil présidé par Joseph, et alla prendre le commandement des troupes à Laon (13 juin).

Campagne de Belgique.

Campagne de Belgique. — Napoléon passa la Sambre à Charleroi et se trouva en face de Blücher, centralisé à Namur, et de Wellington, centralisé à Bruxelles. — 200 000 Russes devaient défendre la ligne du Rhin. — (Murat, dépouillé par le congrès de Vienne de son royaume, avait été battu à *Tolentino*, et s'était réfugié en France.)

Napoléon prit l'offensive avec ses 125 000 hommes, et repoussa les Prussiens au delà de *Fleurus* (défection de Bourmont). Blücher fut encore battu à *Ligny* et séparé de Wellington, que Ney arrêta aux *Quatre-Bras*, sans pouvoir prendre cette position importante. Napoléon, pour empêcher Blücher de rejoindre Wellington campé au *mont Saint-Jean*, près de *Waterloo*, chargea Grouchy de le poursuivre. Pour lui, il rallia Ney, avec qui il battit les Anglais à *Genappe* et livra la désastreuse bataille de *Waterloo* (18 juin), où Blücher l'écrasa, après avoir trompé Grouchy.

Cette défaite produisit une grande surexcitation à Paris; les Chambres, sur la proposition de Lafayette, se déclarèrent en permanence et proclamèrent la patrie en danger. Napoléon refusa de faire un nouveau 18 brumaire et abdiqua en faveur de son fils (22 juin). Un gouvernement provisoire fut constitué sous la présidence de Fouché.

Les armées coalisées s'avancèrent pour reprendre la route de la Marne[1]. — Blücher arriva le premier sous Paris; Napoléon offrit d'aller le battre; Fouché refusa, et Davout signa la *convention de Saint-Cloud* (3 juillet); le 7, les Alliés entraient à Paris et exigeaient 100 millions de contributions de guerre; le 8, Louis XVIII rentrait.

Napoléon se confia à la générosité de l'Angleterre. Conduit d'abord à Plymouth, il fut, d'après une convention avec les puissances, déclaré prisonnier de guerre et relégué à Sainte-Hélène, où il mourut chrétiennement (5 mai 1821).

2e traité de Paris.

Second traité de Paris (20 novembre 1815). — Après Waterloo, les Alliés regardèrent le traité de 1814 comme rompu, et décidèrent, puisque les Bourbons n'avaient pas su maintenir leur autorité, d'imposer à la France des garanties et des charges pour la tenir dans leur dépendance : 700 millions d'indemnités, payables en cinq ans. — 150 000 hommes de garnison étrangère en France et à nos frais pendant cinq ans. — Occupation par les Alliés de toutes les forteresses depuis Valenciennes jusqu'à Strasbourg. — Retour aux limites de 1790, et de plus, prise de Philippeville, Marienbourg, le duché de Bouillon, Sarrelouis, Landau, la Savoie et ruine des fortifications de Huningue.

3° Le congrès de Vienne et les traités de 1815. nov. 1814— juin 1815.

1° Organisation du congrès.

1° Organisation du congrès. — Tous les souverains furent représentés à ce congrès, sauf le roi de Saxe. Les principaux plénipotentiaires étaient : Talleyrand, Metternich, Hardenberg, Humboldt, Nesselrode, Castelreagh, Consalvi.

L'ouverture du congrès fut considérablement retardée, parce que les Alliés ne voulaient pas discuter les affaires

1 Rapp, malgré quelques avantages, dut s'enfermer dans Strabourg et laisser passer les Austro-Russes; Lecourbe défendit les passages du Jura; Brune, après quelques succès sur le Var, signa une convention; Suchet réussit à sauver Lyon.

I. La France (*Suite*).

3° Le congrès de Vienne et les traités de 1815.

1° Organisation du congrès.

de l'Europe avec les petits États. Les questions y furent réglées par des *commissions*. Seules les cinq grandes puissances, avec la Suède, l'Espagne et le Portugal, furent consultées. On distribua les territoires en tenant compte de la richesse du pays et du nombre d'habitants, mais pas du tout de leurs convenances. Les décisions des commissions furent rédigées sous forme de traités particuliers entre les puissances, puis réunies en un recueil général appelé *acte final du congrès de Vienne*.

Talleyrand protesta au nom de la France et des petits États; il protesta contre l'expression « les Alliés » et obtint qu'on annonçât que le congrès serait ouvert le 1er novembre, conformément *aux principes du droit public;* enfin il déclara, au nom de Louis XVIII, ne point admettre que la conquête seule donne le droit de souveraineté, chaque pays appartenant de droit au souverain *légitime*, c'est-à-dire héréditaire.

Alexandre répondit que *les convenances de l'Europe étaient le droit.*

2° Œuvre du congrès.

2° **L'œuvre du congrès.** — *Questions reglées sans discussion.* — On régla d'abord les questions en voie d'arrangement depuis le congrès de Paris : la *Hollande*, rendue à la famille d'Orange, forme avec la Belgique le royaume des Pays-Bas. — La *Suisse* redevient une confédération et reçoit les trois cantons de Genève, le Valais et Neufchâtel. — Les souverains du *Portugal* et d'*Espagne* sont rétablis. — En *Italie*, Gênes est donnée au roi de Sardaigne, Venise à l'Autriche, et le reste est rétabli comme avant la révolution. — La *Suède* reçoit la Norvège, enlevée au Danemark allié de Napoléon. Les Bourbons de Naples ayant été restaurés, Murat essaya de recouvrer sa couronne, fut pris et fusillé.

2° *Les questions discutées.* — On réserva trois questions sur lesquelles les puissances ne pouvaient s'entendre, parce qu'elles avaient des intérêts contraires : 1° *L'organisation de l'Allemagne;* la Prusse voulait rétablir l'empire, l'Autriche préférait une confédération. — 2° *L'indemnité à donner à la Prusse;* la Prusse voulait s'annexer le royaume de Saxe; l'Autriche redoutait d'avoir la Prusse à sa frontière de Bohême et les autres alliés craignaient de rendre la Prusse trop puissante en Allemagne. — 3° *Le grand duché de Varsovie;* la Russie voulait le garder et en faire un royaume de Pologne; l'Angleterre et l'Autriche ne voulaient pas voir le czar pénétrer aussi avant en Europe.

Talleyrand profita de ce désaccord pour redonner à la France son rang dans les conseils de l'Europe. Il fit valoir le principe de la légitimité en faveur du roi de Saxe, et conclut une alliance défensive avec l'Angleterre et l'Autriche contre la Prusse et la Russie qui s'accordaient mutuellement l'échange de la Saxe et de la Pologne. La guerre faillit éclater, mais tout se termina par une transaction.

La Prusse accepta une indemnité en quatre morceaux : le nord de la Saxe; une partie de la Pologne, le reste étant partagé entre la Russie et l'Autriche; une partie de l'Allemagne du Nord; une autre bande de terres sur la rive gauche du Rhin; en tout 3 465 000 habitants. La Prusse était ainsi, malgré elle, chargée de la défense du Rhin contre la France. Enfin on renonça à rétablir l'empire, détruit par Napoléon, et on créa une *confédération allemande* avec une diète.

L'œuvre du congrès fut complétée après Waterloo par le système de Metternich, dont le principe était, que tous les souverains formant une même famille, ils ont intérêt à se soutenir contre leurs sujets et à régler leurs contestations par arbitrage. Son but était d'empêcher à l'avenir les guerres entre souverains, et son moyen, les congrès. Ce système fonctionna pendant dix ans. Les traités de 1815 ont été le fondement du droit international jusqu'à la guerre de Crimée, et l'œuvre du congrès a été détruite de 1860 à 1870 bien qu'on ait conservé l'usage des congrès et l'idée d'un tribunal d'arbitrage.

I. — LA FRANCE (suite).

— I. La France (*Suite*). — 3° Le congrès de Vienne et les traités de 1815.

2° Œuvre du congrès. — Les actes du congrès et le deuxième traité de Paris constituent l'ensemble de conventions appelées « traités de 1815 ».
Le 11 mars, Metternich apprit, au milieu d'une fête brillante, que Napoléon venait de débarquer au golfe Jouan.
Le congrès se sépara, et la coalition se reforma aussitôt.

3° Jugement sur le congrès. — Les grandes puissances n'ont pas établi entre elles une pondération durable; elles ont manqué de clairvoyance et de sagesse; elles ont consacré les abus de la force et donné aux gouvernements sans scrupules de fâcheux exemples. Le traitement infligé au roi de Saxe en 1815 fait pressentir celui du roi de Hanovre en 1866, et la conduite tenue envers les Belges, les Polonais et les Grecs, dont le congrès se désintéressa, sont des violations manifestes du droit des gens.

4° État de l'Europe en 1815.

— 1° *L'Angleterre* fut la souveraine incontestée des mers; à ses possessions européennes elle ajoutait : Helgoland, Malte et le protectorat de la république des îles Ioniennes; — à son empire colonial : la Guyane, le Cap, Ceylan et les comptoirs des Indes, l'île de France, les Seychelles, Sainte-Lucie, Tabago, la Trinité.

2° *L'Europe orientale.* — La prépondérance en Orient était donnée à la Russie; Napoléon lui avait donné la Finlande, la Bessarabie et une partie de la Moldavie; à Vienne elle reçut le grand-duché de Varsovie, qui forma le royaume de Pologne. — Cracovie devenait ville libre.

3° *L'Europe méridionale.* — L'Italie redevenait une confédération de princes dominée par l'Autriche. — Le roi de Sardaigne recouvrait le Piémont, Nice, la Savoie, et recevait Gênes. L'Autriche formait le royaume Lombard-Vénitien. Des princes de la maison d'Autriche reçurent le grand-duché de Toscane et les duchés de Parme et de Modène; le pape rentrait dans ses États; les Bourbons gardaient les Deux-Siciles.

4° *L'Europe centrale.* — La Belgique, la Hollande et le Luxembourg formèrent le royaume des Pays-Bas, donné à Guillaume d'Orange. En Allemagne, il n'y eut plus qu'une confédération de 39 États (il y avait 300 princes avant la Révolution); ces États étaient : l'empire d'Autriche, les 7 royaumes de Prusse, Bavière, Saxe, Hanovre, Wurtemberg, Danemark, Pays-Bas; 6 grands-duchés, 9 duchés, 10 principautés, 1 landgraviat, 4 villes libres (Brême, Hambourg, Lubeck, Francfort-sur-Mein). — L'Autriche présidait la diète fédérale; elle recouvrait : la Galicie orientale, le Tyrol, le Vorarlberg, Salzbourg, la Lombardie, les provinces illyriennes, les provinces vénitiennes, la Valteline, Raguse et l'expectative du duché de Parme. Ses possessions formaient un tout continu, et elle pouvait menacer l'Italie, l'Allemagne, la Russie et la Turquie. — La Prusse était moins favorisée que l'Autriche; elle perdait le Hanovre et ses acquisitions de Pologne, mais elle recevait la Poméranie suédoise, une partie de la Saxe, de nombreux territoires qui formèrent le grand-duché du Bas-Rhin (Prusse rhénane). Toutes ses possessions formaient deux masses séparées par le Hanovre, le Brunswick, les deux Hesses et le Nassau, et nullement défendues par des frontières naturelles. Aussi la Prusse fut tenue à de grands sacrifices pour tenir un rang proportionné au rôle qu'elle avait joué.

Quelque mal constituée que fût encore l'Allemagne, elle s'efforça dès lors de tendre à l'unité.

LA SAINTE-ALLIANCE

Sur l'invitation du czar Alexandre, les grandes puissances signèrent (25 septembre 1815) une déclaration mystique inspirée par la baronne de Krudener. Les puissances signataires devaient prendre pour règle de leur administration et de leur politique les principes de la religion chrétienne. Ils établissaient le *principe d'intervention* pour se secourir mutuellement, même par les armes, quand ils seraient menacés par la force ou par l'émeute. Ce qui domine dans cet acte, c'est la volonté de conjurer le péril révolutionnaire en en surveillant le foyer principal, la France.

L'Angleterre n'y prit point part; elle craignait que l'idée d'une croisade contre les Turcs ne se cachât sous cette alliance des nations chrétiennes; elle ne voulut adhérer qu'à une quadruple alliance pour tenir des congrès périodiques et maintenir la paix contre les agissements des sociétés qui voulaient ruiner le pouvoir absolu et établir le régime parlementaire. L'opinion publique vit dans cette entente des souverains *absolus* une menace contre les libertés nouvelles. Les sociétés secrètes en profitèrent pour soulever le peuple contre la Sainte-Alliance.

II. — LA SECONDE RESTAURATION ET LE RÉGIME PARLEMENTAIRE EN FRANCE

Nous aurons trois questions à étudier : le règne de Louis XVIII, celui de Charles X, la politique extérieure de la Restauration.

I. La France (Suite).

Louis XVIII (1815-1824).

1° Louis XVIII.

Rappelé par les maréchaux et par Fouché, Louis XVIII publia la *proclamation de Cambrai* (28 juin), et entra à Paris le 8 juillet, à l'insu des Alliés, arrivés depuis la veille.

On peut distinguer trois périodes dans ce règne : 1° 1815-1816. Réaction contre les bonapartistes; 2° 1816-1820. Période d'apaisement et de gouvernement libéral sous l'influence du roi; 3° 1820-1824. Réaction contre les tendances révolutionnaires à la suite de l'assassinat du duc de Berry.

PREMIÈRE PÉRIODE

1° MINISTÈRE TALLEYRAND-FOUCHÉ. — Talleyrand fut président du ministère, et Fouché ministre de la police; ce choix indisposa les plus fidèles amis de la monarchie.

1° *Les étrangers en France.* — Les Alliés (Anglais et Prussiens surtout) se signalaient par leurs exigences et leur brutalité. Ils refusèrent de signer une paix définitive avant la dissolution de notre armée, retirée derrière la Loire avec Davout. Louis XVIII céda, et Gouvion Saint-Cyr remplaça l'armée régulière par 86 légions départementales, qui furent le point de départ des régiments actuels.

2° *La Terreur blanche.* — Le peuple, très irrité contre les partisans de Napoléon, qu'il rendait responsables de l'invasion étrangère; excita contre eux une réaction violente, surtout dans le Midi (massacre des mamelucks à Marseille, assassinat du général Brune à

Généalogie de la famille de BOURBON

HENRI IV † 1610.
- Louis XIII † 1643.
  - Louis XIV † 1715.
    - Louis, Dauphin † 1711.
      - Louis, duc de Bourgogne † 1712.
        - Louis XV † 1774.
          - Louis, Dauphin † 1765.
            - Louis XVI † 1793.
              - Louis XVII † 1795.
            - Louis XVIII † 1824.
            - Charles X † 1836.
              - Louis, duc d'Angoulême † 1844.
              - Charles, duc de Berry † 1820.
                - Henri V, duc de Bordeaux et comte de Chambord † 1883.
      - Philippe V, roi d'Espagne.
  - Philippe, duc d'Orléans † 1701.
    - Philippe, Régent † 1723.
      - Louis † 1752.
        - Louis-Philippe † 1785.
          - Louis-Philippe-Égalité † 1793.
            - Louis-Philippe I, roi des Français † 1850.
              - Duc d'Orléans † 1842
                - Comte de Paris.
                - Duc de Chartres.
              - Duc de Nemours.
              - Prince de Joinville.
              - Duc d'Aumale.
              - Duc de Montpensier.

I. La France (*Suite*). — 1° Louis XVIII.

Avignon, du maréchal Ramel à Toulouse, du général Lagarde à Nîmes. Dans le Gard, pillage des villes et des campagnes par les *verdets*). — Louis XVIII rétablit l'ordre dès qu'il eut affermi son pouvoir.

3° *Les procès politiques.* — Contrairement aux promesses de Cambrai, c'est le gouvernement et non les Chambres qui désignèrent ceux qui devaient être châtiés. La liste royale désignait 57 personnages; 19 devaient passer en conseil de guerre, 38 se retirer dans des lieux déterminés jusqu'au retour des Chambres. Les principales victimes furent les généraux Labédoyère, Ney, Mouton-Duvernet. Drouot et Cambronne furent acquittés; Drouet d'Erlon et Clauzel passèrent en Angleterre.

4° *La Chambre introuvable.* — Les élections du 13 juillet 1815 furent favorables aux ultra-royalistes, malgré les manœuvres de Fouché; Louis XVIII appela cette Chambre *introuvable.* — Talleyrand fit déclarer la pairie héréditaire, mais les royalistes n'en exigèrent pas moins sa retraite et celle de Fouché. Talleyrand fut nommé ministre d'Etat, et Fouché ambassadeur à Dresde.

2° Première partie du ministère du duc de Richelieu (1815-1816). — Le duc de Richelieu, ancien gouverneur d'Odessa et ami personnel du czar, s'entoura de royalistes modérés et s'efforça de conclure une paix définitive. (Voir plus haut le deuxième traité de Paris.)

Législation de la Chambre introuvable. — Les provocations de ses ennemis poussèrent cette chambre à montrer plus de zèle que d'habileté. Elle fit quatre lois principales : loi d'amnistie, loi de sûreté générale, loi d'organisation des cours prévôtales, loi d'abolition du divorce. Ces lois, pour la plupart réclamées par les circonstances et portées pour quelque temps seulement, furent jugées par l'opinion comme contraires à la charte. D'autre part, Decazes (ministre de la police), trouvant cette chambre trop royaliste, résolut de la perdre. Par son influence sur le roi et l'appui de Laisné et de Richelieu, qu'il avait gagnés à ses projets, il fit dissoudre la Chambre (5 septembre 1816). Chateaubriand, ministre d'Etat, protesta par la *Monarchie selon la charte* et fut destitué.

Pendant cette année 1816 eurent lieu les conspirations de Didier et des montagnards, à Grenoble; de la société *des Patriotes,* à Paris, pour faire sauter les Tuileries.

Deuxième période (1816-1820).

I. **Seconde partie du ministère du duc de Richelieu.** — Bien que les nouvelles élections aient été favorables aux royalistes modérés, les partis restaient nombreux dans l'assemblée : les doctrinaires ou modérés (Royer-Collard, Laisné, de Serre), les ultra-royalistes, la gauche (bonapartistes et républicains), le parti du juste-milieu.

La loi de sûreté générale fut maintenue jusqu'en 1818, et l'on restreignit la liberté de la presse (nécessité d'une autorisation royale pour la publication des périodiques).

Loi électorale de 1817. — Pour nommer les députés des départements, il faut avoir 30 ans et payer 300 francs de contributions. — Pour être éligible, il faut avoir 40 ans et payer 1000 francs de contributions. — La Chambre est renouvelable tous les ans par cinquième. — Cette loi donna la majorité aux classes moyennes.

Loi sur le recrutement de 1818. — L'effectif est réduit à 240000 hommes, fournis par une levée de 40000 hommes faisant 6 ans de service. Sont exempts de service : les fils aînés de veuve, les séminaristes, les Frères et ceux qui se sont engagés à 10 ans d'enseignement. Pour passer sous-officier, il faut avoir 20 ans et 2 ans de service actif. — Les deux tiers des grades de capitaines et de lieutenants sont donnés à l'ancienneté.

Congrès d'Aix-la-Chapelle (1818). — Il fut réuni par les Alliés pour étudier l'opportunité et les conditions de retraite de leurs troupes. Le duc de Richelieu obtint : 1° la libération du territoire en 1818 au lieu de 1820; 2° la solde de nos dettes par un versement de 265 millions de capital; 3° la participation de la France aux affaires de l'Europe. — Après cela, Richelieu se retira en conseillant au roi de le remplacer par un militaire. — Au second renouvellement de la Chambre par cinquième, Decazes porta par ses intrigues le nombre des opposants à 45.

II. **Ministère Dessoles-Decazes** (1818-1819). — Le général Dessoles fut président et ministre des affaires étrangères, mais c'est Decazes qui fut le directeur de la politique du ministère. On fit une pension de 50000 francs au duc de Richelieu. Les charges et les dignités furent

I. La France (Suite). — 1° Louis XVIII.

données aux libéraux, et on adopta la politique de bascule. Decazes obtint le retour de 57 régicides et des généraux exilés. — La chambre des pairs protesta contre la nouvelle politique, et l'ancien directeur Barthélemy proposa de modifier la loi électorale de 1817; Decazes répondit en créant 60 nouveaux pairs, ce qui lui donna la majorité.

Loi sur la presse (27 mai 1818). — 1° Les délits de presse rentrent dans les cas prévus par le code, et les insultes à la morale publique et religieuse sont classées parmi les délits; 2° les délits sont jugés par les assises et le jury; 3° pour les journaux, on supprime le cautionnement et le dépôt d'un exemplaire.

La presse de l'opposition profita de cette loi pour redoubler d'attaques contre la Restauration et le clergé, et elle fut soutenue par les sociétés secrètes.

Aux élections de 1819, la droite eut 5 élus et la gauche 30 (annulation de l'élection de l'abbé Grégoire); c'était la condamnation de la loi de 1817. Decazes voulut la réformer, mais d'autres ministres lui firent opposition et se retirèrent.

III. **Ministère Decazes** (1819-1820). — Ce ministère tomba après l'assassinat du duc de Berry (neveu de Louis XVIII et fils du comte d'Artois) par Louvel (13 février 1820), dont Decazes fut rendu responsable. Il se retira et fut créé ministre d'Etat et ambassadeur à Londres.

TROISIÈME PÉRIODE (1820-1824).

I. **Second ministère du duc de Richelieu** (1820-1821). — Richelieu revint sur les instances du roi, mais laissa la présidence au comte Siméon, ministre de l'intérieur. — On supprima de suite et temporairement la liberté individuelle, et on rétablit la censure des journaux. Le ministère se sépara des doctrinaires, qui passèrent à l'opposition.

Loi du double vote (12 juin 1820). — Il y aura deux collèges électoraux : celui d'arrondissement pour les électeurs payant au moins 300 francs d'impôts, ils nommeront 258 députés; celui du département pour les électeurs payant au moins 1000 francs d'impôts, ils nommeront 172 députés, mais pourront voter dans les deux collèges, d'où le nom de la loi. Elle passa, malgré de violents débats à la Chambre et malgré les émeutes excitées par l'opposition. — Formation de sociétés secrètes. Conspirations du Bazar.

Le 29 septembre naquit le duc de Bordeaux, fils de la duchesse de Berry, à qui on donna par souscription le château de Chambord.

L'adresse des 221. — Richelieu fut bientôt jugé trop modéré par la majorité royaliste issue des dernières élections. Des révolutions ayant éclaté à Naples, Turin, Madrid, les puissances laissèrent l'Autriche intervenir en Italie; mais le roi ne manifestant aucune intention d'intervenir en Espagne, la gauche et l'extrême droite firent des remontrances qui entraînèrent la chute du ministère (décembre 1821).

II. **Ministère de Villèle** (1821-1824). — Ce ministère fut le triomphe de la *congrégation*. — (5 mai, mort de Napoléon à Sainte-Hélène. — Béranger et P.-L. Courier exploitent cette mort contre les Bourbons.)

La congrégation. — On désigne par ce nom les associations nées au commencement de ce siècle pour remédier aux maux causés par l'impiété révolutionnaire et faciliter la pratique en commun des devoirs religieux et des bonnes œuvres. Les membres de la Congrégation appartenaient presque tous à la haute société. Les voltairiens s'appliquaient à la représenter comme une puissance occulte, dont les membres accaparaient les premières places pour ruiner l'œuvre de la Révolution. Il est vrai que les libéraux cherchant à renverser le trône et l'autel, la congrégation défendit l'un et l'autre.

Le carbonarisme. — Dans le même temps se développait la société des *carbonari*, née en Italie sous le gouvernement de Murat, implantée en France après l'attentat de 1820 contre Ferdinand IV, et recrutée surtout parmi les étudiants, les militaires et les francs-maçons. Leur but était la chute des Bourbons. Lafayette, Manuel et d'autres chefs de l'opposition, entrèrent dans la haute Vente ou conseil suprême. Il y eut des Ventes centrales et des Ventes particulières. Tout carbonaro devait garder le secret sous peine de mort, payer 1 franc par mois, avoir un fusil et 25 cartouches, et obéir aveuglément à des chefs inconnus.

Complots militaires de 1822. — Dès l'avènement du ministère de Villèle, les carbonari organisèrent un vaste système de conspirations militaires (Belfort, Colmar, Marseille, Saumur, la Rochelle (les quatre sergents), qui échouèrent fort heureusement et dont les chefs furent condamnés à mort.

I. — LA FRANCE (suite).

I. La France (Suite).

1° Louis XVIII.

La Chambre adopta presque aussitôt deux projets de lois limitant la liberté de la presse. — L'Ecole normale fut supprimée, et les cours de Cousin et de Guizot interdits pour arrêter la propagande antireligieuse.

Politique extérieure. — Intervention en Espagne. — Congrès de Vérone. — Louis XVIII craignait que Ferdinand VII, réduit à reconnaître le gouvernement constitutionnel et à prendre ses ministres parmi les chefs des sociétés secrètes, n'eût le même sort que Louis XVI. Il se fit charger, par le congrès de Vérone, de rétablir l'ordre en Espagne. Cette expédition provoqua à la Chambre une scène violente; Manuel en fut exclu pour avoir semblé faire l'apologie du régicide; toute la gauche le suivit et ne reparut pas.

La Chambre retrouvée (1824). — Après l'heureuse campagne d'Espagne [1], de Villèle renvoya la Chambre, et les nouvelles élections ne lui donnèrent que 19 opposants. On vota la loi de *septennalité*, on rétablit la censure et on créa le ministère des affaires ecclésiastiques (de Frayssinous).

Louis XVIII mourut le 19 septembre 1824, à l'âge de 69 ans.

Prospérité de la France sous ce règne. — Ce fut une période réparatrice pour la France, grâce au bon sens politique, à la modération du roi et à l'appui considérable qu'il trouva dans le duc de Richelieu et de Villèle. 1° Il établit le régime parlementaire aussi parfaitement que le permettait la situation; 2° le budget (1 milliard environ) se solde avec excédent, alors qu'en 1815 le pays était ruiné et épuisé; 3° grâce au *système protecteur,* le commerce et l'industrie se sont développés, les fers et les tissus anglais ont été frappés de droits considérables; l'importation du savon, des soieries, des aciers et des sucres étrangers est interdite; 4° par le système de l'*échelle mobile,* l'agriculture prospère; 5° on a achevé les canaux commencés sous l'empire; 6° les classes ouvrières ont été favorisées par les salles d'asile et les caisses d'épargne.

Charles X (1824-1830).

2° Charles X.

Suite du ministère de Villèle.

I. **Suite du ministère de Villèle** (1824-1828). — Ce ministère eut quelque popularité au début, mais la mise à la retraite de 150 officiers et le maintien des ministres de la congrégation excita la presse contre lui. — Bien que les princes d'Orléans aient reçu le titre d'*Altesse royale* et que les Chambres aient voté à Louis-Philippe la garantie de la possession de ses propriétés, le duc d'Orléans fit du Palais-Royal un centre d'opposition.

On attribua à l'influence de la congrégation : 1° le vote d'un milliard d'indemnités aux émigrés; 2° la loi du sacrilège, qui ne fut jamais appliquée; 3° le sacre de Charles X à Reims (1825), auquel les libéraux répondirent par une manifestation éclatante aux funérailles du général Foy et par une souscription de 1 million pour sa famille. (Assassinat de Paul-Louis Courier.)

Après l'opposition des pairs au rétablissement du droit d'aînesse tel que le proposait de Villèle, la presse attaqua ouvertement le roi et les ministres et leur reprocha de subir l'influence de la congrégation et de supporter l'existence illégale des Jésuites. (Jubilé de 1826. — Procès du *Constitutionnel* et du *Courrier français.* — Mémoire du comte de Montlausier.) — M. de Peyronnet proposa sans succès la loi *de justice et d'amour.* — Manifestation aux funérailles de la Rochefoucauld-Liancourt.

En avril 1827, Charles X s'aliéna la bourgeoisie en supprimant la garde nationale. — De Villèle fit alors créer 76 nouveaux pairs, dissoudre la Chambre et procéder à de nouvelles élections. La société *Aide-toi le Ciel t'aidera* fit passer la majorité aux libéraux. De Villèle se retira (5 janvier 1828).

En 1826, nous avions reconnu la république de Haïti ou Saint-Domingue, à condition qu'elle abaisserait de moitié les tarifs sur les droits d'entrée pour les marchandises françaises et payerait 150 millions d'indemnités aux colons dépouillés vers la fin du siècle précédent.

---

[1] Voir plus loin l'histoire d'Espagne.

I. La France (Suite). — **2° Charles X.**

Ministère de Martignac.

II. **Ministère de Martignac** (1828-1829). — On adopte le système des concessions en laissant condamner la politique de Villèle et voter les lois suivantes : Revision annuelle des listes électorales, qu'on devra afficher un mois avant la convocation des électeurs. — Abolition de la censure et de l'autorisation préalable pour les journaux et abaissement du cautionnement. Les libéraux insistèrent pour la suppression des Jésuites, et le 16 juin on publia les ordonnances suivantes : 1° les écoles secondaires ecclésiastiques sont soumises au régime de l'université ; pour être directeur d'école ou professeur, il faudra affirmer qu'on n'appartient pas à une congrégation religieuse non approuvée ; 2° les petits séminaires n'auront pas plus de 20000 élèves et pas d'externes.

M. de Martignac se retira (août 1829) à la suite d'un échec sur la loi d'organisation communale et départementale.

Ministère de Polignac.

III. **Ministère d'extrême droite du prince de Polignac** (1829-1830). — Le prince était le favori de Charles X et son ambassadeur à Londres. Dès qu'il eut pris le pouvoir, l'opposition fit craindre au peuple le rétablissement de l'ancien régime ; la Bretagne et le Dauphiné refusèrent de payer l'impôt ; Thiers, Mignet, Armand Carrel, fondèrent le *National*. — A l'ouverture des Chambres, le roi ayant déclaré qu'il saurait faire face aux difficultés, l'opposition le somma, par l'adresse des 221, de choisir entre le peuple et ses ministres. La Chambre fut renvoyée (16 mai 1830) ; les nouvelles élections ne donnèrent que 145 ministériels.

Les ordonnances de juillet. — *La révolution de 1830.* — Pour résister à une opposition redoutable et menaçant même d'un changement de dynastie, les ministres firent prendre au roi des mesures exceptionnelles. Basé sur l'article 14 de la charte, M. de Polignac fit signer les ordonnances de juillet : 1° suppression de la liberté de la presse ; 2° dissolution de la Chambre ; 3° les électeurs patentés sont exclus des collèges électoraux. — Une protestation rédigée par Thiers se signa aussitôt au *National*, et les sociétés secrètes soulevèrent les populations contre cette prétendue violation de la charte. Le gouvernement laissa l'émeute s'organiser ; le manque d'énergie du gouvernement et de Marmont, commandant les troupes de Paris, permit aux insurgés d'être maîtres de Paris (27, 28, 29 juillet, pillage des Tuileries et de l'archevêché, prise de l'hôtel de ville, retraite de la garde royale à Saint-Cloud.) Des députés constituèrent chez le banquier Lafitte une commission municipale de 5 membres et rétablirent la garde nationale. Charles X se décida enfin, mais trop tard, à révoquer les ordonnances et à former un ministère libéral avec M. de Mortemart.

Régence du duc d'Orléans. — M. de Mortemart perdit son temps à négocier avec les pairs. Le duc d'Orléans, sur la proposition de Lafitte, fut agréé par les Chambres comme lieutenant-gouverneur. Le 31 juillet, il adressa une proclamation au peuple, s'établit à l'hôtel de ville et prit le drapeau tricolore.

Charles X, informé de ces événements à Rambouillet, abdiqua et chargea par une lettre le duc d'Orléans de faire proclamer le duc de Bordeaux ; il se retira ensuite successivement en Angleterre et en Ecosse ; en 1832, il passa à Raguse ; enfin il mourut à Goritz, en Illyrie (6 novembre 1836).

Le duc d'Orléans ne voulut même pas recevoir l'envoyé de Charles X. — Le 7 août, le trône fut déclaré vacant ; le 9, les libéraux, après avoir modifié quelques articles de la charte, remirent la couronne au duc d'Orléans, qui prit le nom de *Louis-Philippe Ier, roi des Français.*

La politique extérieure de la Restauration et la question d'Orient au XIXe siècle[1].

I. La France (*Suite*). — La politique extérieure de la restauration. — La question d'Orient au XIXe siècle.

État de l'empire ottoman au XIXe siècle.

— Il avait conservé son immense territoire en Europe comme en Asie, mais il était désorganisé depuis le XVIIe siècle et menacé de bien des dangers. — Le grand vizir avait toute l'influence dans le gouvernement. — L'armée était formée des spahis, qui ne faisaient plus de service, et des janissaires, qui transmettaient leurs places à leurs fils comme un bien héréditaire. C'étaient de mauvaises troupes en temps de guerre et une cause de désordre en temps de paix. Les *pachas* gouverneurs des provinces étaient esclaves du sultan, et le plus souvent achetaient leurs provinces. Les finances étaient mal administrées et les impôts affermés à des entrepreneurs qui accablaient les populations.

L'empire était exclusivement musulman; le Coran était la loi religieuse, civile et politique. Les musulmans seuls formaient la nation et avaient les charges; les autres n'avaient aucun droit politique, mais ils payaient l'impôt et la corvée. Ainsi s'étaient formées deux classes nécessairement hostiles. En Asie, la majeure partie de la population était turque; mais, en Europe, les petites nations chrétiennes soumises par les sultans étaient les plus nombreuses (Roumains, Serbes, Bulgares, Bosniaques, Grecs de l'Archipel).

Importance de la question d'Orient.

— L'empire ottoman n'avait jamais été admis dans le concert des puissances chrétiennes d'Europe; ses États étaient hors du droit international comme un domaine vacant. La Russie, ennemie née des Turcs, leur avait enlevé par les traités de *Carlowitz* (1699), de *Passarowitz* (1718), de *Kaïdnardji* (1774), le littoral de la mer Noire, du Caucase au Danube, avec le droit de libre navigation dans les détroits et le droit d'intervention pour protéger les chrétiens. — L'Autriche, qui avait aussi des sujets slaves et dont les domaines étaient en grande partie dans le bassin du Danube, s'était associée à la Russie pour démembrer la Turquie; d'ailleurs, elle ne pouvait accepter que l'influence russe fût prépondérante dans les Balkans. — L'Angleterre, à cause de l'Inde, et la France, à cause de ses intérêts dans le Levant, réclamaient leur part dans le règlement de ces questions.

Pendant les coalitions de l'Europe contre la France, l'Autriche ne songea pas à étendre ses conquêtes en Orient; elle voulut, au contraire, conserver l'empire ottoman, et l'Angleterre, amenée par notre expédition d'Egypte à s'allier aux Turcs, s'efforça, après avoir achevé la conquête de l'Inde, d'écarter les nations européennes des affaires d'Orient. Quand la paix se signa en 1815, la Russie refusa d'assurer au sultan l'intégrité de son territoire; mais les autres puissances prétendirent être consultées pour le règlement des affaires d'Orient.

En somme la question d'Orient au XIXe siècle se réduit à savoir: 1° si l'empire ottoman sera démembré; 2° à qui reviendront les territoires séparés, et quelle sera la situation des nations chrétiennes soumises au sultan. La question politique internationale se compliquait donc de questions religieuses et de questions nationales; cela explique pourquoi cette question, posée cinq fois pendant ce siècle en Europe, l'a été chaque fois sous une forme nouvelle.

Phases diverses de la question d'Orient.

1° Guerre de l'indépendance de la Grèce.

1° **Guerre de l'indépendance de la Grèce.** — L'insurrection grecque a été préparée par les *Philomuses*, fondés par Capo d'Istria, et par les *Hétéries*, dont les membres juraient de se consacrer à l'indépendance de la Grèce. Le signal fut donné par les Roumains, que souleva Alexandre Ypsilanti, fils du hospodar de Valachie, en leur faisant espérer des secours du czar et en faisant appel aux Grecs (1821). De plus, vers le même temps, on massacra les Grecs du Phanar, à Constantinople, pendant les fêtes de Pâques. Les Roumains furent soumis, et Ypsilanti dut se retirer en Autriche; mais en Morée, les Grecs chassèrent les Turcs, pendant que les marins (Miaulis, Canaris) vengeaient par la ruine de la flotte turque le massacre des Grecs chrétiens de Chio (1822). Un congrès prononça l'indépendance de la Grèce à Épidaure et organisa un gouvernement provisoire. L'Europe, réunie au congrès de Vérone, refusa, grâce à Metternich, de s'occuper des Grecs.

Les volontaires payèrent alors de leur personne (lord Byron à Missolonghi, le colonel Fabvier à Athènes, Santa-Rosa, le Wurtembergeois Normann), mais tous succombèrent sous

[1] On donne tout à la suite cette grande et importante question, afin qu'il soit plus facile de se rendre compte de l'enchaînement de ses différentes phases.

I. La France (*Suite*). — La politique extérieure de la restauration. — La question d'Orient au XIXe siècle. — Phases diverses de la question d'Orient.

1° Guerre de l'indépendance de la Grèce.

les coups de Méhémet-Ali, vice-roi d'Egypte, que le sultan Mahmoud avait appelé à son secours, et à la fin de 1826 la Morée n'était qu'un désert. C'est alors que le czar Nicolas Ier intervint comme protecteur des chrétiens, et demanda satisfaction pour les massacres de Constantinople. L'Angleterre et la France s'unirent à elle par le traité de Londres (1827) pour demander l'autonomie de la Grèce. Les flottes alliées (Codrington, de Rigny, Heydden) vinrent pour obliger la flotte égyptienne à se retirer; sur le refus d'Ibrahim, fils de Méhémet-Ali, on se battit à *Navarin*, et la flotte turque fut anéantie (20 octobre 1827). Le sultan ayant, malgré cela, refusé toute concession aux puissances, un corps d'armée français chassa de Morée les Turcs et les Egyptiens, pendant que le czar prenait *Varna* et *Silistrie* sur le Danube, et *Erzeroum* en Asie (1828).

Enfin, le sultan signa la paix à *Andrinople* (1829) : il renonçait à la Grèce, promettait la libre navigation du Danube et des Dardanelles et une indemnité de guerre à la Russie; mais, comme il ne put la payer, il tomba sous la dépendance des Russes.

Il y eut alors une période d'anarchie en Grèce : Capo d'Istria, chef du gouvernement, fut assassiné (1831); Léopold de Saxe-Cobourg refusa la couronne, qui fut donnée à Othon de Bavière (Othon Ier, 1832).

2° Guerre entre la Turquie et l'Égypte.

2° **Guerre entre la Turquie et l'Égypte** (1831-1841). — L'Egypte, après la campagne de Bonaparte, était tombée dans l'anarchie; Méhémet-Ali, soldat albanais, en profita pour prendre le pouvoir et obtenir de la Porte le titre de vice-roi. Il occupa la Nubie, l'Arabie, le Kordofan, le Darfour, l'Abyssinie, s'entoura d'officiers français et organisa son armée à l'européenne. Il créa une marine, favorisa l'agriculture, fit percer des canaux, établit des chantiers de construction et des écoles.

Causes de la guerre. — Méhémet avait été récompensé de son intervention en Grèce par la promesse du gouvernement de la province de Saint-Jean-d'Acre; Mahmoud ne tenant pas sa promesse, Méhémet voulut s'emparer de la Syrie et fut déclaré rebelle.

Première guerre (1831-1833). — Ibrahim prit Gaza, Jaffa, Saint-Jean-d'Acre et entra à Damas; les Turcs, battus à *Konieh*, firent appel à la Russie; mais les Anglais et les Français, inquiets de cette intervention, imposèrent au sultan la convention de *Kutaïeh* (confirmation des possessions de Méhémet en Asie; il aura la Syrie sa vie durant). De son côté, la Russie fit payer son intervention par le traité d'*Unkiar-Skelessi* (1833) : les deux puissances se promettaient secours mutuel, mais les Turcs ouvriraient les détroits à la flotte russe. Les puissances protestèrent et menacèrent même de la guerre; le calme ne se rétablit qu'après la promesse du czar, aux conférences de *Muchen-Grœtz*, de ne pas poursuivre l'exécution du traité.

Seconde guerre (1839). — Pour se venger, Mahmoud profita des plaintes des Syriens contre Méhémet, les excita contre lui, et, en avril 1839, ordonna à une flotte de franchir l'Euphrate et d'attaquer Méhémet. Ibrahim fut vainqueur à *Nézib* (1839, juin). — Mahmoud mourut sur ces entrefaites laissant le pouvoir à son fils *Abdul-Méjid;* mais le capitan-pacha livra la flotte turque à Méhémet. Aussitôt les grandes puissances intervinrent et prièrent le sultan de ne rien décider sur la question d'Orient sans leur concours. Leur accord était cependant fort douteux, les Russes et les Anglais étant ennemis de Méhémet; la France, au contraire, soutenait Méhémet dans l'espérance qu'il régénérerait la Turquie comme l'Egypte. La Prusse et l'Autriche formèrent alors la quadruple alliance, avec l'Angleterre et la Russie, par le *traité de Londres* (15 juillet 1840), à l'insu de Guizot, notre ambassadeur.

La conduite de l'Angleterre à notre égard excita un vif mécontentement en France; le parti libéral voulait la guerre, qu'il considérait comme un moyen de rompre les traités de 1815, mais le roi et les conservateurs voulaient la paix. Thiers rappela notre flotte du Levant, et atténua cette mesure en déclarant à l'Angleterre que nous ne ferions point de la question de Syrie un *casus belli*, mais que nous soutiendrions Méhémet si on voulait le dépouiller de l'Egypte.

I. — La France (Suite). — **La politique extérieure de la restauration. — La question d'Orient au XIXe siècle.** — **Phases diverses de la question d'Orient.**

2° Guerre entre la Turquie et l'Égypte.

Cette note insignifiante, puisqu'on ne songeait pas à mettre la main sur l'Égypte, et les demandes d'augmentation de l'armée amenèrent la chute de M. Thiers, que M. Guizot remplaça (29 octobre 1840).

Cependant l'Angleterre avait déjà envoyé une flotte pour imposer à Méhémet l'ultimatum des puissances. L'amiral Napier, après la prise de Beyrouth, Caïffa, Saint-Jean-d'Acre, Alexandrie, obligea Méhémet à se soumettre (12 février 1841).

La France rentra alors dans le concert européen en signant avec les autres puissances la *convention des détroits* (1841) : le Bosphore sera fermé à toutes les marines de guerre; on garantit au sultan l'intégrité de son territoire, et ainsi, pour la première fois, on le traite comme un État européen.

3° Guerre de Crimée.

— *Cause.* — L'ambitieux czar Nicolas posa de nouveau la question d'Orient en 1852. Il n'avait pas renoncé à prendre Constantinople et avait déclaré à l'Angleterre qu'il fallait songer à l'enterrement de l'empire turc. Il comptait sur l'Autriche, qu'il avait délivré de la révolution en 1849; sur les princes allemands, auxquels il était uni par des alliances matrimoniales, et sur les Anglais, dont il espérait la complicité. Il ne croyait pas Napoléon III assez bien établi pour oser lui faire opposition. Mais les Anglais voulurent sauver la Turquie; la Prusse n'osa pas intervenir, l'Autriche se contenta de bonnes paroles, et Napoléon entraîna la Sardaigne, qui avait intérêt à lui être agréable. Des conférences s'ouvrirent à Vienne, et sur le refus du czar de consentir à un accommodement, la France lui déclara la guerre (27 mars) et se ligua avec l'Angleterre et la Turquie à Londres (10 avril).

Les religieux latins de Palestine s'étaient plaints au gouvernement français d'avoir été dépouillés de plusieurs sanctuaires, que l'influence moscovite avait fait passer aux moines grecs. Notre ambassadeur à Constantinople invoqua les traités signés par la Turquie avec la France par François Ier et ses successeurs; une commission mixte fut chargée de juger le différend. Mais le czar, dont les moines grecs réclamaient l'intervention, suscita des difficultés et envoya son ministre de la marine Mentschikoff, en avril 1853, imposer un ultimatum au divan et demander de le reconnaître comme protecteur des chrétiens de l'empire ottoman. Le sultan refusa, et les hostilités commencèrent. Les Russes envahirent les provinces danubiennes (juillet), et en novembre leur escadre détruisit la flotte turque à *Sinope*. La guerre eut cinq théâtres.

1° ***Péninsule des Balkans.*** — Les Russes furent arrêtés à *Silistrie*, dont ils durent abandonner le siège, pendant que les flottes alliées bombardaient *Odessa*, débarquaient à *Gallipoli* et fixaient leur quartier général à *Varna*. Mais le choléra nous empêchant de rejoindre les Turcs sur le Danube, on décida d'attaquer les Russes en Crimée.

2° ***En Crimée et sur la mer Noire.*** — Le 13 septembre 1854, l'amiral Hamelin entra dans la baie d'*Eupatoria;* le 20, la victoire de l'*Alma* nous ouvrait la route de Sébastopol. Canrobert remplaça le maréchal Saint-Arnaud, mort du choléra, et commença le siège de la place, défendue par Totleben. Pendant le siège, les Russes se font battre à *Balaklava* et *Inkermann*. L'hiver rigoureux de 1854-1855 causa de grandes pertes aux troupes alliées. Les Turcs nous envoyèrent des renforts et battirent les Russes à *Eupatoria*. Le Piémont entra alors dans l'alliance et envoya 18000 hommes, commandés par La Marmora.

Alexandre II remplaça son père le czar Nicolas, mort subitement. — Pélissier, qui a remplacé Canrobert, épuisé de fatigues, pousse le siège avec énergie au retour du printemps (le Carénage, le Mamelon-Vert, Traktir, le Grand-Redan, le Petit-Redan, Malakoff) et prend *Sébastopol* (8 septembre 1855). Les opérations sur la mer Noire se terminèrent par la prise de *Kinburn* et d'*Oczakoff*, aux bouches du Dniéper. Pélissier, Bosquet et Canrobert furent créés maréchaux.

3° ***Dans la Baltique.*** — Les amiraux Napier et Parseval-Déchênes bloquèrent la flotte russe à Cronstadt, qu'ils bombardèrent; puis, appuyés par Baraguey-d'Hilliers, ils firent capituler *Bomarsund* et bloquèrent les côtes.

I. La France (*Suite*). — La politique extérieure de la restauration. — La question d'Orient au XIXe siècle. — Phases diverses de la question d'Orient.

3° Guerre de Crimée.

4° *Dans la mer Blanche et la Sibérie.* — Incendie de l'arsenal de *Petropaulosk* au Kamtchatka; bombardement de *Kola* en Laponie; blocus du port d'*Arkangel.*

5° *En Asie.* — Les succès du Russe Mouravief en Géorgie et en Arménie lui permettent d'occuper *Kars* (novembre 1855).

Traité de Paris. — Alexandre II, craignant de voir l'Autriche entrer dans l'alliance, et sachant qu'il n'avait aucune concession à attendre de la Suède, signa un armistice de quatre mois et entama des négociations qui aboutirent au *traité de Paris* (30 mars 1856) : 1° La Russie renonce au protectorat exclusif des provinces danubiennes, qui sont confiées à la garde des grandes puissances; 2° la navigation du Danube est libre, et la Russie abandonne la bouche qu'elle possède; 3° la mer Noire est neutralisée (la Russie et la Turquie peuvent cependant y entretenir 6 vaisseaux légers pour la surveillance des côtes), aucun arsenal ne peut y être établi; 4° les privilèges des chrétiens sont étendus, et ils restent sous le protectorat turc.

Le gouvernement turc ne pouvait tenir ses promesses de réformes envers les chrétiens sans bouleverser l'organisation de l'empire. Les chrétiens d'ailleurs préféraient se racheter du service militaire, et ainsi la capitation dont on voulait les exempter reparaissait sous la forme d'une taxe d'exemption. Quand les gouvernements firent une enquête sur le résultat des réformes, ils trouvèrent que la situation des chrétiens était toujours la même. La France et la Russie proposèrent sans résultat une organisation; mais, après nos défaites de 1870, la Russie, qui ne craignait que notre alliance avec l'Angleterre, se déclara dégagée du traité de Paris, envoya une flotte sur la mer Noire et excita les Slaves d'Herzégovine contre le sultan.

4° Guerre des Russes contre les Turcs.

4° Guerre des Russes contre les Turcs (1876-1878). — *Cause.* — La Russie avait perdu par le traité de Paris le protectorat de la Moldavie et de la Valachie, dont une commission devait régler la situation conformément à leurs vœux. La commission, réunie à Paris (1858), décida qu'elles formeraient sous le nom de *principautés unies* deux Etats distincts régis par les mêmes lois, mais ayant chacun son chef, son armée, ses assemblées. Elles prirent toutes deux pour hospodar le colonel *Couza* (Alexandre-Jean Ier), et se réunirent sous le nom de *Roumanie.* La Porte les reconnut en 1861. En 1866, Couza fut remplacé par *Charles Ier de Hohenzollern-Sigmaringen.*

Les autres principautés soumises à la Porte furent jalouses de la Roumanie, du Monténegro, de la Serbie, devenues de simples vassales. D'autre part, la Porte ne faisait rien pour gagner les chrétiens, et en 1875 ses exigences fiscales amenèrent un soulèvement en Bosnie et en Herzégovine. La Porte répondit à l'offre de médiation des puissances en laissant assassiner les consuls de France et d'Allemagne à Salonique et les chrétiens en Bulgarie. Enfin l'anarchie se mit dans le gouvernement : Abdul-Azis fut tué; Mourad, son successeur devint fou au bout de trois mois et fut remplacé par son frère *Abdul-Hamid II.*

Le nouveau sultan publia la constitution de 1876, qui semblait établir un gouvernement constitutionnel; mais, comme il refusa de tenir compte de certaines observations des puissances, celles-ci retirèrent leurs ambassadeurs. La Russie vint au secours de la Serbie et du Monénegro, soulevés contre le sultan. Enfin le czar, sur le refus du sultan de donner une organisation particulière à la Bulgarie, déclara la guerre (23 avril 1877).

LA GUERRE. — 1° *Dans les Balkans.* — Les Russes passèrent le Danube à *Sistova,* prirent *Nicopolis* et *Tirnova,* et passèrent les Balkans à *Chipka.* Battus trois fois à *Plewna,* que Totleben finit par occuper, ils firent capituler les Turcs à *Chipka,* et enfin prirent *Andrinople* et marchèrent sur *Constantinople.*

2° *En Asie.* — Louis Mélikoff prit *Kars;* il allait marcher sur *Erzeroun* quand les Turcs demandèrent la paix.

Traité de San-Stéfano (3 mars 1878). — 1° Cinq milliards d'indemnité à la Russie, dont les deux tiers payés par la cession de *Kars* et de *Batoum.* — 2° Création d'une Bul-

I. La France (Suite). — **La politique extérieure de la Restauration. — La question d'Orient au XIXe siècle.** — **Phases diverses de la question d'Orient.**

4° Guerre des Russes contre les Turcs.

garie indépendante sous le protectorat russe. — 3° La Serbie et le Monténégro seront agrandis et indépendants. — 4° La Roumanie cédera la Bessarabie à la Russie et recevra la Dobrutscha. — L'Angleterre et l'Autriche exigèrent queee traité fût soumis à un congrès européen.

Congrès de Berlin (13 juin 1878). — Bismark en fut le président.

1° La Bulgarie (Sophia) est limitée par les Balkans, le Danube et la mer Noire; elle est tributaire de la Turquie tout en restant autonome; 2° la navigation du Danube est libre, les forteresses de la rive droite seront rasées, mais la Turquie pourra fortifier ses frontières dans les Balkans; 3° on constitue, au sud des Balkans, la *Roumélie orientale* (Philippopoli) avec un gouverneur chrétien nommé par le sultan; 4° la Serbie, la Roumanie, le Monténegro, sont indépendants; 5° la Russie reçoit en Asie: Ardahan, Kars, Batoum, dont elle fera un port franc; 6° l'Autriche a le droit d'occuper et d'administrer la Bosnie et l'Herzégovine.

L'Angleterre, avant la séparation du congrès, fit connaître une convention signée avec le sultan qui lui donnait *Chypre* et le protectorat des possessions turques en Asie, tant que la Russie garderait Kars et Batoum. — La France n'obtenait rien pour le moment; mais, deux ans plus tard, elle s'établissait en Tunisie.

La Turquie ne se prêtant pas à l'exécution de ces conventions, un nouveau congrès se réunit en 1880 et on fit une démonstration navale dans l'Adriatique. La Turquie paya ce retard du port de *Dulcigno*, qui fut donné au Monténegro. — Aujourd'hui encore les soulèvements sont fréquents en *Crète*, où les chrétiens sont soutenus par les soldats turcs que le sultan oblige à construire des routes.

Après le congrès, la Bulgarie choisit pour souverain le prince *Alexandre de Battenberg,* allié aux familles régnantes de Hesse-Darmstadt, de Russie, d'Angleterre. — En 1882, la Serbie s'érigea en royaume, et le prince Milan IV prit le nom de *Milan Ier*.

5° Guerre entre la Serbie et la Bulgarie.

5° **Guerre entre la Serbie et la Bulgarie.** — En septembre 1885, la Roumélie et la Bulgarie proclamèrent leur union à Philippopoli. La Serbie et la Grèce réclamèrent une augmentation de territoire dans le cas où on accepterait cette union, qui rompait l'équilibre des Balkans. Dans une conférence des puissances à Constantinople, la Russie désavoua la Bulgarie. Mais Milan Ier, sans attendre le résultat de la conférence, prétendit que les Bulgares avaient violé ses avant-postes et marcha sur Sophia; A. Battenberg le battit à *Slivnitza*, entra en Serbie, fut vainqueur à *Pirot* et signa la paix à *Bucharest* (1886) sur les instances de la conférence. La Bulgarie et la Roumélie orientale devaient rester unies; mais, en septembre, Battenberg abdiquait pour donner satisfaction à la Russie, et sa couronne fut donnée à Ferdinand de Saxe-Cobourg.

En Serbie, Milan réforma la constitution, divorça avec Nathalie, fille d'un colonel russe, puis abdiqua en faveur de son fils Alexandre (1889), qui règne sous la tutelle d'un conseil de trois membres, dont deux sont dévoués à l'Autriche et un à la Russie.

II. — L'EUROPE

La Sainte-Alliance et le Carbonarisme. — Politique de congrès et d'intervention.

II. L'Europe. — **1° La Sainte-Alliance et le Carbonarisme.** — **1° En Allemagne.**

I. **En Allemagne. — Les universités allemandes. — Congrès de Carlsbad et de Vienne** (1819-1820). — Les sociétés secrètes profitèrent du mécontentement causé par la Sainte-Alliance pour soulever les populations. Le mouvement partit d'Allemagne, où les universités et le peuple réclamaient le régime parlementaire et l'abolition des privilèges féodaux. Les étudiants, adoptant les idées des poètes et des écrivains (Arndt, Goerres,

II. L'Europe (Suite).

1° La Sainte-Alliance et le Carbonarisme.

1° En Allemagne.

Jahn), fondèrent (1807) le *Tugenbund* d'abord contre les Français, mais ensuite pour opposer la Sainte-Alliance des peuples à la Sainte-Alliance des rois, et former l'unité allemande. Le 18 octobre 1817, ils se réunirent à la Wartbourg pour célébrer l'anniversaire des victoires sur les Français et le troisième centenaire de la Réforme. Les gouvernements s'alarmèrent et la Diète fit fermer plusieurs universités, mais sans résultat. Le 23 mars, l'étudiant F. Sand assassina le poète Kotzebue, qu'on soupçonnait de tenir le czar au courant des projets des patriotes allemands. Quelques mois plus tard, un autre étudiant tentait d'assassiner le président de la régence de Nassau.

Le 6 août 1819, les souverains allemands, réunis à *Carlsbad*, sous la présidence de Metternich, décidèrent : 1° que la Diète peut imposer ses décrets aux sujets et aux Etats de la confédération; 2° que les universités seront mises sous la surveillance d'une commission ayant droit d'exclure les professeurs et les élèves suspects; 3° la censure obligatoire pour tout écrit de moins de vingt feuilles; 4° l'établissement d'une commission à Mayence pour rechercher et arrêter les individus suspects.

Au congrès de *Vienne* (1820), la Diète reçut encore des pouvoirs plus étendus, et fut chargée de maintenir partout le régime existant; on interdit aussi tout changement dans les constitutions, sans autorisation de la Diète.

2° En Autriche.

II. **En Autriche.** — François Ier et Metternich étaient à la tête de la réaction en Europe. Beau-père de Napoléon François Ier, s'était cependant allié à nos ennemis en 1813; il comprenait mal les grandes choses, était opposé aux idées nouvelles, voulait avant tout des sujets fidèles, et considérait comme un gage d'ordre et de tranquillité l'antipathie réciproque des peuples de ses Etats. — Metternich, ambitieux, flatteur et aimant l'argent, se refusa à toute réforme. Il réprima de graves mouvements en Italie, en Hongrie et en Bohême, où l'on réclamait déjà le respect de la langue et de la nationalité des Tchèques.

3° En Italie.

III. **En Italie.** — Le congrès de Vienne avait rétabli l'Italie à peu près dans la situation de 1796. L'empereur en était le maître par le royaume lombard-vénitien, par les duchés de Parme, Plaisance et de Toscane, où étaient établis ses parents, et par les autres Etats, ses alliés. A la fin de 1814, Naples seule était régie par les lois françaises. Murat, ayant su que Talleyrand demandait à Vienne son expulsion et le rétablissement de Ferdinand, essaya d'entraîner l'Italie contre l'Autriche. Vaincu à *Tolentino*, il s'enfuit en France, et Ferdinand rentra à Naples. Retiré ensuite à Toulon, puis en Corse, Murat débarqua avec une poignée d'hommes à Pizzo (Calabre), fut pris et fusillé (13 octobre 1815).

Les Italiens, habitués à une sorte d'autonomie par les Français, rejetaient tous le pouvoir absolu. La jeunesse était affiliée aux carbonari; mais ses espérances de liberté furent déçues en 1814 et 1815.

1° *A Naples.* — Les troupes de Nola et d'Avellino, aidées par le général Pepe, donnèrent le signal de la révolte en prenant Naples. Elles proclamèrent la constitution libérale de 1812, et Ferdinand, effrayé, laissa le pouvoir à son fils le duc de Calabre. La Sicile essaya, sans succès, de se rendre indépendante.

2° *A Turin.* — Les garnisons d'Alexandrie et de Turin, se soulevèrent pour prendre par derrière les Autrichiens allant au secours de Naples; elles proclamèrent aussi la constitution de 1812 et V.-Emmanuel Ier abdiqua en faveur de son frère Charles-Félix, alors à Modène. Son cousin Charles-Albert de Savoie, Carignan, qui fut régent en son absence, se retira sur le refus de Charles-Félix de sanctionner quelques concessions libérales. Le ministre de la guerre, Santa-Rosa, entraîna les troupes constitutionnelles sur *Novare*, où

II. L'Europe (*Suite*).

1° La Sainte-Alliance et le carbonarisme.

3° En Italie.

étaient concentrés les Autrichiens et les troupes restées fidèles à la monarchie.

Congrès de Troppau et de Laybach. — Les puissances signataires de la Sainte-Alliance, inquiètes des quatre révolutions survenues en un an à Madrid, Lisbonne, Naples, Turin, se réunirent à *Troppau* (octobre 1820), puis à *Laybach* (janvier 1821). A Troppau elles s'engagèrent à agir de concert. A Laybach, le roi de Naples obtint une armée autrichienne, avec laquelle il battit Pepe et rétablit la monarchie. — Dans le nord, les Piémontais furent battus à *Novare*, la constitution de 1812 abolie, et Charles-Félix rétabli. — Dans le royaume lombard-vénitien, l'Autriche agit avec vigueur, établit à Venise un tribunal pour rechercher les carbonari, et fit enfermer d'illustres personnages dans la forteresse de *Spielberg* (Silvio Pellico).

4° En Espagne.

IV. **En Espagne.** — A son retour en Espagne, Ferdinand VII refusa de sanctionner la constitution de 1812 et renvoya les Cortès. Les soldats, carbonari pour la plupart, formèrent une conspiration dont la sévère répression occasionna le soulèvement des 20000 hommes qui allaient partir de Cadix pour pacifier les colonies d'Amérique. Le général O'Donnell, envoyé pour les soumettre, s'unit à *Riego* et à *Quiroga*, les chefs de l'émeute, et Ferdinand dût accepter la constitution de 1812 (réunion des Cortès; — expulsion des jésuites; — les biens des religieux vendus pour acquitter les dettes de l'Etat). — En 1821, les partisans du pouvoir absolu essayèrent vainement de revenir au pouvoir.

Congrès de Vérone. — Intervention de la France. — Le 20 octobre 1822 s'ouvrit un congrès à Vérone pour régler la situation espagnole (Metternich, Nesselrode, Herdenberg, Wellington, Montmorency, Chateaubriand). Nos représentants obtinrent, malgré l'Angleterre, que la France serait chargée de rétablir le pouvoir absolu en Espagne. Un corps de 15000 hommes, établi d'abord comme cordon sanitaire contre la fièvre jaune, apportée de Cuba à Barcelone, fut transformé en corps d'observation; en avril 1823, après de graves désordres, le duc d'Angoulême entrait en Espagne avec 100000 hommes. L'opposition, en France, combattit énergiquement cette guerre.

Notre intervention fut le signal de grands excès : le roi fut entraîné à Séville par les Cortès, puis à Cadix. — Le duc d'Angoulême rétablit le pouvoir à Madrid, puis, par l'ordonnance d'Andujar, mit les constitutionnels à l'abri de la vengeance des royalistes. — Les généraux de l'armée libérale furent successivement battus (Morillo, Quiroga, Ballesteros, Mina, Riego); Cadix capitula après la prise du *Trocadéro* (31 août 1823); Ferdinand fut rétabli, et la constitution de 1812 abolie.

5° En Portugal.

V. **En Portugal.** — Jean VI s'était réfugié au Brésil depuis 1807, et le Portugal était resté sous la régence de l'Anglais Bereford. Le 24 août 1820, les Portugais proclamèrent une constitution. Jean VI l'accepta, laissa son fils aîné Pedro au Brésil et revint avec le plus jeune, don Miguel. Mais, sous l'influence de sa femme, sœur du roi d'Espagne, et de don Miguel, il rétablit le gouvernement absolu. Dans le même moment le Brésil se soulevait contre la domination portugaise.

L'Angleterre — Règne de George IV — Canning — Huskisson — O'Connell.

2° L'Angleterre, George IV, Canning, Huskisson, O'Connell.

Le régime parlementaire fonctionnait en Angleterre, au XVIIIe siècle, presque comme au XIXe. Il n'y avait pas de constitution écrite proprement dite, mais seulement des règles établies par l'usage. Théoriquement, le gouvernement était partagé entre trois pouvoirs : le roi héréditaire, la Chambre des lords héréditaire et celle des communes élue. Le Parlement ne votait que les lois et le budget; le roi choisissait ses ministres et exerçait le pouvoir exécutif; il était responsable. En fait, le roi prenait pour premier ministre le chef de la majorité et le chargeait de choisir ses collègues.

II. **L'Europe** (*Suite*).

2° L'Angleterre, George IV, Canning, Huskisson, O'Connell.

Mais depuis 1760, sous George III, le roi choisit ses ministres et les renvoya, même contre le sentiment de la majorité. Depuis 1783, les *tories*, défenseurs de la prérogative royale, revinrent au pouvoir, et les mesures contre le blocus continental n'ont été que de simples ordres du roi en conseil, et non des lois.

Les bouleversements survenus en France par le fait de la Révolution ont causé une telle horreur aux Anglais, que pendant trente ans ils n'ont fait aucune réforme. Aussi, en 1815, le Royaume-Uni souffrait d'une crise financière, commerciale et industrielle; sa dette avait triplé depuis 1792; les entrepôts étaient encombrés de produits manufacturés, et l'industrie avait à lutter contre les autres Etats, qui avaient appris à fabriquer eux-mêmes. Après les guerres, les grands propriétaires tories, pour compenser les avances faites pendant la guerre pour amener leurs terres à produire des céréales, firent voter des droits sur les blés étrangers. Le prix du pain restant aussi élevé que pendant la guerre, le peuple forma de tous côtés des clubs et des associations ayant pour mot d'ordre : « Veille et sois prêt, » et pour but d'obtenir une réforme de la législation commerciale et de la constitution. Le 16 août 1819, se tint un grand meeting à Manchester pour demander le suffrage universel; une insurrection à Birmingham fut sévèrement réprimée.

George IV (1820-1830). — Il s'était rendu impopulaire pendant les dix dernières années durant lesquelles il gouverna; son avènement fut le signal de plusieurs complots sévèrement réprimés. Le peuple manifesta toute son antipathie dans deux circonstances surtout : aux funérailles de la reine Marie-Caroline de Brunswick, son épouse, et à celles de lord Castlereagh, chef des tories, qui s'était suicidé dans un accès de folie au moment de partir pour le congrès de Vérone (1822).

Politique extérieure de lord Canning. — Il était détesté par le roi comme protecteur de la reine et des catholiques, mais il était imposé par l'opinion. Quoique tory, il adopta la politique des wighs, qui consistait à soutenir les peuples dans le choix de leur gouvernement. Dans ce but : 1° il ordonna à Wellington d'empêcher, au congrès de Vérone, une intervention en Espagne; 2° il proposa un bill d'émancipation pour l'Irlande; 3° il reconnut l'indépendance des colonies espagnoles, signa d'avantageux traités de commerce avec elles, et se déclara prêt à les secourir, si la France soutenait l'Espagne contre elles; 4° il s'unit à la France et à la Russie pour défendre les Grecs contre les Turcs. Il mourut avant la fin de la campagne de Grèce.

Réformes économiques de Huskisson. — Disciple de l'économiste Smith et ministre du commerce, il s'efforça de modifier la législation commerciale. Il proposa de substituer progressivement le libre échange à la prohibition et à la protection. — Suppression de l'impôt sur le sel, diminution des droits sur le tabac, le café, les épices; prix des céréales réglé d'après l'*Echelle mobile;* droit de 25 % sur les laines et les soies brutes étrangères; l'*acte de navigation* de Cromwell modifié et adouci par l'*acte de réciprocité.*

Huskisson se retira après la mort de Canning, à cause de l'opposition de Wellington. Peel et Cobden compléteront son œuvre.

O'Connell et l'Irlande. — L'acte principal du ministère Wellington (1827) fut l'*émancipation de l'Irlande,* où 6 millions de catholiques gémissaient sous le joug anglais depuis le règne d'Elisabeth. En 1796, le Directoire les avait excités à se soulever, puis les avait abandonnés; en 1800, l'*acte d'union* avait supprimé le parlement irlandais.

Daniel O'Connell, né en 1775, élève du séminaire irlandais de Douai, fut reçu avocat en 1798 et s'employa dès lors activement à l'affranchissement de l'Irlande, pour qui il voulait obtenir, par les voies légales, des droits politiques. En 1821, Canning fit voter par les communes un bill d'émancipation que les lords rejetèrent; ce demi-succès encouragea O'Connell. En 1823, il fonda l'*Association catholique,* que le gouvernement ne tarda pas à disperser. O'Connell la réorganisa conformément aux lois, et par elle se fit élire député en 1828. Comme il refusa le bill du Test, et que son élection avait été très libre et très calme, Peel et Wellington proposèrent un bill d'émancipation qui fut voté (10 avril 1829). Pour participer aux fonctions publiques, il suffisait aux catholiques irlandais de jurer fidélité au roi et à la lignée protestante. O'Connell s'appliqua à obtenir de nouvelles concessions : suppression de la dîme que les catholiques payaient aux pasteurs protestants; diminution du prix des fermes; abolition de l'acte d'union, — mais il ne réussit pas complètement. — Il devint maire de Dublin en 1844, et mourut à Gênes (1847).

II. — L'EUROPE (suite).

II. L'Europe (*Suite*). — 2° L'Angleterre, George IV, Canning, Huskisson, O'Connell.

Après O'Connell, les Irlandais, réduits à la misère et irrités de leurs misères, formèrent des sociétés secrètes (fénians), dont les insurrections firent supprimer, en 1869, l'Eglise d'Etat en Irlande. La question irlandaise est aujourd'hui encore la grande difficulté du gouvernement anglais. En 1879, s'est formé le parti des autonomistes (home rulers) qui demandent, par des moyens constitutionnels, un parlement élu par les Irlandais et siégeant à Dublin. Vers ce même temps, *Parnell* profita d'une famine pour organiser la *Ligue agraire* (Land's ligue), ouverte aux catholiques et aux protestants, dans le but de reconquérir la terre d'Irlande. En 1880, il devint le grand chef des autonomistes et des fénians, et il engagea les fermiers irlandais, complètement ruinés, à refuser de payer. Le ministère libéral Gladstone fit voter les lois de coercition, et les fermiers furent chassés.

Cependant, en 1886, Gladstone, fatigué de l'obstruction faite aux communes par les parnellistes, proposa une loi renfermant le principe du rachat des terres et du parlement irlandais. Les communes la rejetèrent, furent dissoutes et de nouvelles élections n'ayant pas donné la majorité à Gladstone, il se retira et fut remplacé par lord Salisbury, qui continua les évictions. Gladstone vient d'être de nouveau appelé au ministère.

III. — HORS D'EUROPE

Indépendance des colonies espagnoles.

III. Hors d'Europe. — Indépendance des colonies espagnoles.

État politique et économique.

1° *État politique.* — Elles comprenaient la moitié du continent américain et formaient, à la fin du XVIIIe siècle, les vice-royautés du *Mexique*, de la *Nouvelle-Grenade*, du *Pérou*, de *Buenos-Ayres*, subdivisées en huit capitaineries générales. Les vice-rois étaient maîtres absolus; la justice était rendue par des Espagnols, qui ne savaient rien des besoins et des habitudes des Indiens; l'administration générale était centralisée à Madrid, où l'on ne savait rien des colonies.

Ces régions étaient habitées par des peuples de races et de conditions différentes : Indiens, Nègres, Métis, Créoles, Espagnols, ces derniers ayant tous les emplois.

2° *Etat économique.* — Le sol, riche et fécond, était dans un état déplorable, parce qu'il était défendu de cultiver la vigne hors du Pérou, de faire des tissus et de travailler les métaux.

L'Espagne se réservait l'importation et l'exportation des produits.

Causes de la révolte.

Causes de la révolte. — Cette oppression de l'Espagne, l'exemple des Etats-Unis, les provocations de l'Angleterre, qui cherchait des débouchés à son commerce, excitèrent l'insurrection des colonies. Le succès fut favorisé par la guerre d'Espagne et par les troubles qui suivirent le rétablissement de Ferdinand VII.

L'insurrection.

— *Au Mexique.* — Un premier soulèvement eut lieu sans succès en 1780. — En 1795, Miranda, ancien officier de Dumouriez, essaya, après les traités de Bâle et de la Haye, de délivrer l'Amérique du Sud avec le secours des Anglais. Ceux-ci prirent la Trinité et soutinrent assez mal leur allié, qui fut battu. — En 1810, le soulèvement fut général à la nouvelle que les Cortès n'accordaient qu'un député pour un million d'habitants, alors qu'en Espagne il y en avait un pour 50000. *Hidalgo*, curé de Dolorès, chef du mouvement, fut pris et fusillé (1811). — En 1813, le curé *Morèlos*, et en 1817, *Mina*, eurent le même sort. — Enfin, en février 1821, le général *Iturbide*, chargé de soumettre les insurgés, s'unit à eux, proclama le Mexique indépendant, et se fit reconnaître empereur sous le nom d'*Augustin Ier*. Chassé par ses adversaires, il s'enfuit en Europe, et la république fut proclamée (1823). — Il revint l'année suivante et fut fusillé.

Le Mexique s'organisa comme les États-Unis; la lutte fut alors entre les francs-maçons du rite écossais et les yorkinos ou démocrates affiliés aux loges de New-York. Les Etats-Unis profiteront de ces désordres pour se

III. Hors d'Europe (*Suite*). — Indépendance des colonies espagnoles. — L'insurrection.

faire céder le *Texas* (1836), le *Nouveau-Mexique* et la *Californie* (1848).

En 1838, l'amiral Baudin et le prince de Joinville bombardèrent *Saint-Jean-d'Ulloa* et *Vera-Cruz*, pour venger de mauvais traitements infligés à des Français.

Après la perte des provinces du Mexique, l'Espagne perdit celles de *Guatémala*, qui formèrent en 1825 les *Etats-Unis de l'Amérique centrale* : Guatémala, Costa-Rica, Nicaragua, San-Salvador, Honduras, qui devinrent en 1839 des républiques indépendantes.

— *A Caracas en Colombie.* — Bolivar, né à Caracas (1783), après un voyage en Europe et dans les Etats-Unis, jura de délivrer sa patrie du joug espagnol. Dès 1810, il dirigeait le mouvement de révolte contre l'Espagne (Joseph Bonaparte) et faisait voter l'indépendance des trois districts de la Nouvelle-Grenade et leur union sous le nom de *Colombie*. En 1812, les Espagnols reprirent Caracas et obligèrent Bolivar à quitter le Vénézuéla; il se retira à Haïti en 1815, y forma une petite armée, équipa quelques navires, battit les Espagnols et rentra au Vénézuéla (1816) où il occupa les postes importants de Santa-Fé, Caracas, Quito. Au congrès d'Angostura il fit proclamer la réunion de la Nouvelle-Grenade et du Vénézuéla sous le nom de « république de Colombie », et fut nommé président. Il affranchit ensuite l'*Equateur* après la victoire du général Sucre au mont Pichincha, et le réunit à la Colombie (1822).

— *A Buenos-Ayres.* — Saint-Martin délivra Buenos-Ayres, et en 1813 un congrès proclama l'indépendance des *Provinces-Unies de la Plata*. Le Paraguay fut hors de la confédération sous le docteur Francia, qui gouverna en tyran de 1817 à 1820. Le Chili s'était soulevé en 1810; Saint-Martin vint du Pérou, et avec le secours des Anglais le proclama indépendant (1817)[1].

---

[1] Cette liberté livra l'Amérique à l'anarchie; dès 1817, la république de Rio de la Plata forma trois républiques indépendantes : république Argentine, Uruguay, Paraguay. En 1826, le Pérou se partagea en Bas-Pérou ou Bolivie et Haut-Pérou. Bolivar, en butte à la jalousie de ses rivaux, se retira à Carthagène (1830) et apprit avant de mourir le démembrement de la Colombie en Vénézuela, Nouvelle-Grenade, Equateur.

Au Brésil, on proclama empereur *don Pedro*, fils aîné de Jean VI de Portugal, qui reconnut l'indépendance du nouvel empire en 1825. Don Pedro abdiqua en 1831 en faveur de son fils don Pedro II.

TROISIÈME PARTIE

L'EUROPE DE 1830 A 1848

I. — LA FRANCE

LOUIS-PHILIPPE ET LA MONARCHIE PARLEMENTAIRE (1830-1848).

- **I. La France** (*Suite*).
  - **1° Louis-Philippe et la monarchie parlementaire.** On peut ramener à deux parties l'histoire de Louis-Philippe et de son règne : I. Le duc d'Orléans avant son avènement ; II. Le règne de Louis-Philippe, qui se subdivise en trois parties : 1° 1830-1836, il se maintient par des compromis ou une lutte ouverte avec la révolution ; 2° 1836-1840, époque des crises ministérielles ; 3° 1840-1848, le ministère de Guizot qui succombe enfin sous les coups de l'opposition.
    - **1° Le duc d'Orléans avant son avènement.** — Élevé par Mme de Genlis dans les principes de Rousseau, il eut un rôle important au club des Jacobins, combattit sous les ordres de Dumouriez à Valmy, Jemmapes, Nerwinde, fut nommé lieutenant général, passa aux Autrichiens avec son chef, devint duc d'Orléans à la mort de son père, et, dénué de toutes ressources, fut réduit à se faire professeur à Reichenau en Suisse.

Généalogie de la famille d'ORLÉANS

LOUIS-PHILIPPE D'ORLÉANS (Philippe-Égalité † 1793), arrière-petit-fils du Régent Philippe d'Orléans, lui-même neveu de Louis XIV.

- Louis-Philippe, roi des Français († 1850), épouse Marie-Amélie, fille de Ferdinand IV des Deux-Siciles.
  - Ferdinand, duc d'Orléans (1810-1842), épouse Hélène de Mecklembourg-Schwérin.
    - Louis-Philippe, comte de Paris (1838), épouse Isabelle, fille du duc de Montpensier.
      - Amélie (1865), épouse le duc de Bragance, fils du roi de Portugal.
        - Le prince de Beira.
      - Louis-Philippe, 1869.
      - Hélène, 1871.
      - Isabelle, 1878.
      - Jean, 1884.
    - Robert, duc de Chartres (1840), épouse Françoise, fille du prince de Joinville.
      - Marie (1865), épouse Waldemar de Danemark.
      - Henri, 1847.
      - Marguerite, 1869.
      - Jean, 1874.
  - Louise (1812-1832), épouse Léopold I, roi des Belges.
    - Léopold II.
  - Louis, duc de Nemours (1814), épouse Victoire de Saxe-Cobourg-Gotha.
    - Comte d'Eu (1842), épouse Isabelle, fille de don Pedro II.
      - Pierre, 1875.
      - Louis, 1878.
    - Duc d'Alençon (1844), épouse Sophie de Bavière.
      - Sophie, 1869.
      - Emmanuel, 1872.
    - Marguerite, princesse Czartoriska.
  - Clémentine (1817), épouse le prince de Saxe-Cobourg-Gotha.
    - Ferdinand, prince de Bulgarie.
  - François, prince de Joinville (1818), épouse Francesca, sœur de don Pedro II.
    - Françoise, duchesse de Chartres.
    - Duc de Penthièvre.
  - Henri, duc d'Aumale, 1822.
  - Antoine, duc de Montpensier (1824), épouse dona Luisa, fille de Ferdinand VII.
    - Isabelle, épouse le comte de Paris.
    - Antoine, 1866.
      - Alphonse, 1886.
      - Louis-Fernand, 1888.

I. La France (*Suite*).

1° Louis-Philippe et la monarchie parlementaire.

1° Le duc d'Orléans avant son avènement.

Il voyagea ensuite dans les États scandinaves et dans l'Amérique du Nord, rentra en France (1799), essaya vainement de gagner la confiance de Louis XVIII et passa en Sicile, où il épousa Marie-Amélie, fille de Ferdinand IV (1809). — Le gouvernement provisoire le proposa comme souverain aux Alliés. — Au lieu de suivre Louis XVIII à Gand aux Cent-Jours, il passa en Angleterre; à son retour, il fut renvoyé en exil à la suite d'un discours prononcé à la Chambre des pairs (1815-1817). — De 1817 à 1830, il recouvre ses biens et ses titres et devient, au Palais-Royal, le chef du parti libéral. — Nommé lieutenant général du royaume (31 juillet 1830), il refusa, malgré l'ordre de Charles X, de faire proclamer roi Henri V. Il fut nommé lui-même, sans la sanction du peuple et par le choix de quelques députés sans mandat.

2° Le règne de Louis-Philippe.

PREMIÈRE PÉRIODE (1830-1836).

Organisation et difficultés du gouvernement de Juillet. — 1° *La charte de* 1830. — Après la première réunion des Chambres (3 août), des modifications importantes furent faites à la charte de 1814 (charte bâclée); suppression du préambule affirmant que la charte est *octroyée*. — La religion catholique n'est plus que celle de la *majorité des Français*. — Abolition de la censure. — L'article 14, invoqué par Charles X pour les ordonnances de juillet, spécifie que le roi devra user de son pouvoir sans suspendre les lois ou se dispenser de leur exécution. — Les deux Chambres auront, avec le roi, l'initiative des lois, et les délibérations seront publiques. — Le roi promettra obéissance à la charte devant les Chambres réunies et non au sacre. — Les nominations des pairs faites par Charles X sont annulées, et l'hérédité de la pairie maintenue provisoirement. — Le drapeau tricolore est rétabli. — Liberté de l'enseignement primaire. — Le trône est déclaré vacant, et le duc d'Orléans est nommé *roi des Français*, moyennant l'acceptation de la charte basée sur le dogme politique de la souveraineté nationale.

Le 9 août, le duc prit le nom de *Louis-Philippe;* mais avant il fit une donation universelle de ses biens au profit de ses enfants, l'aîné seul excepté.

2° *Le gouvernement parlementaire.* — Louis-Philippe proposa une nouvelle loi électorale (avril 1831); les départements sont divisés en collèges électoraux nommant chacun un député. Pour être *électeur*, il faut 25 ans, 200 francs de cens, et 100 francs seulement pour les officiers en retraite ayant une pension de 1000 francs. — Pour être *éligible*, il faut 30 ans, 500 francs de cens. — Sous le nom de *capacités*, on adjoint au corps électoral les membres de l'Institut, pour la nomination des députés; les docteurs en médecine, en sciences, en lettres pour celle des conseillers généraux. — Les fonctionnaires salariés sont éligibles; la pairie héréditaire est abolie.

La Chambre sera renouvelée intégralement tous les cinq ans; la session annuelle s'ouvrira par le discours du trône, auquel la Chambre répondra par une adresse. La Chambre aura l'initiative des lois, les droits d'amendement et d'interpellation; elle fixera le budget. — Les pairs voteront les lois et feront les procès politiques.

Il y avait dans la Chambre; la *droite légitimiste*, la *gauche républicaine*, le *centre*, subdivisé en *centre droit* (Guizot) et *centre gauche* (Thiers. — Le roi règne et ne gouverne pas). — Le roi avait le pouvoir avec des ministres pris dans la majorité et responsables.

3° *Les partis.* — Cette monarchie de nécessité et de contrat, ni héréditaire ni élective, eut à lutter contre de nombreux partis : les *légitimistes* (marquis de Dreux-Brézé, Berryer, Chateaubriand — La *Gazette de France*, la *Mode*, la *Quotidienne*). — Les *bonapartistes* (Louis-Napoléon). — Les *républicains*, comprenant surtout des ouvriers et soutenus par les sociétés secrètes; les plus influentes parmi celles-ci étaient : les *saint-simoniens* (Enfantin, Pierre Leroux, Reynaud); les *socia-*

I. — LA FRANCE (suite).

I. La France (Suite).	1° Louis-Philippe et la monarchie parlementaire.	2° Le règne de Louis-Philippe.

listes (Fourrier, Proudhon, Louis Blanc); la *Société des droits de l'homme et du citoyen* (60000 membres). — Les *Amis du peuple;* la société « Aide-toi, le ciel t'aidera ». — Les *Saisons.* Leurs organes étaient : le *National*, la *Tribune*, le *Globe*.

D'autre part, le gouvernement ne pouvait compter sur le parti religieux; il semblait être le fauteur des émeutes sacrilèges qui profanaient partout les objets du culte. Lamennais, Lacordaire, Montalembert soutinrent une lutte ardente pour la liberté de l'Eglise et de l'enseignement dans le journal *l'Avenir*.

4° *Les relations extérieures.* — François IV de Modène fut seul à ne pas reconnaître le nouveau gouvernement. — Le czar, mécontent de voir la France se rapprocher de l'Angleterre, montra de la froideur. — Talleyrand, ambassadeur à Londres, y fut bien reçu, parce que les Anglais reprochaient au gouvernement de Charles X ses campagnes d'Espagne et d'Alger, et le refus de consentir au droit réciproque de visite. — Une insurrection ayant éclaté à Bruxelles, les principales villes belges, soulevées contre la Hollande, demandèrent secours à la France. — Des troubles éclatèrent sur tous les points de l'Europe; les perturbateurs étaient encouragés par les promesses de Lafayette (1757-1834).

5° *Les ministères.* — On distingue : les ministères de mouvement et les ministères de résistance.

Les ministères de mouvement. — 1° *Ministère Dupont-Laffitte* ou du juste milieu. Le roi en fut président. On renouvela le personnel administratif; les libéraux accusèrent les ministres de Charles X de haute trahison et les firent renvoyer devant les pairs; l'abolition de la peine de mort en matière politique, à cette occasion, valut des menaces au roi et aux prisonniers enfermés à Vincennes. Le ministère se retira après son refus de destituer Odilon Barrot, le préfet de la Seine, qui ne s'était pas opposé à l'émeute.

2° *Ministère Laffitte* (3 novembre 1830). — Il laissa faire le procès des ministres, qui, après une condamnation très sévère, furent enfermés à Ham. On les gracia en 1836. Ce ministère tomba après l'émeute qui suivit le service funèbre du duc de Berry (14 février 1831), et qui amena le pillage de Saint-Germain-l'Auxerrois et de l'archevêché.

Les ministères de résistance. — 1° *Ministère Casimir Périer* (13 mars 1831 — 16 mai 1832). — Il veut réprimer tout désordre à l'intérieur et n'intervenir à l'extérieur qu'autant que l'exigera l'intérêt de la France. Les faits importants de ce ministère sont les suivants : Défense aux fonctionnaires d'entrer dans l'*Association nationale*, qui propageait les idées révolutionnaires. — Loi permettant de tirer sur la foule après trois sommations. — Exil de Louis-Napoléon et de la reine Hortense après la démonstration à la colonne Vendôme pour l'anniversaire de la mort de Napoléon Ier. — Dissolution de la Chambre dans l'espoir d'en avoir une plus dévouée au roi. — Le roi créa 36 nouveaux pairs; sa liste civile fut portée à 12 millions et un million de dotation fut donné au prince royal. — Des mesures de proscription furent prises contre la branche aînée des Bourbons. — Complots à Lyon, à Grenoble; complot des tours Notre-Dame; complot de la rue des Prouvaires. — Enfin, en 1832, le choléra, qui causa la mort de Casimir Périer (16 mai).

2° *Ministère intérimaire Montalivet.* — Il fut marqué par trois faits principaux : 1° une insurrection républicaine à l'occasion des funérailles du général Lamarque; elle avait été préparée par la publication du « compte rendu des députés de l'opposition à leurs commettants »; cet acte inconstitutionnel, signé par 132 députés, accentua par ses critiques du gouvernement la division des deux centres; 2° cette insurrection poussa le gouvernement à faire le procès des saint-simoniens, qui se dispersèrent après la condamnation du chef, le

I. La France (*Suite*). — **1° Louis-Philippe et la monarchie parlementaire.** — **2° Le règne de Louis-Philippe.**

père Enfantin. Plusieurs membres, anciens élèves de l'école Polytechnique, se mirent, en Egypte, au service de Méhémet-Ali; 3° la duchesse de Berry, nièce de Louis-Philippe et régente du comte de Chambord, essaya, en avril 1832, de revendiquer les droits de son fils. Elle essaya de soulever le Midi, et après un échec en Vendée elle s'enfuit à Nantes, où elle fut vendue à M. Thiers par le juif Deutz. Elle fut enfermée dans la forteresse de Blaye, sous la garde de Bugeaud.

L'emprisonnement de Berryer, Chateaubriand, Fitz-James, soupçonnés à tort de complicité avec la duchesse de Berry, et la mise en état de siège de Paris après les funérailles du général Lamarque, amenèrent la chute du ministère.

3° *Ministère Soult-Thiers-Guizot-de Broglie* (11 octobre 1832 — 22 février 1836). — Thiers, Guizot, de Broglie, furent les vrais chefs de ce ministère, dont Soult eut la présidence. Ce ministère subit des transformations, mais au fond resta le même sous la direction de ces trois personnages.

Les faits principaux furent les suivants : Abolition des majorats, adoption des expropriations pour cause d'utilité publique. — Loi Guizot pour l'instruction primaire : une école par commune; une école élémentaire dans les campagnes; une école supérieure dans les villes. — Les écoles sont aux frais des communes, mais gratuites pour les pauvres; un comité local et un comité d'arrondissement surveilleront les écoles; les inspecteurs primaires seront pris dans l'université. — Rétablissement de l'Académie des sciences morales et politiques. — Encouragement aux études historiques par la publication de mémoires inédits. — Refus de la liberté de l'enseignement promise par la charte. — Interdiction de toute association de plus de 20 membres sans autorisation. — Les crieurs publics demanderont une autorisation et seront surveillés par les municipalités (émeutes à Paris et à Lyon à l'occasion de ces deux dernières lois, 1834). — Attentats Fieschi (juillet 1835); en septembre, lois sévères de répression; rétablissement de la censure; amende de 10000 à 50000 francs pour les outrages à la personne du roi.

La politique extérieure fut marquée par la prise d'Anvers; par la satisfaction donnée aux Etats-Unis, qui réclamaient 25 millions pour des vaisseaux pris sous l'empire; par la réponse énergique du duc de Broglie à la note des puissances sur notre manière d'agir avec les réfugiés politiques; enfin par la quadruple alliance entre la France, le Portugal, l'Espagne et l'Angleterre.

Ce ministère tomba à la suite d'une proposition du ministre des finances Humann, demandant la conversion de la rente, sans avoir prévenu ses collègues. Il la fit adopter, et ce fut un triomphe pour les doctrinaires.

DEUXIÈME PÉRIODE (1836-1840).

« Chaque mois de l'année donna son nom à un cabinet, et on put craindre que le calendrier ne suffît pas à la succession rapide des ministères. » Ces crises sont dues aux rivalités mesquines des hommes politiques, à la difficulté de former une majorité dans les Chambres, et à celle, pour des ministres constitutionnels, de représenter un roi qui veut régner et gouverner. Il y eut cinq ministères.

1° *Premier ministère Thiers*, tombé après six mois, sur le refus du roi d'intervenir en Espagne en faveur des constitutionnels.

2° *Ministère Molé-Guizot.* — Complot de Louis-Napoléon à Strasbourg; échec des *lois de disjonction* et d'*apanage*; retrait de Guizot, à qui Molé refuse le portefeuille de l'intérieur.

3° *Ministère Molé.* — Demande d'amnistie pour les condamnés politiques; mariage du duc d'Orléans avec la

I. La France (Suite). — 1° Louis-Philippe et la monarchie parlementaire. — 2° Le règne de Louis-Philippe.

princesse de Mecklembourg; un million de dot à la reine des Belges; dotation au duc et à la duchesse d'Orléans; réouverture de l'église Saint-Germain-l'Auxerrois; préparation de lois utiles pour le développement du commerce; Guizot et Thiers firent échouer la loi pour les chemins de fer; dissolution de la Chambre et retraite du ministère, que les nouvelles élections ne satisfont point.

La politique extérieure fut brillante : la Suisse expulsa les réfugiés français qui conspiraient contre le gouvernement; on mit fin au conflit entre Belges et Hollandais; on assura la protection de nos nationaux dans la république Argentine; le bombardement de Saint-Jean-d'Ulloa et de la Vera-Cruz obligea le Mexique à nous donner satisfaction; on prépara l'expédition de Constantine.

4° *Ministère Soult-Guizot* (mai 1839 — février 1840). — Soult accepta de former un ministère, ayant pour mission de résister à l'émeute suscitée par « les Saisons » et dirigée par Blanqui et Barbès. Il ne put trouver une majorité, et tomba après le refus d'une dotation de 500 000 francs au duc de Nemours à l'occasion de son mariage.

5° *Second ministère Thiers* (mars 1840 — octobre 1840). — Les ministres furent pris dans tous les partis. A l'occasion de la question d'Orient, Thiers s'appliqua à glorifier la mémoire de Napoléon Ier, en faisant replacer sa statue sur la colonne Vendôme et rapporter ses cendres en France. A cette occasion, Louis-Napoléon essaya, sans succès, de soulever la garnison de Boulogne; pris et jugé par la cour des pairs, où l'assistèrent Berryer et Marie, il fut condamné à la détention perpétuelle à Ham.

A ce moment, Palmerston réglait la question d'Orient avec les autres puissances, mais au détriment de notre protégé le vice-roi d'Egypte. C'était un échec pour Thiers; le roi et les conservateurs refusèrent de le suivre dans ses projets d'augmentation de troupes et de fortifications de Paris.

TROISIÈME PÉRIODE (1840-1848).

Ministère d'immobilité Guizot. — 1° *A l'intérieur.* — 15 décembre, dépôt des cendres de Napoléon aux Invalides. — L'opposition continue à exciter des émeutes sur tous les points; on attente même à la vie du duc d'Aumale à son retour d'Afrique. — 13 juillet, mort du duc d'Orléans, fils aîné du roi; il laisse un enfant de 4 ans, le comte de Paris, et désigne le duc de Nemours comme régent, si le jeune prince est appelé à régner. — Le progrès matériel s'accentue; 1841, vote de la construction d'une enceinte continue et de forts détachés autour de Paris; 1842, création d'un vaste réseau de chemins de fer.

En décembre 1843, les légitimistes allèrent à Londres saluer le comte de Chambord. Le gouvernement, inquiet de cette manifestation, fit flétrir par un vote ceux qui y avaient pris part; ils donnèrent leur démission et furent tous réélus.

Liberté d'enseignement. — On attendait encore la liberté de l'enseignement secondaire. Guizot reconnaissait le bien fondé des réclamations des catholiques sur ce point (Mgr Affre, Mgr Parisis, Gerbet, Dupanloup, Lacordaire, Montalembert). Après de longues discussions, où l'université fut défendue par Villemain, de Salvandy, Thiers et Dupin, on appliqua aux Jésuites de prétendues lois existantes, et sur le conseil de Grégoire XVI, ils se dispersèrent pour le bien de la paix.

2° **Politique extérieure.** — *Le droit de visite.* — Guizot s'appliqua à rapprocher l'Angleterre de la France. Malgré la mort de Palmerston, la convention des Détroits, les visites de la reine Victoria au château d'Eu et de Louis-Philippe à Windsor, l'accord ne fut qu'entre les souverains. — Au congrès de Vienne, les

I. — LA FRANCE (suite).

I. La France (*Suite*). — **1° Louis-Philippe et la monarchie parlementaire.** — **2° Le règne de Louis-Philippe.**

deux puissances s'étaient engagées à réprimer la traite des nègres; par les conventions de 1831 et 1833, elles avaient le droit de visite réciproque des vaisseaux marchands, mais les conditions n'étaient pas égales, l'Angleterre ayant plus de croiseurs que nous, et nos vaisseaux de commerce étant plus nombreux dans les parages soumis à la visite, surtout sur les rivages d'Afrique. En 1841, Guizot étendit le droit de visite à de nouveaux parages; l'opposition lui fit de vifs reproches et obtint que les vaisseaux de guerre ne vérifieraient que la nationalité des vaisseaux marchands.

Affaire Pritchard. — En 1842, Dupetit-Thouars fit accepter notre protectorat par Pomaré, reine de Taïti. L'Angleterre répondit à la notification de ce traité, en déclarant qu'elle ne pouvait renoncer à protéger les missionnaires protestants de ces îles. Le ministre Pritchard et les commerçants anglais excitèrent Pomaré contre nous; des matelots français furent massacrés. Dupetit-Thouars prit Taïti et relégua Pritchard aux Sandwich. L'Angleterre, inquiétée dans ce moment par nos succès en Algérie, fit des menaces, et pour éviter un conflit, on désavoua l'amiral, Pomaré fut rétablie et Pritchard indemnisé.

3° *La réforme électorale et la chute du gouvernement.* — On reprochait à Guizot de ne pas accorder une *réforme parlementaire* établissant l'incompatibilité entre le mandat de député et une fonction salariée; une *réforme électorale* réduisant le cens et concédant le droit de suffrage aux docteurs en droit, en médecine et à d'autres capacités. — Désordres sur tous les points; attentats contre le roi, en avril et en juillet 1846; surexcitation des ouvriers à cause de la cherté des vivres, des mauvaises récoltes, du manque de travail et de la mauvaise influence des ouvrages d'Eugène Sue (*Mystères de Paris*, *Juif-Errant*), qui entraîna la classe ouvrière dans le socialisme. — L'opposition pétitionne pour obtenir la réforme électorale désirée; de nombreux banquets sont organisés dans les grands centres, sous la présidence des chefs de l'opposition (Odilon Barrot, Marie, de Lasteyrie, Lamartine). La cour est inquiète, et le gouvernement compte sur le prestige que l'armée vient de s'assurer en Afrique. En janvier 1848, le mécontentement fut manifeste; on reprochait surtout au gouvernement une mauvaise administration financière et une négligence grave à l'égard de la Suisse, devenue un foyer révolutionnaire.

Journées de février. — Le comte Duchâtel, ministre de l'intérieur, s'opposa au banquet réformiste du XIIe arrondissement, et, dès le 22 février, la foule se massa dans les rues en chantant la *Marseillaise;* on fit camper les troupes sur les boulevards; il y eut fusillade dans la nuit du 22 au 23; Guizot se retira après le refus de la garde nationale de marcher; le 24, au matin, lutte sur tous les points.
Le roi se mit lui-même à la tête de la garde nationale, fut mal reçu et abdiqua en faveur de son petit-fils le comte de Paris. — Les Tuileries furent pillées et le roi s'enfuit en Angleterre

Le gouvernement provisoire (24 février 1848). — La duchesse d'Orléans fit connaître à la Chambre l'abdication du roi et proclama la régence. La foule envahit la Chambre, et sur la proposition de Lamartine et de Ledru-Rollin, on acclama un gouvernement provisoire (Dupont de l'Eure, François Arago, Lamartine, Ledru-Rollin, Crémieux, Marie, Garnier-Pagès). On proclama la république à l'hôtel de ville.

Résultats généraux du règne. — On a exagéré les torts de ce gouvernement, né de l'émeute et tombé sous l'émeute. Il a voulu éviter la guerre à tout prix, il a employé les ressources du pays pour le bien public; il a conquis l'Algérie.
Son œuvre principale est l'organisation de l'enseignement primaire gratuit et obligatoire. Guizot a fondé la

I. La France (Suite). — **1° Louis-Philippe et la monarchie parlementaire.** — **2° Le règne de Louis-Philippe.**

société de l'histoire de France; il n'a pas pu établir la liberté de l'enseignement secondaire.
En 1841, de Salvandy fonda l'école française d'Athènes; On établit de nombreux cours d'adultes, des écoles d'apprentis, des écoles régimentaires. — Thiers fit achever les travaux commencés sous le règne précédent. — En 1842, on vota une loi établissant neuf grandes lignes de chemins de fer; des phares furent élevés sur les côtes, un service de bateaux établi entre Marseille et Alexandrie, des comptoirs fondés en Guinée et au Gabon. On occupa Nossi-Bé et Mayotte.
Depuis 1834, il y eut, tous les cinq ans, une exposition universelle pour favoriser l'activité industrielle et commerciale. Pendant ce règne, la fabrication du fer en France a doublé.

CONQUÊTE DE L'ALGÉRIE (1830-1883).

La conquête de l'Algérie, commencée sous Charles X, fut la grande œuvre du règne de Louis-Philippe.

Conquête de l'Algérie.

La guerre sous Charles X.

I. **Causes de l'expédition.** — Après 1815, les Anglais, qui s'étaient fait donner à Vienne la charge de ruiner le commerce des esclaves, bombardèrent Alger, le repaire des pirates. Le dey, Hussein pacha, voulut nous braver comme il avait bravé les Anglais; il nous retira le privilège de la pêche du corail, fit des réclamations exagérées pour des fournitures de blé datant de la république française, insulta publiquement notre consul à cette occasion et refusa toute réparation (1827). La guerre fut déclarée à la régence et Alger bloquée. En 1829, notre escadre essaya de nouer de nouvelles relations; elle fut bombardée par les forts de la côte. Charles X décida alors d'agir énergiquement.

II. **La guerre sous Charles X.** — Le vice-amiral Duperré et le ministre de la guerre comte de Bourmont débarquèrent à *Sidi-Ferruch* (14 juin 1830). Notre victoire de *Staouëli* (24) fut suivie de la prise d'*Alger* (4 juillet). Hussein fut déposé; *Bône, Oran, Tittery* prises. De Bourmont fut fait maréchal et Duperré pair de France.

La guerre sous Louis-Philippe et le second empire.

III. **La guerre sous Louis-Philippe et sous le second empire.** — L'histoire de cette conquête peut dès lors se ramener à trois ordres de faits principaux : 1° *La résistance turque :* nous triomphons des derniers conquérants du sol algérien. 2° *La résistance arabe :* nous luttons contre les anciens conquérants. 3° *La résistance nationale :* nous luttons contre les Kabyles.

1° *La résistance turque.* — Les gouverneurs successifs furent : Clauzel, Berthezène, Savary de Rovigo, Voiron, Drouet d'Erlon, Clauzel pour la deuxième fois. Malgré les hésitations des premières années et la résistance des Hadjoutes, la *Mitidja* fut occupée définitivement. Bône, Bougie, Oran, Blidah, Mostaganem, reçurent garnison française. C'est pendant cette période que furent créés les chasseurs d'Afrique, les zouaves et la légion étrangère.
En 1836, Clauzel subit un échec désastreux devant Constantine. Damrémont et Vallée reprirent cette forteresse en octobre 1837, et l'occupation de cette province acheva la ruine de la domination turque dans la régence.

2° *La résistance arabe.* — Abd-el-Kader réunit les forces dispersées de la nationalité arabe, et nous disputa longtemps et sérieusement l'empire de l'Algérie. Le général Desmichels reconnut malheureusement son pouvoir, par le traité de février 1834; l'émir le rompit bientôt et nous surprit à la *Mactah* (juin 1835). Clauzel et le duc d'Orléans réparèrent cet échec (décembre 1835), par l'occupation de *Mascara* et de *Tlemcen*. En avril 1836, l'émir reprit l'offensive, et après un léger succès se fit battre par Bugeaud à la *Sikkah* (juillet). Mais Bugeaud eut le tort de signer le traité de *la Tafna* (30 mai 1837), qui fit de l'émir le chef légal des Arabes, et lui abandonna presque toute l'Algérie.

Abd-el-Kader et Bugeaud. — En 1839, l'émir souleva

I. — LA FRANCE (suite).

I. La France (Suite). — 2° Conquête de l'Algérie. — La guerre sous Louis-Philippe et le second empire.

tout le pays. Battu à *Mouzaïa* et à *Mazagran*, chassé de ses forteresses, il fut poursuivi par les généraux Bedeau, Changarnier, Lamoricière. Bugeaud, nommé gouverneur en 1840, voulut occuper fortement le littoral et prendre les places centrales pour s'assurer la domination du Tell, puis s'enfoncer dans le désert. Il prit *Boghar, Mascara, Tagdempt, Tlemcen*, s'empara de la smala de l'émir (mai 1843), battit à *Isly* (août 1844) l'empereur du Maroc, à qui il imposa la paix de *Tanger* après le bombardement de Mogador et de Tanger. Enfin il refoula Abd-el-Kader dans le désert et le réduisit à se rendre à Lamoricière (décembre 1847).

Les Arabes tentèrent vainement de recommencer la résistance sous la direction de Bou-Maza. L'insurrection du sud oranais en 1864, l'expédition d'Aïn-Chaïr en 1870, les révoltes incessantes des Oudi-Sidi-Cheik, sous la conduite de Bou-Amena, nécessitèrent une répression vigoureuse et de nouvelles annexions.

3° *La résistance nationale. — Guerre contre les Kabyles.* — De 1844 à 1852, expéditions du maréchal Bugeaud, de Pélissier et de Saint-Arnaud (prise de Biskra, fondation de Batna) : c'est la période d'occupation. — De 1852 à 1871, période d'insurrection (juin 1857, bataille d'Ichériden, fondation du fort Napoléon, blocus du fort National). — De 1871 jusqu'à nos jours, progrès continus de notre influence et de la civilisation française.

Guerre contre les Sahariens. — Ils se soumettent successivement dans leurs oasis, mais non sans résistance : siège de *Zaatcha* (1849), de *Laghouat* (1852), occupation d'*Ouargla*, d'*El-Goléah* (1872), annexion du *Mzab* (1883). Cependant les Touaregs gardent leur indépendance (massacre de la mission Flatters), il sera nécessaire d'annexer encore les oasis de Figuig et d'Insalah. On peut cependant regarder la conquête de l'Algérie comme achevée.

II. — L'EUROPE

POLITIQUE EXTÉRIEURE DE LOUIS-PHILIPPE

II. L'Europe. — Politique extérieure de Louis-Philippe. — 1° La Belgique.

1° **Création du royaume de Belgique.** — *Insurrection belge* (août 1830). — Elle fut causée par l'union forcée des Belges et des Hollandais : les Belges catholiques, industriels et agriculteurs, avec les Hollandais protestants, marins et commerçants. Guillaume irrita les Belges par sa préférence marquée pour les Hollandais, et par ses persécutions contre les évêques catholiques. Les Belges, plus nombreux que les Hollandais, n'avaient aux états qu'une représentation égale à la leur.

Les Belges se soulevèrent à Bruxelles (25 août) ; le prince d'Orange dut quitter la ville ; le prince Frédéric se retira à Anvers ; l'insurrection se propagea à Liège, Louvain, Mons, Namur. Un gouvernement provisoire fut constitué et l'indépendance belge proclamée. — Les Belges entrèrent à Anvers, où ils furent bombardés par le général Chassé. — Les puissances intervinrent et arrêtèrent, à Londres, les bases d'un armistice (21 novembre) ; elles admettaient le principe de la séparation des deux pays. Le congrès vota la déchéance de la maison de Nassau et la création d'une monarchie constitutionnelle héréditaire.

Intervention de la France. — Le 4 février 1831, le duc de Nemours fut élu roi de Belgique ; mais Louis-Philippe craignit de s'aliéner l'Angleterre, et refusa. La couronne fut donnée à *Léopold de Saxe-Cobourg*, gendre de George IV, prince allemand de naissance, anglais d'habitudes et protestant. Ce choix fut un triomphe pour Palmerston. Guillaume de Nassau protesta, lança des troupes sur la Belgique et fut vainqueur à *Hasselt* et à *Louvain*. Louis-Philippe répondit alors à l'appel des Belges, envoya le maréchal Gérard avec 50 000 hommes et imposa à la Hollande un nouvel armistice, pendant que la conférence de Londres rédigea le *traité des 24 articles*, que Guillaume de Nassau n'accepta pas. Louis-Philippe, dont la fille venait d'épouser Léopold, sur le refus de la Hollande d'évacuer la Belgique, y envoya

II. L'Europe. — Politique extérieure de Louis-Philippe (*Suite*).

1° La Belgique.

une armée, pendant que les Anglais bloquaient l'Escaut. Anvers fut investi, et le général Chassé capitula (23 décembre 1832).

Traité des 24 articles. — Guillaume n'adhéra qu'en 1838 au traité des 24 articles. Le traité définitif (avril 1839) consacre l'indépendance de la Belgique; les habitants du Limbourg et du Luxembourg pouvaient opter entre les deux nations; la navigation du Rhin et de l'Escaut était libre; les puissances admettaient la neutralité du nouvel Etat.

2° La Russie et la Pologne. Chute de Varsovie.

Alexandre Ier (1801-1825). — Quoique d'un caractère opposé au despotisme de Paul Ier, il continua à reculer ses frontières à l'ouest, et à faire des conquêtes en Asie : *traité de Tilsitt* (1807); *traité de Vienne* (1809); *traité de Frederickshman* (1809); *traité de Buckarest* (1812). Ses succès et l'influence de la baronne de Krudener le rendirent libéral, la Pologne en profita. Il fit la Sainte-Alliance.

Constitution de la Pologne. — Par ordre du congrès de Vienne, le czar donna une constitution à ce qui restait de la Pologne. Il lui donna toute la liberté d'un régime constitutionnel, sans réussir à satisfaire les Polonais, dont l'aristocratie était toute enrôlée dans le carbonarisme. Le czar revint alors sur ses concessions; mais les mécontents trouvèrent des alliés jusqu'en Russie, où de jeunes officiers fondèrent des sociétés secrètes pour obtenir des réformes. Ils résolurent de se défaire du czar; Alexandre apprit le complot à Taganrog, et en mourut de douleur à l'âge de 48 ans.

Nicolas Ier (1825-1855). — Il régna par l'abdication de son frère Constantin. Il réprima les émeutes suscitées par les sociétés secrètes, par de nombreux exils en Sibérie. Les Polonais n'en devinrent pas plus prudents et s'insurgèrent de nouveau à la nouvelle des émeutes de Paris et de la Belgique en 1830.

Insurrection de 1830. — Le 29 décembre, éclatait une émeute militaire à Varsovie; Constantin dut fuir. Czartoriski devint chef du gouvernement, et le prince Radziwill chef de l'armée. En février 1831, les Russes arrivèrent avec une puissante armée commandée par Paskéwitz; soutenue par la Prusse, qui lui ouvrit ses portes de Kœnigsberg et de Dantzig, elle fit capituler Varsovie après plusieurs mois de luttes (1830). L'anéantissement de la Pologne fut hâté par une série de mesures : déportation en Sibérie, malgré l'amnistie de 1831; réduction de la Pologne en simple province russe; expropriation de la petite noblesse; abolition de la monnaie polonaise; union de l'Eglise catholique à l'Eglise grecque, malgré les évêques et Grégoire XVI.

La chute de Varsovie causa une émeute à Paris. — Les dernières traces de l'indépendance polonaise disparurent en 1846, quand, malgré les protestations de M. Guizot, l'Autriche réunit définitivement la république de Cracovie à la Galicie.

(Pour le commencement de la guerre de Crimée, voir plus loin les guerres du second empire).

3° L'Allemagne.

— **Mouvement révolutionnaire.** — **Le Zollwerein.** — Sous le contrecoup de la révolution de 1830, les princes allemands durent, ou abandonner leur couronne, ou donner à leurs peuples une constitution libérale. A Brunswick, la foule imposa par la force un gou-

Dynastie des ROMANOFF et des HOLSTEIN-GOTTORP

PIERRE LE GRAND (1672-1727)

- Alexis.
  - Pierre II 1717-1730.
- Anne, épouse Charles-Frédéric, duc de Holstein-Gottorp.
  - Pierre III, empereur (1762), épouse Catherine II, fille de Christian-Auguste, prince d'Anhalt-Zerbst; Catherine fut impératrice (1762-1796).
    - Paul Ier, empereur (1796-1801).
      - Alexandre Ier (1801-1825).
      - Constantin, vice-roi de Pologne.
      - Nicolas Ier (1825-1855).
        - Alexandre II (1855-1881).
          - Alexandre III.
- Elisabeth (1741-1761).

II. L'Europe. — Politique extérieure de Louis-Philippe (*Suite*).

3° L'Allemagne.

vernement constitutionnel. — Même révolution en Saxe, en Hesse-Cassel, Hanovre, Hesse-Darmstadt, Bavière, Prusse. Enfin la diète de Francfort s'inquiéta des fêtes de Hambach, en Bavière, où 30000 patriotes arborèrent les anciennes couleurs allemandes (noir, rouge, or), avec cette inscription : *Renaissance de l'Allemagne.* Metternich fit interdire les associations, les réunions publiques et les fêtes populaires; une commission fut chargée de surveiller la presse.

Le Zollwerein. — Dès 1818, Frédéric-Guillaume III de Prusse, avait supprimé les douanes intérieures et invité les autres États à se guider d'après les mêmes principes de liberté commerciale; presque tous les États du nord répondirent à cette invitation. En 1828, la Bavière et le Wurtemberg firent une association semblable, et, en 1833, les deux associations formèrent le Zollwerein ou union douanière, qui préparait l'union politique de tous les États allemands sous la domination prussienne.

4° L'Italie.

— **Les insurrections de 1831 à 1847.** — A l'occasion de l'avènement de Grégoire XVI (1831-1846), que l'on disait opposé aux idées libérales, Menotti, chef du parti de l'unité italienne, prépara un soulèvement dans toute l'Italie centrale. Le duc de Modène le fit arrêter, mais ne put empêcher l'insurrection générale. Les secours que les révolutionnaires attendaient d'Italie et de France manquèrent, et les troupes autrichiennes vinrent rétablir l'ordre.

Casimir Périer, pensant que le pape mettrait un terme à toutes les insurrections, s'il faisait quelques concessions, rédigea un *memorandum* qu'il fit souscrire aux grandes puissances et que Grégoire XVI accepta dans l'intérêt de la paix. Les révolutionnaires des Romagnes ne furent pas satisfaits et reprirent les armes. Grégoire XVI fit appel à l'Autriche; Radetzki, gouverneur de Lombardie, rétablit l'ordre; mais Louis-Philippe, inquiet de cette intervention, fit occuper *Ancône* (février 1832) sans avertir le pape. Les puissances appuyèrent les protestations de Grégoire XVI, et notre ambassadeur à Rome s'empressa de signer la *convention du* 10 *avril* (1832), qui reconnaissait qu'on avait dépassé les ordres du gouvernement, et que l'occupation d'Ancône restait subordonnée à l'acceptation du pape. Nous y restâmes jusqu'à ce que les Autrichiens quittèrent les Romagnes (1839).

Quelques princes italiens crurent arrêter les révolutions en faisant des concessions; Pie IX (1846-1878) lui-même entra dans cette voie, et fut acclamé par les révolutionnaires, qui ne renoncèrent pas cependant à leurs projets. Ils formèrent à Marseille et à Genève le parti de la *jeune Italie,* dont Mazzini était l'âme. Obligé de se retirer à Londres après une expédition malheureuse en Savoie, Mazzini demeura le chef des révolutionnaires.

5° L'Espagne. — Les Carlistes, Isabelle II, les mariages espagnols.

— Ferdinand VII, sur les instances de sa femme, Marie-Christine de Naples, avait proclamé (29 mars 1830) le droit des femmes à la couronne, et plus tard avait demandé aux Cortès de prêter serment à sa fille Marie-Isabelle, annonçant que Marie-Christine aurait la régence. Les espérances de don Carlos, frère de Ferdinand VII et chef des absolutistes, étaient ainsi ruinées. A la mort de Ferdinand VII (septembre 1833), l'Espagne fut divisée en deux camps, les *carlistes* et les *christinos.*

L'Angleterre et la France prirent parti pour les christinos (quadruple alliance faite par Talleyrand pour empêcher l'Angleterre de prendre toute l'influence). Le Portugal, la Russie, l'Autriche et la Prusse, soutinrent les carlistes. Dès 1834, Christine donna le *statut royal,* établissant deux Chambres, celle des députés nommés pour cinq ans, et celle des grands nommés à vie. L'armée de la régente passa en Portugal et battit, à *Evora,* les carlistes et don Miguel, qui disputait le trône à sa nièce dona Maria.

En juin 1835, Carlos avait déjà pris la plus grande partie de la Catalogne, quand Zumallacaregui, chef de l'armée carliste, fut tué à Bilbao.

La régente, effrayée des progrès des carlistes, concentra autour d'elle les chefs du parti libéral. Son ministre des finances, Mendizabal, vendit les biens du clergé sans réussir à rétablir le crédit et à étouffer la guerre civile. Christine, à qui on voulait imposer la constitution de 1812, jusqu'à la prochaine réunion des Cortès qu'elle venait de renvoyer, fit appel à Louis-Philippe, qui s'opposa à toute intervention (démission de Thiers, 6 septembre 1836).

Enfin les Cortès acceptèrent (4 novembre 1837) une constitution regardée comme le *pacte fondamental* de l'Espagne : deux Chambres égales en pouvoir, le Sénat choisi par le souverain, les députés élus à raison de un pour 50000 habitants; liberté de la presse, égalité

II. L'Europe. — Politique extérieure de Louis-Philippe (*Suite*)

5° L'Espagne. — Les Carlistes, Isabelle II, les mariages espagnols.

devant la loi; le culte catholique sera entretenu par l'Etat. — Mais la guerre n'en continua pas moins. *Espartero,* officier de fortune, fit lever le siège de Bilbao et sauva la couronne de la jeune reine par deux victoires (1837). L'indiscipline et la discorde des carlistes facilitaient ses succès. Il fut créé comte de Luchana et duc de la Victoire. La lutte finit par la trahison du carliste Maroto, qui traita avec Espartero. Carlos passa en France et fut interné à Bourges.

Régence d'Espartero. — Il imposa ses volontés à la régente, l'obligea à abdiquer et à se retirer en France. Nommé régent, Espartero agit en dictateur pendant deux ans (1841-1843), mécontenta tous les partis et fut réduit à s'enfuir en Angleterre.

Minorité d'Isabelle. — Son mariage. — Les Cortès prononcèrent la majorité de la jeune reine, et rappelèrent Marie-Christine. *Narvaez,* principal ministre de ce nouveau gouvernement, fit modifier la cons-

BOURBONS d'Espagne, de Naples et de Parme.

PHILIPPE V (1700-1746).

- Ferdinand VI (1746-1759).
- Charles III, roi des Deux-Siciles (1738-1759), roi d'Espagne (1759-1788).
  - Charles IV (1788-1808).
    - Ferdinand VII (1814-1833).
      - Isabelle II (1833-1868), épouse François d'Assise.
        - Alphonse XII, né 1857, roi 1874-1885, épouse l'archiduchesse Marie-Christine.
          - Maria de las Mercedes, princesse des Asturies, née 1880.
          - Thérèse-Isabelle, née 1882.
          - Alphonse XIII, né roi d'Espagne (1886).
      - Dona Luisa, épouse le duc de Montpensier.
        - Isabelle, épouse le comte de Paris.
        - Maria de las Mercedes † 1878, épouse Alphonse XII.
        - Eulalie, épouse Antoine de Montpensier.
    - Marie-Louise, épouse Louis Ier d'Etrurie.
    - Don Carlos (Charles V) † 1855.
      - Don Carlos (Charles VI) † 1861.
      - Don Juán.
        - Don Carlos, duc de Madrid (Charles VII), épouse Marguerite de Parme.
          - Don Jaime, né 1870.
          - Quatre filles.
    - François de Paule.
      - François d'Assise, épouse Isabelle II.
      - Henri, duc de Séville.
        - Henri de Bourbon, duc de Séville, exilé depuis 1886.
  - Ferdinand IV (I), roi de Naples (1759-1825).
    - François Ier (1825-1830).
      - Ferdinand V (II) (1830-1859).
        - François II, roi en 1859, détrôné par Garibaldi en 1870.
      - Marie-Christine, épouse Ferdinand VII.
      - Caroline, épouse le duc de Berry.
    - Léopold de Salerne.
      - Caroline, épouse le duc d'Aumale.
    - Marie-Amélie, épouse Louis-Philippe.
- Philippe, duc de Parme (1748-1765).
  - Ferdinand (1765-1802).
    - Louis Ier d'Etrurie.
      - Charles (1847-1849).
        - Ferdinand-Charles, épouse Louise-Marie-Thérèse, sœur du comte de Chambord.
          - Robert, né 1848.
          - Henri, comte de Bardi, né 1851.
          - Marguerite, épouse don Carlos (Charles VII).
  - Louise, épouse Charles IV.

Portugal. — Maison de BRAGANCE.

(BRAGANCE-SAXE-COBOURG-GOTHA — BRAGANCE-D'ORLÉANS)

JEAN VI, roi de Portugal (1816-1826).

- Don Pedro Ier, vice-roi du Brésil, puis empereur (1825-1831).
  - Dona Maria II (1826-1853), épouse Ferdinand, duc de Cobourg.
    - Pedro V (1853-1861).
    - Louis Ier, épouse Maria Pia de Savoie, fille de Victor-Emmanuel, roi en 1862.
      - Charles, duc de Bragance, épouse Amélie, fille du comte de Paris.
        - Duc de Beira, né 1887.
  - Francesca, épouse le prince de Joinville.
  - Don Pedro II, empereur du Brésil (1831-1891).
    - Isabelle, épouse le comte d'Eu, fils du comte de Nemours.
      - Pierre, né 1875.
      - Louis-Philippe, né 1878.
- Don Miguel, prétendant.

II. L'Europe. — Politique extérieure de Louis-Philippe (Suite).

5° L'Espagne. — Les Carlistes, Isabelle II, les mariages espagnols.

titution dans un sens moins libéral (suppression du principe de la souveraineté du peuple; restriction de la liberté de la presse et des privilèges des municipalités). Grâce à l'appui de Louis-Philippe, Marie-Christine put marier Isabelle à don François d'Assise, et sa sœur Louisa au duc de Montpensier, au grand mécontentement de l'Angleterre, qui proposait Léopold de Saxe-Cobourg, neveu du roi des Belges.

6° Le Portugal.

Lutte des Pédristes et des Miguélistes. — En mourant, Jean VI (1826) laissa la couronne à son fils don Pedro, qui préféra rester au Brésil. Il passa ses droits à sa fille *dona Maria*, âgée de 7 ans. Don Miguel, frère de Pedro, protesta, supplanta sa nièce et gouverna en monarque absolu. Casimir Périer lui fit expier ses violences envers des négociants français en envoyant à Lisbonne une escadre sous les ordres de l'amiral Roussin (juillet 1831). Don Pedro, soutenu par la France et l'Angleterre, vint défendre sa fille, et publia une charte constitutionnelle à *Oporto*. Une défaite des miguélistes, près du cap Saint-Vincent, amena un soulèvement général; leur défaite à *Setubal* permit à dona Maria d'entrer à Lisbonne. Miguel rejoignit don Carlos à *Evora*, où il capitula avec lui. Il renonça au trône de Portugal et alla mourir dans le duché de Bade (1866).

7° La Suisse.

— **Guerre du Sunderbund.** — Le congrès de Vienne avait ratifié le *Pacte fédéral*, faisant des 22 cantons une seule nation à l'extérieur, et donnant à chacun une complète autonomie à l'intérieur; les cantons de Berne, Zurich, Lucerne, dirigeaient alternativement les affaires. Neuf cantons étaient catholiques, neuf protestants; ceux de Saint-Gall, Glaris et Argovie, étaient mixtes. La liberté religieuse était garantie.

Les conservateurs, dominant dans les cantons catholiques, demandaient le maintien de l'ordre de choses établi par le congrès de Vienne; les démocrates ou radicaux, plus nombreux dans les cantons protestants réclamaient la revision du pacte pour donner à la Suisse un gouvernement central et une capitale. Des loges et des associations de toutes sortes furent créées pour arriver à ce résultat.

Les radicaux, encouragés par la révolution de 1830, prirent le pouvoir dans cinq cantons, obtinrent la division de Bâle en deux cantons, l'égalité politique, l'abolition des droits seigneuriaux (pacte Rossi, 17 juillet 1832). Les puissances furent blessées de voir détruire leur œuvre sans leur aveu; d'autre part, les puissances voisines reprochaient à la Suisse d'être devenue le refuge des condamnés politiques et des carbonari.

Enfin, la lutte devint bientôt religieuse. Les radicaux, en majorité dans la diète, firent décréter, contrairement au pacte de 1815, la suppression des couvents et la confiscation de leurs biens.

Pour défendre la liberté religieuse, on forma le *Sunderbund* (décembre 1815, Lucerne, Uri, Schwitz, Zug, Unterwalden, Fribourg, Valais), qui résista les armes à la main. Les cantons protestants firent voter, par la diète, la dissolution du Sunderbund et l'expulsion des ordres religieux. Le général Dufour battit les catholiques à Fribourg et à Lucerne et obligea le Sunderbund à se dissoudre. Palmerston avait soutenu les radicaux, tandis que la France et l'Autriche auraient voulu une manifestation pour maintenir la paix et le principe de la liberté cantonale.

Les radicaux remplacèrent le pacte de 1815 par une constitution fédérale modifiée une dernière fois en 1874. Les cantons gardent leur constitution particulière, mais ils n'ont plus leur autonomie. Le pouvoir législatif appartient à la diète fédérale, formée d'un *conseil national* et d'un *conseil des Etats;* le pouvoir exécutif est confié à un *conseil fédéral* de 7 membres nommés pour trois ans. Un *tribunal fédéral* de 9 membres, juge les fautes contre les lois fédérales, — liberté des cultes, d'association, de pétition; — il n'y a pas d'armée permanente, mais tout citoyen fait partie des milices, qui sont astreintes chaque année à des manœuvres régulières.

8° L'Angleterre.

Guillaume IV (1830-1837). — L'Angleterre est dans une triste situation; les ouvriers sans travail souffrent de la disette et demandent une réforme électorale et l'abolition des droits sur les céréales. L'influence de notre révolution de juillet aggrave encore la situation; Guillaume l'avait cependant approuvée, tout en condamnant la révolution belge, qui était un mauvais exemple pour l'Irlande. Lord Grey, successeur de Wellington, présenta un bill de réformes.

Loi électorale de 1832. — Le système électoral anglais était devenu plein d'inégalités. Un bill, proposé par lord Russell, fut cependant accepté à grand'peine : les bourgs de moins de 2000 habitants n'auront pas de député; ceux de moins de 4000 n'en auront qu'un; ailleurs il y aura un député pour 28000 habitants; on aurait ainsi

II. L'Europe. — Politique extérieure de Louis-Philippe (*Suite*).

7° L'Angleterre.

596 députés. Le droit de vote fut considérablement étendu, et le nombre des électeurs fut ainsi porté de 15000 à 500000.

Les réformes de Disraeli en 1867, et celles de Gladstone en 1885, modifieront le bill de 1832 : le vote sera secret, le nombre des députés proportionné au nombre d'habitants du comté et le suffrage presque universel ; l'égalité sera établie entre les circonscriptions électorales.

Dans la session de 1833, on adopta deux bills importants : 1° le rachat à la compagnie des Indes du monopole du commerce en Asie ; elle garderait le gouvernement du pays et établirait l'égalité entre Européens et indigènes ; 2° l'émancipation des noirs (20 millions de livres comme indemnité aux propriétaires d'esclaves). Dans la session de 1834, lord Melbourne (wigh) réforma la taxe pour les pauvres. En Irlande, l'assistance légale ne fut établie qu'en 1838.

Victoria (1837). — Elle succéda à son oncle Guillaume IV, et le Hanovre, qui ne pouvait appartenir à une branche féminine, fut donné au duc de Cumberland. — Le ministre tory *Robert Peel*, dont *Palmerston* fut le ministre des affaires étrangères, fit voter l'*income-tax* (impôt sur le revenu, dont l'Irlande fut exempte). — En 1838, le rejet de la *charte du peuple* amena des émeutes sanglantes qu'il fallut réprimer par la force.

Richard Cobden, la ligue de Manchester et le libre échange. — Richard Cobden, industriel de Manchester, fonda une ligue pour établir le *libre échange* et obtenir la liberté politique. Le peuple anglais s'enrôla en masse et envoya *Cobden* au parlement (1841). Dès lors, de tous côtés on réclama l'abolition du protectionnisme et la libre importation des céréales étrangères ; on l'obtint en 1846. — En 1849, fut aboli l'acte de navigation.

Question irlandaise. — (Voir l'Europe de 1815 à 1830)

Malgré ses grandes difficultés intérieures, l'Angleterre est à la tête du mouvement commercial et industriel de l'Europe, et elle reste la première puissance maritime du monde. Elle fera la première exposition univerelle, en 1851, à Londres ; elle posera le premier câble transatlantique entre l'Europe et l'Amérique (de l'île Valentia à Saint-Jean de Terre-Neuve). — La reine Victoria sera proclamée impératrice des Indes (1876).

(Voir l'histoire militaire de ce règne au chapitre de l'expansion coloniale au XIXe siècle.)

Maison de BRUNSWICK-HANOVRE

GEORGE, électeur de Hanovre, roi d'Angleterre (1714-1727).

- George II (1727-1760).
  - Frédéric-Louis † 1751.
    - George III (1760-1820).
      - George IV (1820-1830).
      - Guillaume IV (1830-1837).
      - Edouard, duc de Kent.
        - Victoria, née 1819, reine 1837, épouse Albert de Saxe.
          - Albert-Edouard, prince de Galles, épouse Alexandra de Danemark.
            - Albert-Victor (1864).
            - George (1865).
            - Louise (1867).
            - Victoria (1868).
            - Marie (1869).
          - Alfred, épouse une fille du czar Alexandre II.
          - Arthur.
          - Léopold.
          - Victoria, épouse Frédéric III, empereur d'Allemagne.
            - Guillaume II.
      - Ernest-Auguste, roi de Hanovre (1837-1851).
        - George V (1851-1866 † 1878).
          - Ernest-Auguste, duc de Cumberland.
- Sophie, épouse Frédéric-Guillaume de Prusse.

QUATRIÈME PARTIE

LES LETTRES, LES SCIENCES ET LES ARTS

DE 1815 A 1848

Les lettres, les sciences et les arts de 1815 à 1848.

1° Les lettres.

1. **Les lettres.** — On ne peut nier que l'influence littéraire de V. Hugo a été considérable. Il a touché à tous les ordres d'idées, et il s'est exprimé dans une langue nouvelle, qui n'a plus la raideur de la langue classique, c'est-à-dire qu'il a renoncé aux subtilités des grammairiens et n'a pas craint d'emprunter des mots au vieux français, aux parlers populaires et aux langues techniques. Cette langue nouvelle a pu se plier plus facilement à exprimer toutes les nuances de la réalité, des sentiments et des sensations; elle offre cependant le danger de prêter à la recherche excessive. V. Hugo innova encore en faisant des vers de toutes mesures et des vers de toutes formes; il pratiqua l'enjambement et le rejet, laissa la césure se déplacer suivant le rythme, et voulut surtout que la rime fût très riche, pleine, inattendue.

Le théâtre. — Quand les romantiques abordèrent le théâtre, ce fut une véritable révolution. En 1827, un an après la mort de Talma, le soutien de la tragédie du XVIIIe siècle, V. Hugo écrivit son drame de *Cromwell*, qu'il organisa à sa fantaisie, sans se préoccuper ni de la censure ni de la critique.

Dans la préface, plus importante que le drame lui-même, il exposa la poétique de la nouvelle école, où il protesta contre les régents étroits du Parnasse, qui imposaient une contrainte arbitraire au génie; il affirma que la prétendue règle des trois unités devait se limiter à l'*unité d'action*. La grande lutte entre les *classiques* et les *romantiques* eut lieu à propos d'*Hernani*, dont la représentation fut une véritable révolution; il y eut 45 représentations, qui furent 45 combats. V. Hugo fut menacé de mort dans des lettres anonymes. Après quelques années, la pièce fut reprise et applaudie autant qu'elle avait été sifflée d'abord; dans l'intervalle le goût public avait changé.

V. Hugo donna successivement: *Marion Delorme*, *le Roi s'amuse*, *Lucrèce Borgia*, *Marie Tudor*, *Angelo*, *Ruy-Blas* et *les Burgraves*. Bien que les caractères et les situations soient souvent exceptionnels, V. Hugo les fait presque accepter par son langage coloré et les charmes de l'exposition; d'ailleurs, il intéresse en ne présentant pas, comme les classiques, des personnages tout d'une pièce, absolument bons ou absolument mauvais, et en montrant qu'on peut créer des situations tragiques même avec des personnages obscurs.

Dès 1829, Alexandre Dumas donne: *Henri III et sa cour*, *la Tour de Nesle*, et C. Delavigne: *Marino Faliero*, *Louis XI*, *les Enfants d'Edouard*, *Charles VI*; Delavigne se rapproche encore un peu de la tragédie et évite les couleurs trop voyantes des romantiques.

Le drame bourgeois, qui s'inspire surtout des événements de la vie commune, dont les personnages sont des gens du peuple, a produit comme type principal: *Trente ans ou la vie d'un joueur* (1827), de Ducange. Dennery a produit plus de 200 pièces dans ce genre. Après lui viennent: Eugène Sue, *le Juif-Errant*; Bouchardy, *Lazare le Pâtre*; Anicet Bourgeois, Paul Foucher, Félix Pyat.

Le vaudeville eut à cette époque un grand succès; sur ce point, classiques et romantiques étaient d'un parfait accord. On a produit plus d'un millier de pièces dans ce genre, dont quelques-unes ont laissé de bons mots qui sont restés proverbiaux (Sauvons la caisse!), et créé des personnages désormais immortels (Bilboquet, Robert Macaire).

Autres genres littéraires. — *Poésie lyrique et épique.* — La poésie moderne a considérablement étendu son domaine, elle n'est plus impersonnelle. Elle prend ses sujets: dans l'étude du *moi*, dont elle chante les joies, les douleurs et les espérances, les *Méditations* et les *Harmonies*, de Lamartine; *les Rayons* et *les Ombres*, *les Contemplations*,

LES LETTRES, LES SCIENCES ET LES ARTS DE 1815 A 1848 (suite).

Les lettres, les sciences et les arts de 1815 à 1848. (*Suite*).

1° Les lettres.

de V. Hugo; *Rolla, les Nuits,* d'A. de Musset; dans la *nature,* qu'elle ne se contente point de décrire froidement, mais qu'elle anime de passions et de sentiments, au point d'aller jusqu'au panthéisme; dans les grands événements de l'humanité (les scènes glorieuses ou tragiques de la révolution ou de l'empire); enfin dans les misères du peuple et surtout de l'ouvrier.

Au XIXe siècle, la distinction entre le lyrique et l'épique disparaît: il n'y a plus que la *poésie,* qui s'attaque à tous les sujets et emploie tous les rythmes. — Outre nos trois grands lyriques, Lamartine, V. Hugo, Musset, il faut encore signaler : C. Delavigne, les *Messéniennes;* A. de Vigny, *Poèmes antiques et modernes;* A. Barbier, les *Iambes;* Barthélemy et Méry, *Napoléon en Egypte;* Brizeux, *Marie,* les *Bretons;* V. de Laprade, *Odes et Poèmes;* Sainte-Beuve, *Consolations, Poésies;* H. Murger, *Ballades* et *Fantaisies;* Th. Gautier, *Poésies.*

Béranger, dans ses *Chansons,* n'a pas seulement parlé de sujets légers, mais il s'est élevé parfois jusqu'à la grande poésie, et ses chansons politiques ont été une arme puissante contre la restauration.

Le roman. — Chateaubriand et Ch. Nodier, survivants de la période impériale, ont continué, après 1815, à briller dans le roman : *le Dernier des Abencérages, Sbogar, Lord Ruthwen;* V. Hugo, dès 1823, se fit un nom dans ce genre par *Han d'Islande* et *Bug-Jargal;* dans la suite il publia : *le Dernier Jour d'un condamné, Notre-Dame de Paris, Claude Gueux.*

Lamartine donna les romans poétiques de : *Jocelyn, Raphaël, Graziella;* A. de Musset, *la Confession d'un enfant du siècle;* A. de Vigny, *Cinq-Mars, Othello;* Ed. Quinet, *Ahasvérus.* Mais les deux grands romanciers du XIXe siècle furent Balzac et G. Sand.

Honoré de Balzac (1799-1850) a été d'une fécondité prodigieuse. Il s'était proposé d'embrasser, sous le titre de *Comédie humaine,* tous les aspects de la vie réelle. Il a plus deviné qu'il n'a observé, et cependant il a créé des types bien réels et bien vivants, et il a présenté l'influence prochaine des brasseurs d'affaires sur notre société. — George Sand († 1876) débuta, en 1831, par *Rose et Marie;* elle subit les influences de Rousseau, de Chateaubriand, d'A. de Musset et de Lamennais, et arriva à se créer un style original. Son premier chef-d'œuvre fut *Indiana.*

Elle fit ensuite des romans de mœurs et de passion : *Valentine, Lélia, Consuelo, Teverino;* plus tard elle plaça ses scènes dans le Berry, le Limousin et l'Auvergne, et enfin, sous l'influence de Pierre Leroux, fit des *romans à thèses politiques,* où elle se passionna pour la libre pensée et les revendications du peuple. Après sa rupture avec Musset, elle fit un roman autobiographique dans *Histoire de ma vie.* — A. Dumas inaugura, en 1835, des romans dont les sujets sont presque tous pris dans nos annales : *les Trois Mousquetaires, Monte-Christo, le Collier de la Reine, les Compagnons de Jéhu.* On peut dire qu'il a inauguré le *roman-feuilleton.*

Outre ces trois grands maîtres du roman, il faut citer : E. Sue, dont l'influence a été désastreuse dans les masses; P. Féval, qui s'est converti après avoir produit un certain nombre de romans regrettables, qu'il a corrigés d'ailleurs pour la plupart; F. Soulié, L. Gozlan, et enfin les romans immoraux de P. de Kock, qui se répandirent à profusion.

La critique littéraire du siècle précédent péchait en ce qu'elle défendait un système littéraire et condamnait tout ce qui s'en éloignait, appliquant les mêmes règles esthétiques aux anciens et aux modernes. La critique du XIXe siècle, plus raisonnable, sera *historique* et *éclectique.* Sainte-Beuve, Saint-Marc Girardin, Villemain, en sont les trois maîtres. Sainte-Beuve s'est efforcé de replacer l'œuvre qu'il critique dans le milieu et à l'époque qui l'a produite : *Tableau de la poésie française et du théâtre français au XVIe siècle, Histoire de Port-Royal, Portraits, Causeries du lundi.*

Saint-Marc Girardin a dégagé les lois supérieures de l'art en comparant les types dramatiques choisis dans les œuvres les plus diverses de tous les temps et de tous les pays : *Tableau de la littérature française au XVIe siècle, Cours de littérature dramatique, Etudes sur La Fontaine, sur Rousseau.*

Villemain a montré l'influence des institutions politiques et sociales sur la littérature : *Cours de littérature.*

A côté de ces maîtres, il convient de placer G. Planche et J. Janin.

La polémique a produit des œuvres remarquables. J. de Maistre a donné : *le Pape, les Soirées de Saint-Pétersbourg.* — Montalembert, par ses brochures ardentes, organisa le parti catholique libéral avec Lamennais, qui mourut révolté contre l'Eglise.

Paul-Louis Courier, dont les pamphlets eurent un grand retentissement, et qui mourut assassiné en 1825. — De Cormenin (Timon), qui attaqua la monarchie de Juillet. — Ed. Quinet, Armand Carrel.

LES LETTRES, LES SCIENCES ET LES ARTS DE 1815 A 1848 (suite).

Les lettres, les sciences et les arts de 1815 à 1848 (*Suite*).

1° Les lettres.

— Les deux principaux représentants de l'éloquence de la chaire furent le P. de Ravignan et le P. Lacordaire. — Au barreau, il faut signaler : Berryer, Dupin aîné, Hennequin, Odilon Barrot; dans l'éloquence politique : de Serres, Lainé, Decazes, Villèle, B. Constant, Royer-Collard, Martignac, Montalembert, C. Périer, Guizot, Thiers, Villemain, de Broglie, Dufaure.

2° Les sciences morales et politiques.

II. **Les sciences morales et politiques.** — 1° *La philosophie.* — L'enseignement philosophique de cette période se rapporte à deux écoles principales : l'école *éclectique*, dont Cousin fut le fondateur en France, et l'école *positiviste*, dont A. Comte fut le chef. L'école éclectique eut au moins l'avantage de faire étudier à fond les ouvrages des grands penseurs. L'ouvrage principal de Cousin est son livre : *Du vrai, du beau et du bien.* Libéral en politique et en philosophie au début, Cousin devint plus tard conservateur. Ses principaux disciples furent Th. Jouffroy et Ch. de Rémusat.

Les positivistes, partant de ce principe que nous ne pouvons pas arriver à la connaissance des vérités qui se rapportent à la nature de Dieu et de notre âme, estiment que nous devons nous borner à étudier ce que nos sens et notre raison peuvent atteindre du réel et du positif. Ces théories ont pour base l'idée du *progrès* dans le développement du genre humain à travers les âges, et la morale, pour eux, consiste à favoriser ce progrès. Cette école a ainsi été portée facilement vers les idées socialistes et internationales, le progrès demandant l'émancipation des classes laborieuses et l'abaissement des barrières entre les peuples.

2° *L'histoire.* — L'histoire, au XIXe siècle, a pris une importance considérable; elle a cessé d'être un passe-temps; elle est devenue une science, et au point de vue de l'art elle a donné des chefs-d'œuvre de style. Enfin elle a perfectionné ses méthodes et accru ses moyens d'investigations en utilisant les données de l'archéologie, de la paléographie, de la numismatique et de l'épigraphie. On est remonté aux sources et on a fouillé les archives et les papiers d'Etat.

Dans la première moitié du siècle, on s'occupa principalement de travaux d'érudition, dont les résultats furent vulgarisés surtout par l'*Histoire de la république romaine*, de Michelet (1831) et par l'*Histoire des Romains* (1843), de Duruy. C'est grâce à l'*École des chartes*, fondée en 1821, qu'on est arrivé à connaître le moyen âge. L'Institut en continuant les travaux des bénédictins de Saint-Maur, M. Guizot en fondant, en 1834, le *Comité des travaux historiques*, et enfin la *Société de l'histoire de France*, ont puissamment contribué à compléter l'œuvre de l'École des chartes. La découverte la plus importante sur cette époque est peut-être celle des *Chansons de gestes*, dont Ed. Quinet demandait en 1831 la publication.

C'est à cette époque qu'il faut rapporter les grands travaux de Guizot, A. Thierry, Michelet, Ozanam; les biographies savantes publiées par Montalembert, *Sainte Elisabeth de Hongrie*, *Saint Anselme*; et par Lacordaire, *Saint Dominique*. H. Martin publia son *Histoire de France*, en 1847.

Les principaux ouvrages d'histoire moderne furent ceux de Mignet sur l'*Histoire d'Espagne*, ceux de Guizot sur l'*Histoire d'Angleterre*, de P. Clément sur *Colbert* et de Sainte-Beuve sur *Port-Royal*.

Pour l'histoire contemporaine, outre les nombreux *Mémoires* des constituants, des conventionnels, des émigrés, des généraux, il faut signaler les travaux de A. Thiers : *Histoire de la révolution*, où l'impartialité et l'exactitude historique ne sont pas toujours aussi grandes qu'on le désirerait; ceux de Buchez et de Roux : *Histoire parlementaire de la révolution* (1833); de Louis Blanc : *Histoire de la révolution*, où il fait l'apologie des Jacobins, *Histoire de dix ans*; de Michelet : *Histoire de la révolution*; de Vaulabelle : *Histoire des deux restaurations*.

Il faut signaler en outre les travaux historiques sur l'Egypte (Champollion, Champollion-Figeac, Letronne); sur l'Assyrie, Babylone, la Perse, la Médie (Eug. Burnouf, de Saulcy, Botta, E. Flandin), qui amenèrent l'exploration de Babylone, Persépolis, Ctésiphon, Ecbatane. Par suite de ces grands travaux, on a pu reconstituer la langue zende. L'étude des civilisations sémitiques a produit aussi des résultats considérables à cause de leur relation intime avec celle de nos origines religieuses. Enfin, les études persanes et arméniennes ont pris un grand développement grâce à Silvestre de Sacy, à Garcin de Tassy et à Defrémery. MM. Abel de Rémuzat, Th. Pavie et Gaillard d'Arcy nous ont initiés à la littérature chinoise.

3° *L'économie politique.* — Bastiat, M. Chevalier, Rossi, A. Blanqui, reprirent dans notre siècle les doctrines du libre échange des physiocrates du XVIIIe siècle, et les répandirent dans l'opinion plus que dans le Parlement.

Deux grandes écoles, celle des *saint-simoniens* et celle des *anar-*

Les lettres, les sciences et les arts de 1815 à 1848 (*Suite*).

2° Les sciences morales et politiques.

chistes, dont Proudhon fut le chef, exercèrent une influence fâcheuse sur les masses.

Les saint-simoniens, dirigés par Enfantin et Bazar, prêchaient le *communisme* et le *collectivisme* dans leur journal *l'Organisateur*. Ils voulaient abolir la *concurrence*, qui fait le mal des classes laborieuses le *capital*, qui asservit le travail, *l'hérédité*, qui maintient le capital; tout devait revenir à la *communauté*, dont tous les citoyens seraient les serviteurs. Le saint-simonisme eut son culte, ses officiers et son costume. Il acheta le journal *le Globe*, et se fit des adeptes parmi les personnages les plus haut placés (Sainte-Beuve, Périer, Guéroult, M. Chevalier, F. David). Mais les prétentions d'Enfantin à se proclamer « la loi vivante » et le souverain maître amenèrent une scission, et Bazar se retira. En janvier 1832, les saint-simoniens furent condamnés en cour d'assises pour outrages à la morale publique et se dispersèrent.

Fourier présenta la doctrine *communiste* sous une autre forme et créa le *Phalanstère*. Il supprimait toute propriété, sauf celle des instruments de travail; il supprimait aussi toutes les lois de la morale. Il eut de nombreux partisans. — Outre ces grands chefs du mouvement communiste, il faut citer encore : Cabet, *Voyage en Icarie*; P. Leroux et Louis Blanc, qui respecta la famille, mais supprima l'hérédité. Il faisait absorber par l'État toutes les industries et toute l'agriculture, afin de ruiner toute concurrence. C'est lui qui fit établir les ateliers nationaux en 1848.

Proudhon a formulé la théorie de l'anarchie dans sa brochure : *Qu'est-ce que la propriété?* il conclut que tous ont également le droit d'occuper la terre et que nul n'a le droit de la posséder; tous ont droit de vivre en travaillant, donc nul n'a la propriété exclusive des instruments. Il combat les communistes et les socialistes aussi bien que les propriétaires; pour lui l'État est le principal obstacle au progrès; il faut l'anéantir, par suite, pas de frontières. La grande force organisatrice de l'avenir, c'est l'*Association libre des travailleurs*.

3° Les arts.

III. **Les arts.** — 1° *L'architecture.* — Sous la Restauration, l'architecture fut pauvre et ne présenta rien de grand; on se borna presque exclusivement à continuer les monuments publics commencés par l'empire. — Sous la monarchie de juillet, on éleva quelques monuments imposants, sans cependant arriver à un art nouveau; on acheva l'arc de triomphe, le palais du quai d'Orsay, la Madeleine, le ministère des affaires étrangères; on construisit : le palais des beaux-arts, Mazas, la colonne de Juillet, un certain nombre de belles fontaines dans Paris, la bibliothèque royale, le tombeau de Napoléon aux Invalides, la bibliothèque Sainte-Geneviève, le muséum d'histoire naturelle. — C'est l'architecture religieuse qui fut le plus remarquable à cette époque, grâce à Montalembert, Prosper Mérimée, V. Hugo; à la *Société d'archéologie*, fondée par Caumont; au *Comité des arts et des monuments*, fondé par le ministre Salvandy. On restaura l'hôtel de Cluny, Saint-Germain-des-Prés, Saint-Eustache, Saint-Germain-l'Auxerrois, la Sainte-Chapelle, Notre-Dame, la cathédrale de Chartres. — On s'occupa aussi d'entretenir nos antiquités romaines (thermes de Julien, la Maison carrée).

Les principaux architectes furent : Lebas, Vittorf, Alavoine, Destailleurs, Rohault de Fleury, Lacornée, Vaudoyer, Feuchère, Thiac, Baltard, Lassus, Montferrand.

2° *La sculpture.* — Nos sculpteurs appartiennent à quatre écoles : l'école *classique*, l'école *romantique*, l'école *maniérée* et l'école *réaliste*; ces deux dernières ont exercé leur influence surtout dans la seconde moitié du siècle. — Les sculpteurs principaux furent : Rude, révolutionnaire romantique (statue du **maréchal Ney**, la **Marseillaise** de l'arc de triomphe). — David d'Angers, élève de Roland, de Canova et du peintre David; il a laissé peu de groupes, mais surtout des statues, des bustes, des médaillons. Il a de la dignité, de la grandeur et du naturel. — Pradier, élève de Lemot, remarquable par la pureté, la grâce et le fini. — Nanteuil a fait les frontons de Saint-Vincent-de-Paul et de Notre-Dame-de-Lorette. — Lemaire, le fronton de la Madeleine. — A. Dumont, d'une famille d'excellents sculpteurs : le *Génie de la liberté* sur la colonne de Juillet, le *Napoléon* de la colonne Vendôme; il forma un grand nombre des artistes de la seconde moitié du siècle. — Clésinger, gendre de G. Sand, artiste puissant mais inégal et incomplet et souvent défectueux dans l'exécution. On peut citer encore : Allier, Foyatier, Jaley, Triquetti, Simart, Barye.

3° *La peinture et les arts du dessin.* — La peinture, comme la littérature, a été tour à tour classique, romantique, réaliste, impressionniste.

1° *Les peintres de la restauration.* — Les chefs de cette période, qui a vu les grandes luttes des classiques et des romantiques, furent : E. Delacroix, Géricault, A. Scheffer, L. Robert, P. Delaroche, Ingres,

LES LETTRES, LES SCIENCES ET LES ARTS DE 1815 A 1848 (suite).

Les lettres, les sciences et les arts de 1815 à 1848 (*Suite*).

3° Les arts.

Picot, L. Cogniet. — E. Delacroix (1798-1863). Il fut le chef de l'école romantique, quoique élève de David et de Guérin. Il commença la lutte par ses tableaux *Dante et Virgile* (1822); *les Massacres de Scio* (1824). Delacroix est remarquable comme coloriste, mais les classiques l'accusaient de ne pas savoir dessiner. Il s'inspira d'abord des couleurs brillantes de la peinture anglaise, puis il acheva son éducation dans un voyage en Algérie et au Maroc. Il eut en peinture les succès de V. Hugo en littérature, et fut presque le peintre officiel de la monarchie de Juillet (murs et plafonds du corps législatif, du Luxembourg, de l'hôtel de ville). — Géricault (1791-1824). Elève de Guérin, il débuta sous Napoléon, avant Delacroix, bien qu'il ne soit pas resté à la tête de l'école; génie puissant, il avait le goût du gigantesque. Il mourut d'une chute de cheval. Il exposa, en 1819, son *Naufrage de la Méduse*. — Ary Scheffer (1795-1858), remarquable par l'expression et le sentiment, fut un peintre philosophe et spiritualiste; il était passionné pour Dante et pour Gœthe. Il exposa ses *Bourgeois de Calais* en même temps que Delacroix exposait *Dante et Virgile*. Il donna par la suite : *la Mort de Gaston de Foix, les Femmes souliotes, Françoise de Rimini, Dante et Béatrix, sainte Monique et saint Augustin, le Baiser de Judas*. — P. Delaroche (1797-1856) fut en peinture ce que Delavigne fut en littérature, un romantique atténué, un éclectique, comme Cousin en philosophie. Il avait le goût des sujets modernes, de la draperie, de l'accessoire; coloriste de second rang, mais dessinateur correct, il avait l'instinct du dramatique et la science du costume. Il fut le grand peintre d'histoire de la monarchie constitutionnelle : *Scène de la Saint-Barthélemy, Prise de la Bastille, les Enfants d'Edouard, Mazarin mourant, Cromwell ouvrant le cercueil de Charles I*[er]*, Bonaparte franchissant les Alpes, le dernier adieu des Girondins, Baptême de Clovis, Couronnement de Charlemagne*.

Cependant l'école classique avait un représentant illustre, Ingres (1780-1867). Il s'appliqua à corriger les défauts de son école par une étude plus consciencieuse de la nature : *Vœu de Louis XIII, Martyre de saint Symphorien, Jeanne d'Arc, la Vierge à l'hostie, Jésus au milieu des docteurs, Molière et Louis XIV*, portraits de *Chérubini, Molé, Bertin*.

2° *Les peintres de la monarchie de Juillet*. — La plupart des maîtres que nous venons de signaler continuèrent leur œuvre sous ce régime et eurent pour rivaux leurs propres élèves. — Le château de Versailles fut transformé en un vaste musée dédié par Louis-Philippe à toutes les gloires de la France. La princesse Marie était un sculpteur distingué, et le duc d'Orléans fut l'ami d'H. Vernet et le protecteur de Barye.

H. Vernet (1789-1863), ami des fils de Louis-Philippe, qu'il accompagna dans plusieurs de leurs campagnes, avait été réduit, sous la Restauration, à faire une exposition privée de ses œuvres, que le jury refusait obstinément. Il fut le peintre des batailles de la monarchie de Juillet : *Prise de la smala, Siège d'Anvers, Siège de Rome, Prise de Constantine*. Il fit aussi quelques sujets bibliques. Ses principales œuvres de l'époque de la restauration furent : *la Mort de Poniatowski, la Bataille de Jemmapes, la Défense d'Huningue*.

Les autres principaux peintres de l'époque furent : les Deveria, les Flandrin, surtout Hippolyte, qui fit les fresques de Saint-Germain-des-Prés, Jean Gigoux, Ziégler, qui décora l'intérieur de la Madeleine, N. Roqueplan, K. Girardet, Philippoteaux, Amaury-Duval, qui fit des peintures à Saint-Germain-l'Auxerrois, à Saint-Merry et au château de Saint-Germain.

3° *Les dessinateurs*. — Charlet (1792-1845) raconta en scènes familières et humoristiques l'épopée de la grande armée: *la Garde meurt, Vous ne savez donc pas mourir, l'Aumône du soldat, Episode de la retraite de Russie*. — Raffet (1804-1860) traita presque les mêmes sujets; son chef-d'œuvre est *la Revue nocturne*.

Les plus illustres caricaturistes furent Gavarni, Cham (A. de Noé), Daumier, Bertall, Granville.

4° *La musique*. — Les artistes français ne le cèdent plus aux artistes étrangers, et l'on peut dire que les diverses écoles de musique théâtrale se sont fondues en une grande école européenne dont Paris est le centre. Il faut signaler deux faits remarquables : les débuts de la Russie dans la musique savante par l'opéra de Glinka, *la Vie pour le tzar*, et le grand nombre de chefs-d'œuvre produits par des Juifs (Halévy, Mendelssohn, Meyerbeer).

L'influence française sur la musique a été rendue considérable par le *livret*, dont Scribe fut le créateur; il en a fourni aux plus grands maîtres. Enfin, la musique a acquis une puissance nouvelle par le perfectionnement des anciens instruments et la création d'un grand nombre de nouveaux (cornet à pistons, saxhorns, orgue expressif),

LES LETTRES, LES SCIENCES ET LES ARTS DE 1815 A 1848 (suite).

Les lettres, les sciences et les arts de 1815 à 1848 (*Suite*).

3° Les arts.

et par la création des sociétés musicales et de la critique musicale. Les principaux maîtres allemands dont l'influence fut grande en France, sont : Beethoven, remarquable par sa puissance symphonique; Schubert, supérieur à tous les autres pour les mélodies; Mendelssohn ; Weber, poète de la nature et des légendes d'Allemagne; il a fait la musique des chansons patriotiques que le poète Kerner lançait contre la grande armée; Chopin, français par son père, polonais par sa mère, allemand par sa vie et son éducation ; c'est le génie le plus profond et le plus plein de sentiments qui ait jamais existé.

Les principaux compositeurs italiens furent : Rossini, qui passa la plus grande partie de sa vie en France, ses chefs-d'œuvre sont : *le Barbier de Séville, Guillaume Tell* et le *Stabat Mater*. — Bellini, qui fit *la Norma*. — Donizetti, d'une fécondité prodigieuse, a écrit 36 pièces: *Lucie de Lammermoor, la Fille du régiment, la Favorite.*

Les grands maîtres français furent : Boïeldieu, mélodiste élégant et d'un goût exquis (*la Dame blanche*). — Auber, élève d'abord de Mozart, Chérubini et Boïeldieu, puis entraîné dans le mouvement rossinien, sut faire comprendre et aimer la grande musique en France (*la Muette de Portici, Fra Diavolo, le Domino noir, les Diamants de la Couronne, Haydée*). — Hérold (*Zampa, le Pré-aux-Clercs*). — Adam, habile à recueillir et à développer les airs populaires (*le Chalet, le Postillon de Longjumeau, Si j'étais roi*).

Mais trois hommes méritent une mention spéciale pour avoir renouvelé le grand opéra après avoir étudié à fond l'harmonie et les puissants effets qu'on peut tirer d'un orchestre. Meyerbeer, quoique juif allemand d'origine, et d'abord élève de Vogel, subit l'influence de l'école de Rossini, fut initié par Scribe aux secrets de la scène et à l'art de tirer parti des accessoires, et grâce à ces influences multiples, fut un *éclectique* en musique et un chef de l'école française. Le premier il sut manier des masses chorales et tirer un parti brillant de l'orchestre (*Robert le Diable, les Huguenots, le Prophète, l'Africaine, le Pardon de Ploërmel*). Il était grand dramaturge et grand symphoniste. — Halévy, juif parisien, élève de Chérubini ; il subit l'influence d'Hérold et de Meyerbeer, à qui d'ailleurs il fut inférieur (*la Juive, Charles VI*). — Berlioz fut un grand symphoniste du groupe de Meyerbeer, Mendelssohn et Schumann. Il eut à lutter plus que les autres, parce qu'il s'adressait à des Français portés vers la musique de théâtre, et peu préparés à accepter les innovations qu'il proposait dans l'expression musicale. Au début, il voulut faire de la musique descriptive et ne s'occupa presque que du coloris instrumental, sans penser au style, qu'il négligea, et il eut peu de succès. Sa symphonie dramatique *Roméo et Juliette* marqua un progrès. Enfin, il donna son chef-d'œuvre dans la *Damnation de Faust*, qui fut suivie d'un oratorio : *l'Enfance du Christ*, et de deux opéras remarquables : *Béatrix et Bénédict, les Troyens.*

4° Les sciences.

IV. **Les sciences.** — 1° *Les mathématiques et l'astronomie.* — Le monde savant se donna de plus en plus aux mathématiques pendant cette période. Les grandes écoles du gouvernement et toutes les nouvelles applications de la science dans l'industrie et les travaux publics ont sans cesse poussé à l'étude des hautes questions théoriques. Jusqu'en 1830, brillent les élèves de Carnot, Monge, Lagrange et Laplace (Ch. Dupin, Cauchy, le général Poncelet, Sturm, M. Chasles). Après 1830, les travaux les plus remarquables furent ceux de Liouville, Lamé, C. Duhamel, Binet, A. Serret, Bienaymé, Joseph Bertrand.

En astronomie, on a pris une connaissance plus exacte des variations de la lune. Les travaux de *Encke*, de *Galle*, de *Bessel*, de *Bravais*, d'*Argelander*, de *Struve* ont contribué à mieux faire connaître la masse, la densité et les mouvements du soleil. *Leverrier* et *Bouvard* ont étudié les planètes du système solaire. Mais la découverte la plus importante est celle de *Neptune*, en 1846, par Leverrier. On a catalogué aujourd'hui plus de 600 comètes, dont les plus intéressantes sont les *périodiques*, alors qu'en 1818 on n'en connaissait qu'une.

Les autres astronomes célèbres sont : *Pons, Biéla, Gambart, Faye, Arago.*

2° *La physique et la chimie.* — En physique on perfectionna les instruments déjà connus. — L'acoustique fit de grands progrès à la suite des expériences de *Cagniard de Latour* et *Savard* sur les cordes et les tuyaux, des études sur la vitesse du son. Les études de *Fresnel* et d'*Arago* sur la réflexion et la réfraction de la lumière produisirent les *lentilles à échelons* et les *mèches concentriques*, dont le phare de Cordouan (1823) fut la première application. A ces études sur la lumière, se rattachent les études de M. Chevreul sur la théorie des couleurs (loi du contraste simultané des couleurs, théorie des couleurs complémentaires. — Bunsen inventa la pile électrique qui porte son nom, qu'*Archereau* a perfectionnée, et dont les applications ont produit la *galvanoplastie*. — Le Danois *Œrsted* découvrit le principe de l'*électro-magnétisme*; *Ampère* et *Arago*

LES LETTRES, LES SCIENCES ET LES ARTS DE 1815 A 1848 (suite).

Les lettres, les sciences et les arts de 1815 à 1848 (*Suite*).

4° Les sciences.

constataient l'action qu'exercent réciproquement les courants électriques et les courants magnétiques (lois d'Ampère). Ampère inventa encore le *galvanomètre,* qui permit de découvrir les courants thermo-électriques; il découvrit aussi, en 1820, le principe de la télégraphie électrique.

En chimie, la découverte du *brome* par Balard, en 1826, a fait connaître l'existence de corps simples et posé les bases d'une nouvelle classification chimique. — L'Allemand *Wœhler* découvrit *l'aluminium* en 1827. Enfin Balard, après 20 ans de travaux pénibles (1830-1850), réussit à extraire la soude et la potasse des eaux de mer. — *La chimie organique* a, pour ainsi dire, été créée dans cette période. La découverte de la *xyloïdine* a conduit à celle du *fulmi-coton,* qui, dissous dans l'éther, donne le *collodion.* — Le *chloroforme* a été extrait de l'alcool, en 1831. — *Chevreul* a étudié les corps gras et montré qu'ils se composent en proportions variables de *stéarine,* de *margarine* et d'*oléine,* trois corps qui donnent naissance à trois acides correspondants qui, combinés avec la potasse et la soude, produisent divers savons; avec l'acide stéarique, Chevreul créa, en 1811, l'industrie des bougies stéariques. De certaines plantes dont on connaissait déjà les propriétés curatives, toniques ou toxiques, on a extrait des *alcalis* et *alcaloïdes* organiques, qui ont les mêmes propriétés à un degré beaucoup plus grand, ou d'autres propriétés dans une intensité extraordinaire (narcotine, morphine, amygdaline, caféine, strychnine, nicotine, quinine, atragine). On s'est occupé beaucoup aussi des couleurs de teinture, qu'on extrayait alors des végétaux. Chevreul a publié ses leçons de chimie appliquée à la teinture.

3° *Les sciences naturelles.* — Les trois grands zoologistes de la période précédente, *Lacépède, Cuvier* et *Geoffroy Saint-Hilaire,* sont encore au premier rang; viennent ensuite leurs disciples : *Valenciennes, Flourens, Lamillair;* tous trois collaborèrent à l'histoire naturelle de Cuvier. — *Isidore-Geoffroy Saint-Hilaire, M. Laurent, Agassiz, d'Orbigny.*

Dufresnoy et *de Sénarmont* ont décrit les minéraux: *Brongniart, Beudant, Delafosse,* se sont occupés de les classer; *Elie de Beaumont* a étudié les couches du sol, dressé la *Carte géologique de la France* et publié le *Dictionnaire des espèces minérales.* — *Charles Sainte-Claire Deville* a spécialement étudié les régions volcaniques.

4° *Les sciences médicales.* — Les sciences médicales à notre époque se sont portées sur trois points principaux : la comparaison de la structure humaine avec celle des animaux, l'étude microscopique des tissus, et l'étude des fonctions des organes; de là les progrès marqués de l'anatomie comparée, l'histologie et la physiologie. — *Cruveilhier* a été un maître dans l'anatomie pathologique; l'emploi du microscope, des réactifs chimiques et des injections coloriées ont fait faire de grands progrès à l'histologie.

Les médecins les plus illustres de l'époque furent: Magendie, J.-P. Flourens, Bouillaud, Chomel, Rostan, Trousseau, Hérisson, Lugol. L'Allemand *Hahnemann,* de 1791 à 1843, préconisa et enseigna l'homéopathie.

Les principaux chirurgiens furent : Dupuytren, Richerand son contradicteur, Delpech, Velpeau, Jobert de Lamballe, Pétrequin, Récamier. La chirurgie moderne est bien plus conservatrice que l'ancienne, grâce aux résections, à l'irrigation, à l'usage des anesthésiques.

5° Les applications des sciences.

V. **Les applications des sciences.** — La vapeur et l'électricité ont transformé le monde moderne. Les applications de la vapeur, commencées par G. Watt et perfectionnées par O. Evans, furent rendues bien plus parfaites encore par la découverte du *système tubulaire* et du *système de ventilation* de *Marc Séguin,* d'Annonay (1828). Dès lors on put en faire les trois applications principales : les *machines industrielles* (marteau-pilon, machines agricoles), la *navigation à vapeur* (bateaux à vapeur; 1842, premier tour du monde à la vapeur par le navire anglais le *Driver;* 1840, premières compagnies transatlantiques; 1838, premiers bateaux à hélice en Angleterre). — *Les chemins de fer* (1823, ligne de Saint-Etienne à Andrézieux; 1826, Saint-Etienne à Lyon; 1828, Andrézieux à Roanne).

La télégraphie électrique fut perfectionnée par les inventions de l'Américain *Morse* (1838), et de l'ingénieur *Bréguet.* En 1845, Arago fit voter par les Chambres une ligne d'essai sur le chemin de fer de Paris à Rouen.

L'éclairage au gaz, établi en Angleterre dès 1804, par l'Allemand Winsor, fut transporté en France vers 1818.

Enfin il faut signaler les inventions heureuses relatives aux lampes des mineurs, aux puits artésiens, aux aérostats, à la cloche à plongeurs; celle du *daguerréotype,* dont *Niepce* avait donné la première idée dès 1813 et qui est devenu la photographie sur verre, et en 1847 la photographie sur papier.

CINQUIÈME PARTIE

LA RÉVOLUTION DE 1848 EN FRANCE

ET SON CONTRE-COUP EN EUROPE

I. — RÉVOLUTION DE 1848 EN FRANCE

La révolution de 1848 en France et son contre-coup en Europe.

- **1° Révolution de 1848 en France. — Seconde république.**
  - **Seconde république** (1848-1852). — Lamartine aux affaires étrangères. — Ledru-Rollin à l'intérieur. — Crémieux à la justice. — Garnier-Pagès, puis Goudchaux, aux finances. — Carnot à l'instruction publique.
  - Le 25 février, Lamartine envoya un manifeste aux puissances. Des réformes hâtives furent faites à l'intérieur pour donner satisfaction aux ouvriers : Etablissement de la garde mobile, les hommes engagés pour un an reçoivent 30 sous par jour. Commission gouvernementale pour les travailleurs. — Ateliers nationaux. — Abolition de la peine de mort en matière politique. — Suppression des impôts du timbre et du sel.
  - Ces réformes et les nouvelles charges ruinèrent la république ; on dut augmenter de 0,45 centimes les contributions directes ; on imposa le cours forcé des billets de banque. — Malgré cela, des émeutes eurent lieu à Paris et dans les départements. Le gouvernement, inquiet, convoqua les électeurs le 23 avril pour nommer une assemblée de 900 membres.
  - **Assemblée constituante.**
    - **Assemblée constituante** (4 mai 1848-26 mai 1849). Cette assemblée modérée nomma une commission exécutive (Lamartine, Arago, Ledru-Rollin, Marie, Garnier-Pagès). Les socialistes se vengèrent de leur échec par des émeutes que la garde nationale réprima. La suppression des ateliers nationaux causa une émeute du 23 au 27 juin : Cavaignac, ministre de la guerre, mit Paris en état de siège (mort des généraux Regnault et Daumesme, de Mgr Affre ; le général Bréa fusillé). Les généraux Pernot et Lamoricière rétablirent l'ordre.
  - **Dictature de Cavaignac.**
    - *Dictature de Cavaignac.* — Cavaignac avait plein pouvoir contre l'émeute ; il exerça cette dictature jusqu'au 20 décembre, rétablit le cautionnement des journaux et réglementa les clubs. Resté neutre dans la lutte de Charles-Albert de Sardaigne contre l'Autriche, après l'assassinat de Rossi, il envoya une escadre pour veiller à la sûreté du pape et lui offrir un asile en France ; mais Pie IX était déjà réfugié à Gaëte.
    - *Constitution de* 1848. — Elle fut votée et promulguée sur la place de la Concorde : République démocratique une et indivisible. — Pouvoir législatif à une assemblée unique de 750 membres, élus au suffrage universel. — Le conseil d'Etat élabore les lois. — Pouvoir exécutif à un président, élu pour quatre ans au suffrage universel et rééligible après quatre ans d'intervalle ; il est responsable de l'armée, mais ne peut la commander en personne : il a l'initiative des lois avec l'assemblée, déclare la guerre et fait les traités avec son approbation. — Tout citoyen de 21 ans jouissant de ses droits est électeur ; tout citoyen de 25 ans est éligible. — Les fonctionnaires ne peuvent faire partie des assemblées. — Liberté de la presse, droit de réunion et de pétition, liberté d'enseignement.
    - Louis-Napoléon fut élu président le 10 décembre par plus de 5000000 de voix.

I. — LA RÉVOLUTION DE 1848 EN FRANCE ET SON CONTRE-COUP EN EUROPE (suite).

I. La révolution de 1848 en France et son contre-coup en Europe (*Suite*).

1° Révolution de 1848 en France. — Seconde république.

Présidence constitutionnelle de Louis-Napoléon. — La Législative.

Présidence constitutionnelle de Louis-Napoléon (29 décembre 1848-2 décembre 1852). **La législative** (28 mai 1849-2 décembre 1852). — Le ministère modéré que prit le président subit l'influence d'Odilon Barrot et de de Falloux. Changarnier commandait Paris et la garde nationale; Boulay de la Meurthe fut vice-président. La constituante siégea jusqu'au 27 mai 1849; elle vota: la loi électorale, l'organisation du conseil d'Etat, la suppression de l'impôt sur les boissons, la loi sur les clubs n'autorisant que les réunions temporaires pour les élections.

La législative. — Elle comptait 600 monarchistes, pour qui la république était un gouvernement transitoire.

1° *Expédition française à Rome.* — Les révolutionnaires avaient proclamé la république à Rome (9 février 1849) et confié le pouvoir à un triumvirat, sur lequel Mazzini exerça une vraie dictature. Pour gagner les catholiques, Napoléon envoya à Rome un corps d'armée, commandé par Oudinot. La défaite de ce général fut l'occasion d'une accusation contre le ministère et d'une émeute (13 juin 1849), sévèrement réprimée par Changarnier (6 journaux supprimés. — Droit de réunion suspendu pour un an. — Les insurgés, arrêtés, comparurent devant la haute cour de Bourges).

A Rome, le colonel Vaillant s'établit au Janicule (29 juin). Dès lors, Garibaldi et Mazzini dirigent de Londres, avec Kossuth, le comité révolutionnaire international. Mais Napoléon, ancien carbonaro, tout en envoyant des troupes à Rome, chargeait de Lesseps de traiter avec Mazzini. Il acheva de mécontenter la nation et les ministres par sa lettre au colonel Edgar Ney, où il indiquait dans quelles conditions il acceptait le rétablissement du pouvoir temporel (amnistie générale, sécularisation de l'administration, code Napoléon). Thiers et Montalembert soutinrent que le pape avait le droit d'exécuter, *motu proprio*, les réformes qu'il jugerait nécessaires. Napoléon dut céder; le pape rentra à Rome le 12 avril 1850, et nos troupes y restèrent jusqu'en 1870. Vers cette époque, Rouher devenait ministre de la justice.

2° *Œuvre de la législative* (15 mars 1850) — Vote de la loi sur la liberté de l'enseignement, malgré Cousin et V. Hugo; organisation du conseil supérieur de l'instruction publique. — Tout citoyen âgé de 25 ans, et remplissant certaines conditions de moralité et de capacité, pourra ouvrir un établissement d'enseignement secondaire. — Loi électorale du 31 mai à la suite des élections, pour remplacer les condamnés de Bourges (E. Sue): le droit de suffrage n'est accordé qu'aux citoyens domiciliés depuis trois ans dans le même canton. — Les journaux sont soumis au timbre, à un cautionnement plus élevé; tous les articles devront être signés.

Rivalité du président et de la Chambre. — La destitution de Changarnier, après la visite des places du Nord et de l'Est et les revues passées par le président, fut le signal de la lutte. Le 10 avril 1851, Napoléon prit un nouveau ministère, qui fut jugé comme une provocation: on parlait déjà de reviser la constitution, et le président préparait en secret son coup d'Etat. A la rentrée des chambres (4 novembre 1851), il demanda de rétablir le suffrage universel: la chambre refusa.

Le coup d'Etat, fixé au 2 décembre, anniversaire d'Austerlitz, fut exécuté dans la nuit du 1er au 2, avec le secours de Moncey, Saint-Arnaud et Maupas: les chefs de l'opposition furent mis à Mazas, le palais Bourbon occupé militairement, la chambre dissoute, le suffrage universel établi, et le peuple convoqué du 14 au 22 décembre pour se prononcer sur une nouvelle constitution, prorogeant les pouvoirs pour dix ans. Le succès fut complet, malgré des protestations énergiques (royalistes et républicains) et malgré les émeutes (mort de Baudin). — En province, la résistance ne fut pas considérable: là répression fut d'ailleurs énergique.

I. — LA RÉVOLUTION DE 1848 EN FRANCE ET SON CONTRE-COUP EN EUROPE (suite).

I. La révolution de 1848 en France et son contre-coup en Europe (*Suite*).

1° Révolution de 1848 en France. — Seconde république.

Présidence dictatoriale de Louis-Napoléon.

Présidence dictatoriale et principat de Louis-Napoléon. — Constitution de 1852. — 7000000 de suffrages approuvèrent le coup d'État. Le 14 janvier, on publia une constitution qui reproduisait celle de l'an VII : pouvoir exécutif au président, élu pour dix ans au suffrage universel ; il nomme les fonctionnaires, commande aux armées, signe les traités, propose et sanctionne les lois, nomme les ministres, mais il est seul responsable. Il est assisté d'un conseil d'État, du corps législatif et du sénat. Le conseil d'État rédige les projets de lois, les soutient devant le corps législatif et juge les conflits entre les autorités administratives et judiciaires ; il est nommé lui-même par le président. — Le corps législatif, élu pour six ans, vote l'impôt et les lois. — Il y aura un député pour 35000 habitants. — Le sénat aura 150 membres, nommés à vie par le président : il confirmera ou rejettera les lois.

Un ministre d'État sera chargé des rapports entre le gouvernement et les grands corps de l'État. — *Une haute cour de justice* jugera les attentats contre le chef de l'État et l'ordre public.

Napoléon se hâta de raffermir son pouvoir et de proscrire ses ennemis. Il annula la donation faite par Louis-Philippe à ses enfants, et mit ses biens en vente. — La France fut partagée en 260 circonscriptions de 30000 électeurs. — La liberté de la presse fut restreinte.

Rétablissement de l'empire. — Le prince président fut autorisé, pendant la session parlementaire, à distribuer aux troupes des drapeaux avec des aigles et ses initiales. — Sa liste civile fut fixée à 12000000. — Des mesures furent prises pour mettre l'enseignement aux mains du pouvoir. (Nouveau plan d'études. — La bifurcation.)

Le 7 novembre, après un voyage triomphal dans l'Est et le Midi, un sénatus-consulte rétablit l'empire. Il fut ratifié le 20 et le 21 par 7000000 de suffrages. Napoléon entra aux Tuileries le 2 décembre, et le même jour Saint-Arnaud, Magnan, Castellane, furent créés maréchaux.

II. — L'EUROPE DEPUIS 1848

II. L'Europe depuis 1848.

2° Contre-coup de la révolution en Europe.

1° La Russie.

1° **La Russie.** — *Alexandre* II (1855-1881). — Il succéda à son père Nicolas, mort pendant le siège de Sébastopol ; il suivit la même politique que lui, réprima cruellement les manifestations polonaises, et occasionna une nouvelle révolte en 1863, en enrôlant de force dans l'armée russe un grand nombre de jeunes gens polonais. Ce soulèvement échoua, parce que les chefs songeaient plus à faire triompher la révolution qu'à délivrer leur patrie. La langue russe fut imposée aux fonctionnaires en Pologne : les catholiques furent persécutés, et les Polonais déclarés incapables d'acquérir des propriétés dans les districts orientaux de l'empire. Alexandre refusa de soumettre la question polonaise à un congrès, et la persécution dura jusqu'à l'intervention de Léon XIII.

A l'intérieur. — Alexandre fit d'utiles réformes : 1861, abolition du servage, — création de chemins de fer et de routes quand il eut compris que la difficulté des communications avait causé sa défaite de 1855 et retardait ses conquêtes du côté du Caucase et du Danube (Saint-Pétersbourg fut relié à Odessa et à Bakou sur la Caspienne, et à Poti par Tiflis sur la mer Noire). — Après Sadowa, il réorganisa l'armée et établit le service obligatoire.

A l'extérieur. — Il refusa de nous secourir en 1870, empêcha l'Autriche de nous aider, et profita de nos malheurs pour faire reviser sans nous, dans la conférence de Londres, le traité de Paris. Il fit ainsi lever la défense faite à la Russie d'avoir plus de 6 vais-

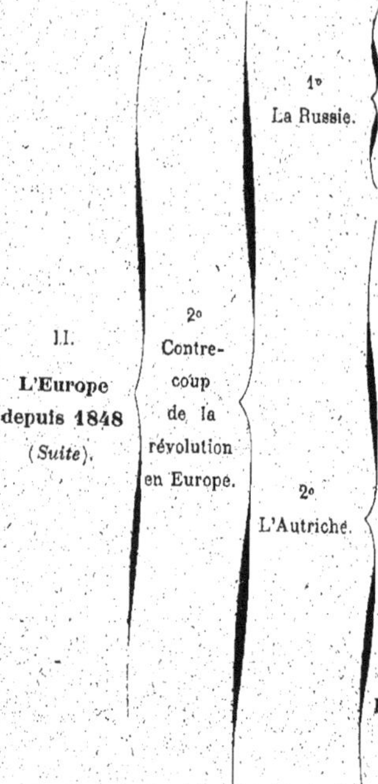

1° La Russie.

seaux de ligne sur la mer Noire, et d'y construire des arsenaux. Cependant, en 1875, il empêcha Bismarck de nous faire la guerre. Cette intervention était intéressée, l'attention des trois empereurs étant attirée vers les Balkans, où la guerre venait d'éclater entre la Russie et la Turquie.

Après plusieurs tentatives d'assassinat, Alexandre tomba enfin sous les coups des nihilistes (13 mars 1881). Son fils, proclamé le même jour (Alexandre III), s'efforce d'opposer dans l'Europe centrale le *panslavisme* au *pangermanisme*.

2° L'Autriche.

En 1848, l'Autriche faillit disparaître sous les coups des libéraux et des races diverses qui la peuplent. Le 13 mars, émeute à Vienne; Metternich, effrayé, fuit en Angleterre, et l'empereur Ferdinand, après quelques concessions, se retire à Inspruck, d'où il ne revient qu'après avoir autorisé la convocation d'une constituante. Les Tchèques de Bohême profitent de ces embarras pour secouer le joug des Habsbourgs; le prince Windischgratz les soumet après dix jours de lutte dans Prague.

La révolte des Hongrois fut plus grave; grâce aux troubles de l'empire, ils avaient obtenu un ministère particulier, et l'archiduc Etienne (neveu de François II) pour vice-roi. Peu satisfaits de ces concessions et excités par Kossuth, ils parlèrent de s'affranchir et d'imposer leur pouvoir aux Slaves de Croatie et de Transylvanie. Ceux-ci protestèrent, et leur gouverneur Jellachich marcha sur Pesth. Ferdinand renvoya la diète hongroise, mais les Croates furent battus, et Ferdinand voulut envoyer à leur secours la garnison de Vienne. Vienne se souleva et ne rentra dans l'ordre qu'après une vigoureuse repression par les forces combinées de Windischgratz et de Jellachich (30 octobre 1848). Ferdinand avait fui à Olmütz. Il abdiqua en faveur de son neveu *François-Joseph*, et se retira à Prague (2 décembre 1848).

Les Hongrois refusèrent de reconnaître le nouvel empereur; Windischgratz les battit successivement à Presbourg, Raab et Pesth, et obligea la diète hongroise à se retirer à *Debreczin*. Les démagogues proclamèrent la république (14 avril 1849), firent appel aux libéraux et aux Polonais, et malgré une première défaite re-

---

Dynastie des HABSBOURG-LORRAINE

MARIE-THÉRÈSE, fille de Charles VI, épouse François de Lorraine (1740-1765).

Joseph II (1765-1790). — Léopold II (1790-1792). — Ferdinand, épouse une princesse de Modène. — Marie-Caroline, épouse Ferdinand IV de Naples. — Marie-Antoinette, épouse Louis XVI.

(Fils de Ferdinand :) François IV de Modène.

(Enfants de François IV :) Marie-Thérèse, épouse le comte de Chambord. — François V de Modene, détrôné en 1860.

(Fils de Léopold II :) François II, empereur d'Allemagne (1792-1806); Empereur d'Autriche (François Ier) (1806-1835). — Ferdinand, grand-duc de Toscane, transféré à Salzbourg (1801), à Wurtzbourg (1805).

(Enfants de François II :) Ferdinand Ier, empereur en 1835, abdiqua en 1848. — François-Charles † 1878. — Marie-Louise, épouse Napoléon Ier, devient duchesse de Parme.

(Fils de François-Charles :) François-Joseph, empereur en 1848, epouse Elisabeth de Deux-Ponts-Birkensfeld. — Maximilien, empereur du Mexique. — Charles-Louis, devenu héritier en 1889.

(Enfants de François-Joseph :) Gisèle, née 1856. — Rodolphe, épouse Stéphanie, fille du roi des Belges † 1889. — Marie, née 1868.

(Enfants de Charles-Louis :) Ferdinand, né 1863. — Othon.

(Fille de Rodolphe :) Elisabeth, né 1883.

II. L'Europe depuis 1848 (*Suite*).

2° Contre-coup de la révolution en Europe.

2° L'Autriche.

prirent Pesth et Bude, sa citadelle (avril-mai 1849). — François-Joseph demanda secours à la Russie. Paskéwitz chassa les Hongrois de Pesth et termina l'insurrection par la capitulation de *Comorn*. La Hongrie perdit sa constitution particulière.

Le régime constitutionnel et le dualisme. — Cette guerre et celles d'Italie et de Bohême contre la Prusse affaiblirent l'Autriche au point de permettre aux libéraux de réclamer le régime constitutionnel. Ils l'obtinrent par la *loi fondamentale de* 1861, qui modifia la constitution de 1867. L'empire forme deux grandes divisions : les provinces *cisleithanes* et les provinces *transleithanes*; chaque division a ses assemblées délibérantes et son ministère. Dans le premier groupe, il y a le *Conseil de l'empire* (Reichrath), composé de la *chambre héréditaire*, des *seigneurs* et de celle des *Représentants* siégeant à Vienne. Dans le second, le *Reichstag*, composé de la *table des magnats* et de celle des *députés* résidant à Buda-Pesth. Le souverain est empereur d'Autriche et roi de Hongrie ; il doit se faire couronner à Pesth. — Il y a un ministère spécial pour traiter les affaires apostoliques communes; il siège à Vienne; il comprend : le chancelier de l'empire, le ministre des affaires étrangères et de la maison impériale, le ministre des finances et celui de la guerre; il fonctionne à la tête d'une délégation de l'empire et d'une de la diète hongroise, délibérant séparément.

Ce système compliqué a satisfait les Hongrois; mais les Tchèques, les Moraves, les Silésiens, demandent aussi à former des groupes séparés. — La Croatie-Esclavonie a un représentant spécial dans le ministère hongrois et une diète à *Agram*, qui possède une certaine autonomie dans les affaires d'intérêt local. — La Transylvanie a une administration distincte.

(Pour les autres guerres de l'Autriche depuis 1848, voir plus loin les questions de l'unité allemande et de l'unité italienne.)

3° L'Allemagne.

3° **Allemagne. — Le parlement de Francfort. — Formation de l'unité allemande.** — Le mouvement libéral, commencé après 1815 et 1830, s'accentue après 1848. Le roi de Prusse, Frédéric-Guillaume IV (1840-1861), qui avait donné une constitution en 1847, fut contraint par les révolutionnaires de réunir une constituante en 1848. Cette assemblée rédigea la constitution de 1850, aujourd'hui encore en vigueur en Prusse,

On alla plus loin. Les assemblées des Etats demandèrent l'établissement à Francfort d'un *parlement* représentant les peuples, comme la diète représentait les princes. Ce parlement, présidé par H. de Gagern, qui avait organisé la fête de Wartbourg en 1817, nomma l'archiduc Jean vicaire général de l'empire, prononça la dissolution de la diète, et ne put qu'à grand'peine fixer la constitution et les limites du nouvel Etat qu'il prétendait organiser. L'œuvre du Parlement fut compromise par la Prusse, qui refusa la couronne impériale; par l'Autriche, qu'on avait exclue et qui rappela ses délégués; enfin par les insurrections. L'assemblée, transportée à Stuttgard, s'éteignit peu à peu. L'Allemagne n'eut plus dès lors ni parlement ni diète; on essaya une *Union fédérale restreinte*, comprenant 25 Etats, et dont le parlement se réunirait à Erfurt (1850). — L'Autriche menaça de la guerre cette nouvelle Union et lui imposa la convention d'*Olmütz*, qui rétablissait la confédération et la diète de 1815.

La Prusse et l'Autriche après la révolution. — Leur rivalité. — Cette rivalité datait de la guerre de Sept ans. Elle fut aggravée par la défiance de l'Autriche à l'égard de la Prusse, et par les tendances différentes des deux Etats. La Prusse protestante n'avait que des sujets allemands, à qui elle avait accordé la constitution libérale de 1850, tandis que l'Autriche catholique commandait à des peuples de toutes nationalités, régis encore par les institutions anciennes.

II. — L'EUROPE DEPUIS 1848 (suite).

II. L'Europe depuis 1848 (*Suite*). — 2° Contre-coup de la révolution en Europe. — 3° L'Allemagne.

Guillaume Ier, qui s'était montré partisan des réformes du parlement de Francfort, eut une situation d'autant plus difficile, qu'on l'accusait de vouloir faire de l'armée un instrument de pouvoir. Il donna la présidence du conseil à M. de Bismarck (septembre 1862), qui lutta énergiquement contre la Chambre, sans cesser les préparatifs militaires. Il voulait détruire la confédération au profit de la Prusse, et profiter de ce que l'Autriche était affaiblie en Italie par ses défaites, la France occupée au Mexique, la Russie en Pologne et l'Angleterre en Irlande.

La lutte pour l'établissement de l'unité allemande a eu trois phases : 1° la guerre des duchés, terminée par la convention de Gastein (1865); 2° la guerre contre l'Autriche, terminée par le traité de Prague (1866); 3° la guerre franco-allemande, terminée par le traité de Francfort (1871). — (Voir les guerres du second empire.)

Guerre des duchés. — *Cause.* — Par les traités de 1815, le Danemark avait reçu les duchés de Holstein et de Lauenbourg, qui faisaient partie de la confédération et avaient des tendances allemandes. En 1848, Frédéric VII de Danemark donna une même constitution à tous ses Etats, et choisit pour successeur Christian de Glucksbourg, un de ses parents. Les duchés de Sleswig-Holstein et Lauenbourg n'acceptèrent pas la constitution; ils choisirent pour souverain héritier, Christian d'Augustenbourg, dont la famille avait régné autrefois sur le Sleswig, et demandèrent secours au parlement de Francfort, qui chargea la Prusse de les défendre.

Les Prussiens pénétrèrent jusque dans le Jutland ; mais Frédéric-Guillaume les rappela, dans la crainte de mécontenter le czar, dont le roi de Danemark était parent. Les duchés, abandonnés à eux-mêmes, furent battus; les puissances intervinrent et réglèrent la question par le *traité de Londres* (mai 1852). 1° Christian de Glucksbourg succédera à Frédéric VII pour le royaume et les duchés; 2° une indemnité sera donnée à Christian d'Augustenbourg; 3° le Holstein et le Lauenbourg resteront unis au Danemark, tout en faisant partie de la confédération.

A la mort de Frédéric, Christian IX décida que le Sleswig et le Danemark auraient une constitution commune, et que le Holstein dépendrait directement du ministère danois, tout en ayant une administration particulière. La diète protesta et vota l'exécution fédérale contre Christian, qui laissa occuper le Lauenbourg et le Holstein (Allemands), et prétendit défendre le Sleswig (Danois). La Prusse et l'Autriche se mirent alors au service de la diète : le 1er février 1864, leurs troupes entrèrent en Danemark et occupèrent en peu de temps jusqu'au Lym-Fiord. L'Angleterre obtint un armistice au moment où la cause de Christian était perdue; mais les exigences de la Prusse rendirent tout accord définitif impos-

---

Les HOHENZOLLERN depuis 1786.

FRÉDÉRIC-GUILLAUME II (1786-1797), neveu de Frédéric II.

Frédéric-Guillaume III (1797-1840).

Frédéric-Guillaume IV (1840-1861).	Guillaume Ier épouse Augusta de Saxe-Weimar, roi de Prusse (1861), empereur d'Allemagne (1871-1888).	Frédéric-Charles.
	Frédéric III, épouse Victoria d'Angleterre, empereur du 9 mars au 15 juin 1888.	Frédéric-Charles.
	Guillaume II, né 1859, empereur (1888), épouse Augusta-Victoria de Sleswig-Holstein-Augustenbourg.	

Guillaume II, né 1882.	Frédéric, né 1883.	Adalbert, né 1884.	Oscar, né 1888.

II. L'Europe depuis 1848 (*Suite*). — 2° Contre-coup de la révolution en Europe. — 3° L'Allemagne.

sible : la lutte reprit, et Christian dut demander la paix.

Traité de Vienne (30 octobre 1864). — Christian renonce au Lauenbourg, au Holstein, au Sleswig, aux îles de la mer du Nord et à celles de Fehenern et d'Alsen dans la Baltique.

En août 1865, les alliés décidèrent, à la *convention de Gastein*, que la Prusse garderait le Lauenbourg, sauf compensation pécuniaire à l'Autriche; qu'elle occuperait le port de *Kiel* comme place fédérale, et administrerait provisoirement le Sleswig, tandis que l'Autriche administrerait provisoirement le Holstein.

La diète s'irrita de cette convention, et l'Autriche vit trop tard qu'elle s'était compromise par son alliance avec la Prusse. Elle laissa une certaine liberté au Holstein, tandis que la Prusse agissait en souveraine dans le Sleswig. Guillaume Ier prétendit que cette politique était une violation de la convention de Gastein, réclama tous les duchés, et se déclara prêt à accepter une réorganisation de ces duchés, si on voulait que le pacte fédéral germanique fût revisé par une assemblée élue au suffrage universel. Il pensait gagner ainsi les patriotes allemands, et exclure l'Autriche de la confédération.

Guerre entre la Prusse et l'Autriche. — Sadowa. — Traité de Prague. — Bismarck, tranquille du côté de l'Angleterre, s'assura la neutralité bienveillante de la Russie, trompa à Biarritz Napoléon III, qu'il savait lié à l'Autriche par l'affaire du Mexique, s'allia à l'Italie en lui promettant la Vénétie pour prix de son intervention, puis envahit le Holstein. L'Autriche en appela à la diète, qui vota l'exécution fédérale contre la Prusse. C'était la guerre entre l'Autriche et la confédération d'une part, la Prusse et l'Italie de l'autre.

La Prusse, avec quatre armées (Hanovre, Torgau, Gœrlitz, Schweidnitz), occupa tous les points par où l'Autriche pouvait pénétrer dans ses domaines. L'Italie fournit deux corps d'armée : Garibaldi commanda un corps de volontaires, et l'amiral Persano la flotte. — L'armée principale d'Autriche se massa en arrière du cours supérieur de l'Elbe, tandis qu'un autre corps devait arrêter les Italiens, et que l'armée de la diète couvrirait Francfort et Munich. L'amiral Teghetoff ferait face à Persano. — Le comte de Moltke, chef d'état-major prussien, fit le plan de la campagne; il voulait empêcher l'intervention des troupes de la diète et frapper un grand coup avant la concentration des troupes autrichiennes.

1° *Lutte en Bohême et en Moravie* (15 juin 1866). — Deux corps d'armée prussiens envahissent la Saxe, entrent à Dresde, le 28 passent le défilé de Schandau, battent trois fois les Autrichiens et se concentrent à *Gitschin*, où les rejoint un 3e corps d'armée venu de Schweidnitz. Guillaume Ier vint alors avec Bismarck diriger les opérations, et gagna la bataille de *Sadowa*. Les Autrichiens se retirèrent sur Olmutz et Brunn, et la crainte d'un soulèvement de la Hongrie poussa François-Joseph à demander l'intervention de Napoléon III, à qui il promit la Vénétie. On signa un armistice le 22 juillet, et le 26 les préliminaires de Nikolsbourg.

2° *Lutte de l'armée fédérale en Allemagne.* — Manteufel battit les Hanovriens à *Langensalza*, et les autres alliés à Fulda, Kissingen, Aschaffenbourg. Les Prussiens prirent Francfort-sur-Mayn, occupèrent Nassau et la Hesse-Darmstadt, et soumirent le Wurtemberg et la Bavière. Les préliminaires de Nikolsbourg suspendirent les hostilités.

3° *Lutte de l'armée italienne.* — La Marmora et Cialdini furent battus à *Custozza ;* après Sadowa, une partie de l'armée d'invasion marcha vers le Danube. — Sur mer, la flotte cuirassée italienne fut battue à *Lissa* (21 juillet.)

Traité de Prague (23 août 1866). — L'Autriche donne la Vénétie à l'Italie par l'intermédiaire de la France ; elle

II. L'Europe depuis 1848 (*Suite*).

2° Contre-coup de la révolution en Europe.

3° L'Allemagne. — ... paye 20 000 000 de thalers pour frais de guerre, et renonce aux 15 000 000 qui lui sont encore dus pour la guerre de Danemark. Elle abdique, en faveur de la Prusse, ses droits sur les duchés, se retire de la Confédération, qui est dissoute, et promet de reconnaître la Confédération formée par la Prusse au nord du Mayn. Elle consent à ce que les Etats allemands au sud du Mayn forment une union séparée. Le Hanovre, la Hesse-Cassel, Nassau et Francfort sont annexés à la Prusse. Des traités particuliers sont signés à Berlin avec la Bavière, le Wurtemberg, Bade, la Hesse-Darmstadt.

4° L'Italie. — 4° *L'Italie.* — Voir plus loin : 1° la formation de l'unité italienne (dans les guerres du second empire); 2° l'Europe depuis 1870; 3° l'expansion coloniale européenne au XIXe siècle.

5° L'Angleterre. — 5° *L'Angleterre.* — Voir plus haut la question d'Orient au XIXe siècle. — Voir plus loin : 1° l'Europe avant 1870; 2° l'expansion coloniale au XIXe siècle.

6° L'Espagne. — 6° *L'Espagne.* — De 1830 à 1874, l'histoire d'Espagne n'est qu'une suite de révolutions provoquées par l'ambition et la rivalité de quelques généraux. Les deux plus importantes sont celles de 1854 et de 1868.

1854. — L'exclusion de l'armée portée contre quelques généraux amèna un soulèvement qui aboutit à un second exil de Marie-Christine en France, et au gouvernement relativement calme du général O'Donnell.

1868. — Le général Serrano, duc de la Torre, fut nommé chef du gouvernement provisoire établi à la suite de l'insurrection de septembre, qui renversa Isabelle. Isabelle se retira à Paris, où elle abdiqua en faveur de son fils Alphonse. La régente mourut à Sainte-Adresse, près le Havre, 1878.

Les faits importants de l'histoire extérieure des 35 ans de règne d'Isabelle sont : des négociations avec les Etats-Unis, qui essayent d'acheter Cuba. — Une révolte à Cuba (1854); une guerre avec le Maroc, à qui on impose le respect des chrétiens. — Une guerre avec le Pérou au sujet des îles Chinchas, si riches en guano.

SIXIÈME PARTIE

LE SECOND EMPIRE FRANÇAIS (1852-1870)

I. — HISTOIRE INTÉRIEURE

Le second empire français. — 1° Histoire intérieure.

PREMIÈRE PÉRIODE. — *Empire dictatorial* (1852-1860).

Constitution impériale. — C'était celle de 1852, modifiée. Un sénatus-consulte (14 janvier 1853) permit à l'empereur d'ouvrir des crédits supplémentaires, d'autoriser des travaux publics, de donner force de loi aux traités de commerce. En 1855, une loi municipale donna à l'empereur la nomination des maires et des adjoints des chefs-lieux et des communes de 3000 habitants. En 1858, loi de sûreté générale.

Seule la Russie mit quelques réserves à reconnaître Napoléon III. — Le 30 janvier 1853, l'empereur épousa la comtesse de Téba, fille du comte de Montijo, grand d'Espagne. Il eut une cour brillante, et avec l'aide de Rouher, Billaut, Magne, il s'efforça de donner à la nation le bien-être matériel et la gloire militaire, malgré sa parole : « L'empire, c'est la paix. »

En 1855, exposition universelle. — 16 mars 1856, naissance du prince impérial, dont Pie IX fut le parrain. — 1857, aux élections pour le renouvellement du Corps législatif, l'opposition est réduite à cinq membres : J. Favre, E. Picard, Hénon, Darimon, Emile Ollivier.

Les sociétés secrètes furent les plus ardents ennemis de Napoléon; avant l'attentat d'Orsini, on essaya trois fois de le prendre ou de le tuer. Ces tentatives, et l'assassinat de Mgr Sibour, amenèrent le vote de la loi de sûreté générale, qui donnait au gouvernement, jusqu'en 1865, le droit d'emprisonner, exiler ou déporter sans jugement les condamnés pour délit politique. La France fut divisée en cinq grands commandements militaires : Paris, Nancy, Lyon, Toulouse, Tours. Cependant l'empereur, effrayé de toutes ces mesures, va changer d'attitude devant la révolution.

Les traités de commerce (1860). — Pour ménager l'Angleterre, déjà blessée de nos succès en Italie, en Cochinchine, au Sénégal, en Algérie, Napoléon supprima l'échelle mobile et signa un traité de commerce: suppression des prohibitions entre les deux Etats; l'Angleterre admet en franchise nos produits industriels et soumet nos vins aux mêmes tarifs que les alcools fabriqués chez elle; la France ouvre ses marchés aux produits anglais, qu'elle frappe d'un droit de 30 %; les articles non encore prohibés (houilles, fer, aciers) sont considérablement dégrevés. Les industriels du Nord, qui ne pouvaient lutter contre l'Angleterre, furent mécontents. Malgré cela, Napoléon signa d'autres traités avec la Belgique, le Zollverein, l'Autriche, l'Italie, la Suisse. — En 1861, l'exportation du blé fut déclarée libre, il n'y eut plus qu'une taxe de 50 centimes par 100 kil. sur le blé importé par les navires français, et de 1 franc sur celui importé par les navires étrangers. Le seigle, l'orge, le maïs, furent exempts de toute taxe. — En 1863, émancipation du commerce de la boulangerie.

Percement de l'isthme de Suez (1858-1869). — M. de Lesseps obtint de Saïd-Pacha (30 novembre 1854), vice-roi d'Egypte, l'autorisation d'organiser une compagnie pour percer l'isthme. Malgré l'Angleterre et la Turquie, une souscription fut ouverte avec succès et les travaux menés à bout. Ce canal a diminué de moitié le trajet pour aller aux Indes. L'Angleterre, qui n'a pu empêcher ce travail, l'a accaparé en achetant au khédive les 17700 actions qu'il avait dans l'entreprise.

DEUXIÈME PÉRIODE. — *L'empire libéral* (1861-1870).

24 novembre 1860. — On décide que les Chambres pourront voter tous les ans une adresse en réponse au discours du trône, et que leurs débats pourront être reproduits à l'*Officiel*. — 14 novembre 1861,

LE SECOND EMPIRE FRANÇAIS (suite).

Le second empire français (*Suite*). — 1° Histoire intérieure.

l'empereur ne pourra plus ouvrir de crédits en l'absence des Chambres; le budget de chaque ministère sera subdivisé en sections pour en faciliter l'étude.

Malgré ces concessions, l'opposition eut 35 membres aux élections de 1863, et Napoléon dut faire quelques changements dans son ministère (Duruy, ministre de l'instruction publique; Rouher, ministre d'État). — Le 19 janvier 1867, un décret impérial rétablit le droit d'interpellation. — Exposition universelle; Napoléon reçoit la visite de onze souverains. — Février 1868, loi militaire proposée par le maréchal Niel, et laissée sans exécution par Lebœuf, qui lui succéda au ministère de la guerre.

Les ennemis du gouvernement abusèrent contre lui des libertés accordées par la loi de mars 1868 (suppressionde l'autorisation préalable pour les journaux; les délits de presse sont soumis aux tribunaux correctionnels), et la loi du 6 juin autorisant les réunions publiques. Napoléon dut exercer une sévère répression (Rochefort et la *Lanterne;* le 2 novembre 1868, manifestation révolutionnaire sur la tombe de Baudin; arrestation, procès et condamnation de quelques manifestants; débuts politiques de Gambetta, avocat de Delescluze; 13 mars 1869, émeute des blouses blanches).

Aux élections de 1869, l'opposition eut 92 députés, dont les plus avancés formèrent le parti des *irréconciliables*. Un sénatus-consulte de septembre 1869, établit le régime parlementaire; un nouveau ministère (E. Ollivier, 2 janvier 1870) eut bientôt à affronter de graves difficultés: affaire de Neuilly et funérailles de V. Noir; grève du Creuzot, excitée par l'*Internationale*. L'empereur, effrayé, approuva un sénatus-consulte qui partageait le pouvoir législatif entre les deux Chambres et donnait à la nation un pouvoir constituant qu'elle exercerait sur l'initiative de l'empereur, par voie plébiscitaire (20 avril 1870). Le 8 mai, un plébiscite approuve, par 7350000 voix, les réformes libérales opérées dans la constitution depuis 1860.

Les embarras diplomatiques. — 1° *En Italie.* — La conduite équivoque de Napoléon en Italie lui attira les attaques des catholiques et des révolutionnaires; il céda à ces derniers et interdit aux journaux catholiques de publier les mandements épiscopaux et le Syllabus.

2° *En Allemagne.* — Napoléon se laissa jouer par Bismarck pendant la guerre de la Prusse contre l'Autriche. Après avoir refusé l'alliance anglo-russe pour défendre le Sleswig-Holstein, à Biarritz, il se déclara neutre sans condition et laissa écraser l'Autriche. Quand il vit la Prusse maîtresse de l'Allemagne, il demanda Landau et Sarrelouis; Bismarck répondit en le menaçant de la guerre. Enfin, parce qu'il obtint que la ligne du Rhin fût la limite de la confédération nouvelle, il crut avoir divisé l'Allemagne en trois tronçons séparés pour toujours; les journaux allemands lui répondirent en publiant un traité signé avec la Prusse par la Bavière, le Wurtemberg et le grand-duché de Bade.

Affaire du Luxembourg. — Après la dissolution de la confédération, le roi de Hollande, souverain du Luxembourg, demanda le retrait des troupes prussiennes établies dans sa capitale. Bismarck refusa. Guillaume III voulut alors vendre son duché à Napoléon, mais nos troupes étaient au Mexique, et Napoléon dut céder devant l'opposition de Bismarck. Le conflit fut réglé à Londres, où l'on décida que Guillaume III de Hollande garderait son duché et démolirait les fortifications de Luxembourg, après quoi la Prusse se retirerait.

Administration impériale.

— 1° *Institutions de bienfaisance.* — Augmentation des caisses d'épargne et des pensions formées par la caisse de retraite pour la vieillesse; établissement de l'assistance judiciaire, des crèches, des sociétés de charité maternelle, d'asiles pour les ouvriers convalescents; société du prince impérial pour fournir des outils aux ouvriers.

2° *Travaux d'utilité publique.* — A Paris, rues et boulevards ouverts ou achevés; halles, Hôtel-Dieu, hôpitaux, grand opéra, aqueducs pour amener les eaux de la Vanne et de la Dhuis; construction ou achèvement de plusieurs églises; restauration de Notre-Dame et de la Sainte-Chapelle; le Louvre uni aux Tuileries; nombreux embellissements dans les principales villes de province.

3° *Industrie et agriculture.* — L'industrie est favorisée par l'établissement du *Crédit foncier* et du *Crédit mobilier*, appuyés sur la Banque de France. Nouvelles voies de communications, chemins de fer, routes, ca-

LE SECOND EMPIRE FRANÇAIS (suite).

Le second empire français (*Suite*).

1° Histoire intérieure. — **Administration impériale.**

naux; amélioration des ports de Dunkerque, du Havre et de Cherbourg; création de celui de Saint-Nazaire, agrandissement de celui de Marseille. — En 1862, fondation de la Compagnie générale transatlantique; concours agricoles, drainage des Dombes, de la Bresse et de la Sologne; endiguement de la Loire et du Rhône; les Landes reboisées; fondation du *Crédit agricole.*

4° *Législation.* — La mort civile est remplacée par la dégradation civique et l'interdiction légale; suppression de la contrainte par corps; le bagne remplacé par la transportation.

5° *L'armée.* — En 1854, création de la garde impériale; en 1855, loi du recrutement donnant à l'Etat le monopole des remplacements moyennant une certaine somme destinée à la caisse de dotation de l'armée. On ne pensa à réorganiser sérieusement l'armée qu'après Sadowa; on vota alors la loi Niel, qu'on n'appliqua pas.

6° *La marine.* — L'ingénieur *Dupuy de Lôme* créa les navires cuirassés en fer et à vapeur. — La première coque en fer fut celle du *Caton;* le premier navire de guerre à hélice fut le *Napoléon* (1848-1852); le premier navire de guerre cuirassé, la *Gloire* (1858).

L'empire avait élevé le budget de 1360 millions à 2145 millions. Il avait emprunté 2700 millions.

II. — LES GUERRES DU SECOND EMPIRE ET LA CHUTE DE L'EMPIRE

2° Les guerres du second empire.

1° La guerre de Crimée (1854-1856). — Voir la question d'Orient.

2° Guerre d'Italie et formation de l'unité italienne.

1° *Causes et alliances.* — Cavour, premier ministre de Victor-Emmanuel, s'était plaint au congrès de Paris (1856) que la domination autrichienne fût un obstacle à l'unité italienne. D'autre part, le Piémont était devenu notre allié en Crimée, et Napoléon III, compagnon des insurgés des Romagnes (1831), était favorable aux projets de Cavour. Dans une entrevue, à Plombières (20 juillet 1858), il avait réglé avec Cavour les bases de la constitution de la péninsule. Enfin le mariage du prince Napoléon avec Clotilde, fille de Victor-Emmanuel, ne laissa plus aucun doute sur l'alliance des deux peuples.

2° *Préliminaires.* — Le 23 avril, l'Autriche réclama du Piémont un désarmement général dans les trois jours. Cavour refusa, et Napoléon signifia à l'Autriche que le passage du Tessin par ses troupes serait considéré comme une déclaration de guerre. L'Autrichien Giulay le franchit cependant le 29 avril, et le 2 mai Napoléon déclarait la guerre.

L'impératrice fut nommée régente. Outre la garde impériale, l'empereur mit sur pied quatre corps d'armée; des corps d'observation furent établis à Nancy et à Lyon. — Le maréchal Randon ne tarda pas à être fait ministre de la guerre. Les principaux généraux furent: Regnault de Saint-Jean-d'Angely, Baraguey-d'Hilliers, Canrobert, Mac-Mahon, Niel, Lebœuf, Frossard. Garibaldi et ses chasseurs des Alpes combattaient avec nous.

3° *Les faits militaires.* — Giulay nous ayant laissé le temps d'arriver, la campagne s'ouvrit par notre victoire de *Montebello.* Nous franchîmes ensuite le Pô et le Tessin, et nos troupes se concentrèrent à *Magenta*, où Mac-Mahon battit les Autrichiens (4 juin); le 8, nous entrions à *Milan*, et les Autrichiens étaient battus à *Melegnano.* — Les Autrichiens battirent en retraite dans le quadrilatère : Peschiéra, Mantoue, Vérone, Legnano; ensuite ils passèrent le Mincio, furent battus à *Solférino* (24 juin) et se retirèrent derrière l'Adige, ce qui nous permit d'entrer dans le quadri-

Le second empire français (*Suite*).

2° Les guerres du second empire.

2° Guerre d'Italie et formation de l'unité italienne.

latère pendant que notre flotte menaçait Venise. Garibaldi entre à Bergame, et le prince Napoléon à Parme.

4° *Traités.* — Napoléon III, inquiet de la propagande des émissaires de Cavour dans l'Italie centrale, et des manœuvres de la Prusse en faveur de l'Autriche (elle commençait à mobiliser sa landwher), signa un armistice avec François-Joseph. Il eut ensuite avec lui une entrevue à *Villafranca*, où ils arrêtèrent les préliminaires de la paix (11 juillet), qui fut confirmée le 10 novembre au traité de *Zurich*. L'Autriche cédait la Lombardie, moins Peschiera et Mantoue, à Napoléon, qui devait la remettre au roi de Sardaigne. La Vénétie, tout en restant à l'Autriche, fera partie d'une confédération italienne formée sous la présidence honoraire du pape. — Les ducs de Toscane et de Modène recouvraient leurs Etats. La France et l'Autriche s'abstiendront d'intervenir en Italie. — Le Piémont accepta la paix à contre-cœur, et parce qu'il ne pouvait seul continuer la lutte.

5° *Formation de l'unité italienne.* — On peut ramener cette suite de faits très compliqués à sept points principaux.

1° Dès 1859, Cavour viole les traités, il empêche le retour des ducs dans leurs Etats, et fait voter par les habitants leur annexion à la Sardaigne et la déchéance de leurs princes. En janvier 1860, Cavour annexe *Parme, Modène* et la *Romagne*. Pie IX proteste et excommunie les auteurs de l'annexion. — Le 22 avril, Napoléon obtint, comme cela était réglé depuis longtemps, le comté de Nice et la Savoie.

2° Le Piémont, se croyant dégagé envers la France par cette concession, poursuivit son œuvre. Les *Légations* votèrent leur annexion. Cavour encouragea secrètement Garibaldi à attaquer le royaume de Naples; Garibaldi prit Marsala, Palerme, Messine, et entra à *Naples* (7 septembre), après la retraite de François II à Gaëte.

3° Cavour attaqua alors le pape, le somma de licencier les zouaves de Lamoricière, sous prétexte que ces troupes étrangères étaient une cause permanente d'inquiétude pour le Piémont. Pie IX refusa; les Etats de l'Eglise furent aussitôt envahis, et la citadelle d'*Ancône* menacée par l'amiral Persano. Les zouaves, battus à *Castelfidardo*, s'enfermèrent à Ancône, où Lamoricière signa une glorieuse capitulation (28 septembre 1860). Le Piémont ne s'arrêta que devant les troupes françaises en garnison à Rome. Le pape n'avait plus que Rome et les provinces de Viterbe et de Civitta-Vecchia.

4° Victor-Emmanuel acheva alors la ruine du royaume de Naples. Le 21 octobre 1860, les populations votent leur annexion au Piémont, et le 28 le roi entre à Naples avec Garibaldi. Le 13 février 1861, François II se retire à Rome; le 18, le premier parlement italien se réunit à Turin; le 14 mars, il donne à Victor-Emmanuel le titre de « roi d'Italie ».

5° Il ne restait plus que Rome. Garibaldi allait l'attaquer, lorsqu'il fut arrêté à *Aspromonte* sur l'ordre du roi d'Italie. Napoléon III et Victor-Emmanuel crurent régler la question romaine par la *convention du 15 septembre* 1864 : l'Italie n'attaquera pas ce qui reste du domaine pontifical et le protégera contre toute attaque extérieure; la France retirera ses troupes dans un délai de deux ans: l'Italie se chargera d'une partie de la dette romaine; Florence sera la capitale du royaume. — En 1866, nos troupes quittaient Rome, et cette même année l'Italie s'unit à la Prusse contre l'Autriche et obtint la Vénétie.

6° Garibaldi, soutenu secrètement par l'Italie, profita du départ de nos troupes pour pénétrer dans les Etats pontificaux. Napoléon se crut par là dégagé de la convention de 1864, et envoya en Italie deux divisions, qui battirent les Garibaldiens à *Mentana*, et restèrent dans les Etats pontificaux.

LE SECOND EMPIRE FRANÇAIS (suite).

Le second empire français (*Suite*).

2° Les guerres du second empire.

2° Guerre d'Italie et formation de l'unité italienne.

7° Nos malheurs de 1870 permirent aux Italiens de poursuivre leurs projets. Victor-Emmanuel assiégea Rome (20 septembre 1870). En mai 1871, il fit voter les *lois des garanties* : le pape est inviolable, il aura les honneurs royaux; il pourra entretenir une garde autour de lui; il aura une rente perpétuelle et inaliénable de 3225000 francs et l'usufruit du Vatican, de Saint-Jean-de-Latran et de la villa Castel-Gandolfo. Pie IX refusa tout et se retira au Vatican, en protestant contre cette spoliation. Il mourut le 7 février 1878, un mois après Victor-Emmanuel. — Léon XIII lui succéda.

3° Guerre de Chine (1857-1860). — Traité de Pékin.

— En 1854, Guizot fit signer par Lagrenée le traité de *Wampoa*, qui nous donnait les mêmes avantages que les Anglais avaient obtenus à la fin de la guerre de l'Opium (ouverture des ports de Canton, Amoy, Fou-Tchéou, Ning-Po, Schang-Haï; libre exercice de la religion chrétienne dans l'Extrême-Orient). — En 1856, les Chinois violèrent ces traités et refusèrent toute réparation aux Français et aux Anglais. Un corps anglo-français occupa *Canton* (janvier 1858). Au printemps, les alliés occupèrent *Tien-Tsin*, où ils signèrent un traité (17 janvier 1859) : l'empire est ouvert aux Européens et même aux missionnaires; les puissances occidentales auront un ambassadeur à Pékin; cinq nouveaux ports seront ouverts au commerce; la vente de l'opium est acceptée; les concessions seront ratifiées à Pékin dans le délai d'un an. Quand il fallut procéder à la ratification, les représentants furent reçus à coups de canon. Les alliés préparèrent aussitôt une nouvelle expédition.

En avril 1860, les amiraux Hope et Charner amenèrent le corps expéditionnaire, commandé par les généraux Cousin-Montauban et Grant; ils occupèrent *Schang-Haï* et l'île *Chusan*. Du 10 au 20 août, ils prirent les forts de Peï-Ho et de Tien-Tsin; le 18 septembre, ils battirent 40000 Tartares à quatre lieues de Pékin, et le 22 gagnèrent la bataille de *Palikao*, qui fut suivie du pillage du palais d'été. Les Chinois, effrayés, signèrent le *traité de Pékin* (24 et 25 octobre 1860), qui ratifiait celui de Tien-Tsin, ouvrait huit ports et imposait à la Chine une contribution de guerre de 60 millions.

4° Guerre de Cochinchine (1857-1868). — Traité de Saïgon.

— Louis XVI, par l'intermédiaire de l'évêque d'Adran, Mgr Pigneaux de Béhaigne, avait, par un traité avec Gia-Long, roi d'Annam, obtenu l'île de *Poulo-Condor* et le port de *Tourane*. Les relations cessèrent bientôt d'être aussi bonnes, et nous dûmes protéger nos nationaux. En 1857, plusieurs missionnaires et un évêque espagnol furent massacrés; la France et l'Espagne intervinrent pour les venger. L'amiral Rigault de Genouilly prit *Tourane* (1858), *Saïgon* (1859). Les hostilités, suspendues par la guerre de Chine, reprirent après la paix de Pékin. L'amiral Charner prit *Mytho* (1861), et obligea le roi du Cambodge à se placer sous notre protectorat; l'amiral Bonnard prit *Bien-Hoa* (1861), *Vinh-Long* (1862). Le roi d'Annam, Tu-Duc, signa alors la paix de Saïgon (5 juin 1862) : la France obtenait les provinces de Saïgon, Bien-Hoa, Mytho et l'île Poulo-Condor. L'Annam payait 20 millions d'indemnité. Tourane, Balan, Quangan, étaient ouverts au commerce français et espagnol; la navigation du Mékong sera libre; liberté du culte garantie aux chrétiens.

En 1863, des pirates, secrètement encouragés par Tu-Duc, attaquèrent nos possessions. L'amiral de la Grandière prit alors les provinces de *Vinh-Long, Chaudoc, Ha-Tien*, qui nous furent confirmées par traité en 1867. Cet nouvelle colonie est avantageusement située en face des grandes îles de la Malaisie, sur la route de la Chine et du Japon, à égale distance de Hong-Kong et de Singapour.

LE SECOND EMPIRE FRANÇAIS (suite).

Le second empire français (*Suite*).

2° Les guerres du second empire.

5° Le Japon ouvert aux étrangers (1858).

— Depuis la fin du XVIIe siècle, *Nagasaki* était le seul port japonais ouvert aux Européens, et encore aux seuls Hollandais, qui conservèrent ce privilège jusqu'en 1854. Vers cette époque, les Anglais et les Américains obtinrent l'entrée des ports de *Simoda* et de *Hakodate*. La France obtint le même privilège en 1855. Mais la mauvaise foi des Japonais obligea la France et l'Angleterre à leur imposer le traité d'*Yédo* (26 août 1856): la France et l'Angleterre auront des consuls au Japon; les ports de *Karnagawa, Kiogo, Nagasaki, Hakodate* sont ouverts aux deux puissances; les étrangers pourront s'établir dans ces villes et, à partir de 1862, à *Yédo* et *Osaka;* réduction des tarifs d'importation; libre exercice de la religion. — C'est alors que les Anglais fondèrent *Yokohama*. — Ces traités, signés par le taïkoum ou chef militaire qui avait usurpé presque tout le pouvoir politique du mikado, mécontentèrent la noblesse et les seigneurs; ils conspirèrent sa perte. Le mikado en profita pour reprendre son pouvoir. Il transporta sa capitale à *Yédo* (Tokio), en 1868.

6° Expédition de Syrie (1860).

— Le Liban est habité par les *Maronites*, chrétiens et sédentaires, et par les *Druses*, mahométans et nomades. En 1858, les Druses envahirent les consulats français et anglais à Djedda, et, en 1860, ils firent d'épouvantables massacres dans tout le Liban du 7 au 13 juillet; à Damas, 6000 chrétiens ne durent leur salut qu'à la protection d'Abdel-Kader.

Le 3 août, malgré l'opposition de l'Angleterre, une convention régla l'envoi en Syrie d'un corps de 12000 hommes, dont la moitié serait français. Le 16 août, le général de Beaufort d'Hautpoul débarqua à Beyrouth, poursuivit les Druses, fit châtier les chefs les plus criminels; puis une commission internationale imposa (traité de Damas) à la Porte, qui avait soutenu les Druses, 75 millions de piastres d'indemnités pour les chrétiens du Liban et de Damas et la nomination d'un gouverneur chrétien.

7° Expédition du Sénégal (1854-1870).

— Faidherbe, par son énergie et son administration intelligente, a fait du Sénégal une importante colonie. Arrivé en 1855, il soumit les Trarzas, les Braknas, et fonda des établissements importants à *Podor* et *Daghana*. Il occupa tout le haut Sénégal; soumit successivement: le *Cayor*, le *Fouta*, le *Bondou*, le *Bambouck*. Un traité avec le roi de Cayor nous donna toute la côte, depuis Saint-Louis jusqu'à Gorée. La possession du Sénégal nous rend indépendants sur la côte occidentale d'Afrique et nous donne une action importante sur le golfe de Guinée.

8° Occupation de la Nouvelle-Calédonie (1851-1853).

— En 1851, les Canaques massacrèrent quelques matelots de la frégate française *l'Alcmène*. Le comte d'Harcourt vint les châtier, et à son retour appela l'attention du gouvernement sur cette île. Le 14 septembre 1853, l'amiral Febvrier-Despointes en prit possession. Port-de-France, ou *Nouméa*, fut fondé en 1854. Les îles *Loyalty* ont été occupées en 1863. Les insurrections des Canaques ont été réprimées énergiquement; aujourd'hui on les emploie aux mines et dans les ports. L'île *Nou* et la presqu'île *Ducos* sont affectées aux condamnés et à la déportation.

9° Guerre du Mexique (1861-1867).

1° — *Causes*. — Le Mexique était en guerre civile depuis son affranchissement de la domination espagnole. En 1860, les démocrates donnèrent le pouvoir à *Juarez*, rival du président *Miramon*, qui se retira en Europe. Juarez expulsa bientôt l'ambassadeur espagnol et le nonce du pape, emprisonna les vice-consuls français et désavoua les obligations financières contractées par le Mexique avec les puissances européennes; enfin il commit toutes sortes d'exactions contre les commerçants étrangers. — L'Angleterre, l'Espagne et la France, en octobre 1861, combinèrent une action commune tout en s'engageant à ce qu'aucune des familles régnant dans leurs États puisse prétendre à

LE SECOND EMPIRE FRANÇAIS (suite).

Le second empire français (*Suite*).

2° Les guerres du second empire.

9° Guerre du Mexique.

la couronne du Mexique; les Etats-Unis n'acceptèrent pas cette convention.

2° *Faits militaires.* — L'amiral Prim, venu de la Havane avec 6000 Espagnols, au mois de décembre, prit *Vera-Cruz*. Le corps franco-anglais n'arriva qu'en janvier. Juarez, effrayé, offrit de traiter; les Anglais et les Espagnols acceptèrent ses offres, signèrent la convention de *Soledad* (février 1862), et se retirèrent. La France désavoua cette convention et manifesta bientôt l'intention d'établir au Mexique un empire latin.

En mai, le général Lorencez reçut ordre de marcher sur *Mexico;* il attaqua *Puebla*, où Juarez avait concentré ses troupes, et dut se retirer à *Orizaba*, où il résista longtemps aux Mexicains. Forez remplaça Lorencez, et l'amiral Jurien de la Gravière reprit le commandement de l'escadre. Forez prit *Puebla* après la victoire de Bazaine à *San-Lorenzo* (13-17 mai 1863). Mexico capitula le 5 juin; Juarez transporta sa capitale à *San-Luis-de-Potosi*, où il organisa une résistance opiniâtre.

3° *Établissement de l'empire.* — *Maximilien* (1864-19 juin 1867). — Le gouvernement provisoire, créé par Forez à Mexico, convoqua les notables; ceux-ci demandèrent un gouvernement monarchique (7 juillet 1863). La couronne fut offerte à *Maximilien*, frère de l'empereur d'Autriche et désigné par Napoléon III.

Pendant qu'une députation allait annoncer son élection à Maximilien, nos troupes continuèrent la lutte contre les juaristes, sans réussir à les soumettre complètement. — Maximilien prit possession de Mexico le 12 juin 1864; seuls les Etats-Unis refusèrent de le reconnaître. Maximilien fut paralysé dans son œuvre par son alliance avec des partisans secrets de Juarez, et par son désaccord avec Bazaine, successeur de Forez. Bazaine, marié à une Mexicaine, convoitait l'empire pour lui-même. Maximilien eut aussi des querelles avec le clergé, dont il voulait vendre les biens pour payer les dettes du Mexique. Malgré deux emprunts en France, il ne put faire face à ses obligations. — Napoléon, cédant enfin à l'opinion, qui blâmait cette campagne entreprise au moment où la Prusse et l'Autriche dépouillaient le Danemarck et où nous étions menacés sur le Rhin, rappela ses troupes. Les Etats-Unis, d'ailleurs, étaient hostiles à la forme de gouvernement introduite au Mexique.

Maximilien, après avoir refusé d'abandonner un peuple qui s'était fié à lui, et après avoir lutté quelque temps sans succès contre Juarez, fut acculé à *Queretaro*, livré à son ennemi par Lopez et fusillé avec les généraux Miramon et Méja (19 juin 1867). Juarez, élu président, gouverna jusqu'en 1872.

Cette guerre fut une des fautes du second empire. Entreprise pour des motifs peu avouables, dans un moment critique pour l'Europe, elle fut une arme puissante pour l'opposition.

10° La guerre franco-allemande.

I. **Causes.** — 1° La rivalité entre la France et la Prusse, dont les frontières se touchent depuis 1815; 2° l'attitude menaçante de la Prusse pendant la guerre d'Italie; 3° les promesses illusoires de Bismarck à Biarritz, pour obtenir de Napoléon sa neutralité pendant la guerre contre l'Autriche; 4° le traité de Londres (mai 1867) à propos de la forteresse de Luxembourg que la Prusse évacue, mais sans que nous puissions y entrer; 5° la candidature du prince Léopold de Hohenzollern à la couronne d'Espagne, et le refus de Guillaume Iᵉʳ de s'engager à ne jamais autoriser cette candidature. — La France déclare la guerre le 19 juillet 1870.

II. **État des armées.** — 1° *Armée française.* — Au début, nous avons 230000 hommes répartis en sept corps, établis à Strasbourg, Saint-Avold, Metz, Thionville, Bitche, Châlons, Belfort. — Notre ligne d'opérations était trop étendue, la mobilisation se fit trop lentement; nos places fortes n'avaient pas été touchées depuis Vauban; nous étions sans alliés, et Bismarck, pour nous empêcher d'en trouver, publia un projet de traité

LE SECOND EMPIRE FRANÇAIS (suite).

Le second empire français (*Suite*). — 2° Les guerres du second empire. — 10° La guerre franco-allemande.

datant de 1867, par lequel l'empereur promettait de reconnaître les conquêtes de la Prusse et favoriserait l'absorption des Etats du Sud, si le roi Guillaume lui aidait à prendre le Luxembourg et à annexer la Belgique. — Nos principaux généraux furent : Mac-Mahon, Abel Douai, Canrobert, Bazaine, Vinoy, Chanzy, d'Aurelle de Paladines.

2° *Armée allemande.* — Organisée par de Moltke, elle formait trois masses principales : l'armée de Saxe, concentrée à Coblentz, elle devait s'avancer par Trèves et Sarrelouis ; l'armée du Rhin, concentrée à Mayence, devait s'avancer par la Sarre; l'armée du Sud, concentrée à Landau, devait pénétrer en Alsace. — D'autres corps surveillaient le littoral de la mer du Nord et l'Autriche. — La landwher comptait environ 740000 hommes. — Les principaux généraux furent : de Moltke, Frédéric-Charles, neveu du roi, le prince royal de Prusse et le général Steinmetz.

Napoléon quitta Saint-Cloud le 28 juillet, et s'établit à Metz, avec le maréchal Lebœuf comme chef d'état-major. — Guillaume Ier s'établit à Mayence le 1er août.

III. **La guerre.** — I. *Sous l'empire* (2 août — 4 septembre). — 1° *Ouverture des hostilités.* — *Mac-Mahon en Alsace.* — Le 2 août, prise de Sarrebrück; le 4, défaite et mort d'Abel Douai à *Wissembourg;* le 6, défaite de *Forbach* (Spickren), retraite de Frossard sur Metz, défaite de Wœrth (Reischoffen-Frœschwiller), retraite de Mac-Mahon. Il ne nous reste plus que l'armée de Bazaine à Metz, et celle de Mac-Mahon à Châlons.

2° *Bazaine en Lorraine.* — Ces défaites causèrent une grande agitation à Paris. L'impératrice proclama l'état de siège, convoqua les Chambres et remplaça le ministère E. Ollivier par le ministère *Palikao* (10 août). — On appela tous les hommes de vingt-cinq à trente-cinq ans, et Bazaine remplaça Lebœuf comme major-général. Bazaine se retira à Metz, mais au lieu de rejoindre de suite Mac-Mahon à Châlons, il attendit jusqu'au 14 août. Il fut battu à *Borny*, et donna à Frédéric-Charles le temps de lui barrer la route de Verdun et de gagner les batailles de *Mars-la-Tour* (16 août), et *Gravelotte* ou *Saint-Privat* (18). Il restera cerné par Frédéric-Charles jusqu'au jour où il livrera son armée, après les défaites de *Ladonchamp* et *Saint-Remy*. — De Moltke forma alors une quatrième armée (armée de la Meuse), commandée par le prince royal de Saxe.

3° *L'armée de Châlons au secours de Metz.* — Mac-Mahon, poursuivi par les princes de Prusse et de Saxe, avait rallié Châlons avec le 5ᵉ corps, resté inactif à Bitche. Il forma le 12ᵉ corps (140000 hommes, 400 pièces de canon, mais sans vivres ni munitions). D'autre part, Mac-Mahon était paralysé par l'influence de l'empereur, qui avait quitté Metz avant l'investissement, et par Palikao, dont il ne partageait pas les vues. Il suivit cependant les ordres du ministre, incendia le camp de Châlons (21 août), et gagna la Meuse par Reims et Vouziers pour aller sur Metz. Réduit à avancer lentement, il permit à l'ennemi d'arriver et de nous battre trois fois dans les environs de Vouziers, et le 30 août à *Beaumont*. Mac-Mahon se rabattit alors sur *Sedan*, où il s'enferma avec 110000 hommes. Le 1er septembre, il se défendit courageusement à *Bazeilles* et à *Balan*. L'empereur ordonna alors à Wimpfen d'entrer en pourparlers avec l'ennemi, et la capitulation fut signée le 2 septembre. Vinoy s'échappa avec son corps d'armée et revint à Paris. L'empereur fut emmené prisonnier à *Wilhelmshohe*, en Hesse-Cassel. Rendu à la liberté à la fin de la guerre, il rejoignit l'impératrice à *Chilsehurst*, près de Londres, où il mourut (9 janvier 1873).

II. **Sous le gouvernement de la Défense nationale** (4 septembre 1870 — 10 mai 1871). — Au moment où la Chambre discutait les mesures à prendre pour faire face à ces circonstances difficiles, la foule envahit le

LE SECOND EMPIRE FRANÇAIS (suite).

Le second empire français (*Suite*). — 2° Les guerres du second empire. — 10° La Guerre franco-allemande.

Palais-Bourbon, Gambetta fit proclamer la déchéance de l'empire, et se rendit à l'hôtel de ville, où, avec J. Favre et d'autres députés de Paris, il proclama la *république* (4 septembre) et forma le gouvernement de la *Défense nationale* dont Trochu fut le président. Amnistie générale, expulsion des Allemands hors de Paris; changement des fonctionnaires; envoi d'une délégation gouvernementale à *Tours*, dans la crainte que l'investissement de Paris n'isole les départements (Crémieux, Glais-Bizoin, Fourichon); Gambetta s'y rendra en ballon, au mois d'octobre; achèvement des travaux de défense de Paris). — Le nouveau gouvernement voulut d'abord négocier; Thiers parcourut sans succès toute l'Europe pour trouver des alliances. J. Favre eut à *Ferrières* une entrevue avec Bismarck, mais il ne put accepter les conditions de la Prusse.

1° *Investissement de Paris.* — Les Prussiens prirent Laon le 9 septembre, et le 18 ils parurent sous les murs de Paris. Le corps de Vinoy devint le centre d'une armée recrutée parmi les gardes nationaux et les mobiles de province. Le 19, les Prussiens, vainqueurs à *Châtillon*, occupaient toutes les voies ferrées entre l'Allemagne et le cours de la Seine. — Les principaux combats livrés par les troupes de Paris pour rompre les lignes ennemies, sont ceux de *Villejuif, Bagneux, le Bourget, le plateau d'Avron, Champigny*. La populace, excitée par les chefs révolutionnaires qui accusaient le gouvernement d'incapacité et de trahison, demandait avec instance une sortie en masse. Le 31 décembre, à la nouvelle de la capitulation de Metz, elle fit une émeute et demanda l'établissement de la *commune*.

2° *La délégation de Tours et la province.* — La province, envahie par l'ennemi et désorganisée par la révolution du 4 septembre, était encore rendue impuissante par le manque d'accord de la délégation (l'amiral Fourichon se retire du gouvernement).
Cependant l'ennemi ayant pris *Orléans* (9 octobre) et *Châteaudun* (18 octobre), Gambetta, échappé de Paris, prit le pouvoir et s'adjoignit l'ingénieur de Freycinet comme délégué à la guerre. Il établit, pour la formation des mobilisés, quatre grands commandements : Lille, le Mans, Bourges, Besançon. Mais les places fortes, qui avaient résisté jusqu'alors, se rendirent les unes après les autres : en septembre, *Toul* et *Strasbourg;* en octobre, *Metz;* en novembre, *Verdun* et *Thionville;* en décembre, *Phalsbourg* et *Montmédy*. — *Bitche* et *Belfort* se défendirent jusqu'à la fin de la guerre.

3° *Les tentatives pour délivrer Paris.* —Tous les efforts furent dès lors concentrés sur la délivrance de Paris. On tenta de l'opérer par la Loire et par la Somme.

D'Aurelle de Paladines et Chanzy sur la Loire. — D'Aurelle battit les Prussiens à *Coulmiers,* reprit *Orléans*, mais fut arrêté par l'armée prussienne de Metz, libre depuis la capitulation (Frédéric-Charles). La délégation agit contrairement à l'avis de d'Aurelle de Paladines, et fit battre nos soldats à *Beaune-la-Rolande* (28 novembre). Le 1er décembre, l'amiral Jauréguibéry fut vainqueur à *Villepion*, mais le 2, nous étions battus à *Loigny* et à *Patay* malgré les zouaves de Charette. Frédéric-Charles reprit Orléans et coupa notre armée. Gambetta destitua alors d'Aurelle de Paladines et forma deux armées sur la Loire : l'une, commandée par Bourbaki, deviendra l'*armée de l'Est,* et l'autre, commandée par Chanzy, sera la deuxième armée de la Loire. — Chanzy résista au duc de Mecklembourg du 7 au 10 décembre, puis se retira, par prudence, sur Mayenne (la délégation était descendue à Bordeaux depuis le 9), où il refit son armée. Après deux jours de combat entre Vendôme et Fréteval, il se concentra au *Mans*, où il fut battu par Frédéric-Charles (12 janvier). Il était près de Laval, sur le point de reprendre la lutte, quand il apprit la signature de l'armistice.

LE SECOND EMPIRE FRANÇAIS (suite).

Le second empire français (*Suite*).	2° Les guerres du second empire.	10° La guerre franco-allemande.	*Faidherbe dans le Nord.* — Dès la fin d'octobre, Bourbaki avait formé une armée à Lille. Après la reddition de Metz, Manteuffel le battit à *Villers-Bretonneux* et prit *Amiens* (28 novembre), *Rouen* (5 décembre), *Dieppe.* Il allait attaquer Cherbourg, quand il apprit que Faidherbe, nommé au commandement de l'armée du Nord, menaçait la ligne de la Somme; il se retourna contre lui et se fit battre à *Bapaume* (3 janvier 1871). Faidherbe n'était pas assez fort pour tenir la campagne; plusieurs places capitulèrent, et lui-même, désireux de secourir Paris, dut accepter la bataille de *Saint-Quentin* (19 janvier), où il succomba devant des forces supérieures. *Bourbaki dans l'Est.* — Avant l'arrivée de cette nouvelle armée, les Vosges et la vallée de la Saône avaient été le théâtre de nombreux combats pour délivrer Belfort. Le général Werder, après la capitulation de Strasbourg avait pris : Epinal, Vesoul, Gray, Dijon (19-31 octobre). Le général Treskow avait pris : Schelestadt, Neuf-Brisach, Montbéliard, et avait bloqué Belfort. La délégation avait fini par ne laisser dans l'est que quelques troupes sous les ordres de Garibaldi. Ces troupes, peu nombreuses, furent battues à *Nuits* (18 décembre), et Garibaldi resta seul en face des Prussiens. C'est alors que Bourbaki vint avec la deuxième armée de la Loire, devenue l'armée de l'Est. Il devait attirer les Allemands en Alsace. Vainqueur le 9 janvier à *Villersexel*, il ne put profiter de son succès, fut battu à *Héricourt* et se retira désespéré sur Pontarlier. Le général Clinchant le remplaça; mais, oublié par le gouvernement dans l'armistice, il passa en Suisse avec son armée. 4° *Trochu, Ducrot, Vinoy sous Paris.* — L'insuccès des premières sorties des Parisiens, le manque de vivres et le bombardement, commencé le 27 décembre, avaient aggravé la situation de la capitale. Pour satisfaire la populace, Trochu fixa au 19 janvier une sortie générale, qui n'eut pas grand succès (Montretout, Buzenval). Le même jour, Guillaume était proclamé empereur à Versailles. Le 22 janvier, Trochu résigna ses fonctions à Vinoy; mais la situation était telle, grâce aux révolutionnaires, que la défense nationale demanda un armistice. Vingt et un jours furent accordés pour réunir une assemblée nationale à Bordeaux ; mais on excepta de l'armistice les départements de la Côte-d'Or, du Doubs, du Jura. Paris capitula le 29 janvier. On livrait : Paris, ses canons, sa garnison moins 12000 hommes. La garde nationale gardait ses armes. *L'Assemblée nationale à Bordeaux.* — Le 8 février, 750 membres, presque tous conservateurs et royalistes, furent élus; le 13, *Grévy* fut élu président de l'assemblée, et *Thiers* chef du pouvoir exécutif. Le 20 février, Thiers et J. Favre arrêtaient, à Versailles, les préliminaires de la paix, qui furent ratifiés le 1er mars par l'Assemblée, malgré les protestations et la retraite des députés d'Alsace-Lorraine. L'armistice, prolongé d'abord jusqu'au 26 février, le fut ensuite jusqu'au 12 mars, à condition que Belfort se rendrait. **TRAITÉ DE FRANCFORT** 10 *mai* 1871. — Nous livrons aux Prussiens : 1° l'Alsace, moins Belfort et une partie de son territoire; 2° les arrondissements de Metz, Thionville, Sarreguemines, Château-Salins, Sarrebourg et les cantons de Schirmek et de Saales, dans l'arrondissement de Saint-Dié, soit : 1628132 habitants, et 1487374 hectares; 3° nous payons 5 milliards; 4° l'ennemi évacue immédiatement les forts de la rive gauche et les départements au sud de la Seine; mais il occupera, jusqu'au payement complet de l'indemnité les départements de l'Est, et nous payerons ses troupes. M. Thiers, par deux emprunts successifs, qui donnèrent 42 milliards au lieu de 5, libéra le territoire. Les troupes allemandes se retirèrent définitivement le 16 septembre 1873.

SEPTIÈME PARTIE

L'EUROPE DEPUIS 1870

I. — LA FRANCE — LA TROISIÈME RÉPUBLIQUE

L'Europe depuis 1870. — 1° La France. — Troisième république.

I. L'**Assemblée nationale** (1871-1875). Le 10 mars, l'assemblée décida qu'elle se réunirait le 20 à Versailles. — M. Thiers obtint de tous les partis l'union et la concorde nécessaires pour mener à bien son entreprise, et il promit d'être fidèle à son devoir; c'est ce qu'on a appelé le « pacte de Bordeaux ».

La commune. — Second siège de Paris. — A Paris, le parti avancé, soutenu par l'*Internationale,* conspirait contre le nouveau gouvernement, blâmant les préliminaires de la paix, et redoutant les nombreux monarchistes élus le 8 février. D'ailleurs on avait maladroitement désarmé les troupes régulières, sauf 12000 hommes, et laissé les armes à la garde nationale, qui se *fédéra* sous la direction d'un *comité central.* Irrité de voir le gouvernement s'établir à Versailles, le parti avancé résolut de ne pas lui obéir.

Le 18 mars, les fédérés, qui avaient transporté sur lesbuttes Montmartre un parc d'artillerie établi d'abord à la place Wagram, refusèrent d'obéir aux ordres du général Vinoy, prescrivant d'enlever ces canons (assassinat des généraux Lecomte et Clément Thomas). Le comité central s'empara aussitôt du pouvoir, établit *la commune* (26 mars), et Vinoy dut se retirer devant les troupes nombreuses des fédérés. Depuis lors la commune et le comité central s'entendirent pour exercer la tyrannie la plus sanglante et arborer le drapeau rouge.

Les insurgés, maîtres de Paris et des forts de la rive gauche, moins celui du mont Valérien, prirent l'offensive le 2 avril par la route de Neuilly; ils furent battus et perdirent leur chef, Flourens. Thiers avait réuni sous Paris 150000 hommes sous les ordres de Mac-Mahon, Ladmirault, de Cissey, Vinoy, Douay, Clinchant. Les fédérés, protégés d'une certaine façon par les Prussiens, qui occupaient les forts de la rive droite, allèrent cependant toujours en perdant du terrain; pour se venger, ils pillèrent et incendièrent Paris et emprisonnèrent les prêtres, les fonctionnaires et les gendarmes. Cependant les « Versaillais », maîtres du mont Valérien, avançaient peu à peu (prise d'Asnières et du fort d'Issy, tranchées à travers le bois de Boulogne.) Le 21 mai, ils abandonnèrent la porte Saint-Cloud, et l'armée de l'ordre put pénétrer jusqu'au Trocadéro; il fallut néanmoins lutter encore pendant sept jours dans les rues (semaine infernale.) Quand les insurgés se virent ainsi réduits, des bandes d'hommes et de femmes furent chargées d'incendier les principaux monuments, pendant que d'autres fédérés fusillaient les « otages ». Les derniers combats se livrèrent le 28 mai au Père-Lachaise. 30000 prisonniers furent amenés à Versailles; 22 conseils de guerre furent institués pour les juger: quelques-uns des chefs de la commune furent condamnés à mort, la plupart des officiers et soldats fédérés furent transportés à la Nouvelle-Calédonie.

La présidence de Thiers (août 1871-24 mai 1873). — *Libération du territoire.* — *Loi militaire de 1872.* — Chargée de donner un gouvernement à la France et de réparer ses désastres, l'assemblée commença en août 1871, sur la proposition du député Rivet, par donner à Thiers la présidence de la république pour la durée de cette assemblée. Thiers s'occupa aussitôt d'achever de payer l'indemnité de guerre et de hâter le départ des soldats allemands; on l'a appelé, à cause de cela, le « libérateur du territoire ».

Le 27 juillet 1872, l'assemblée publia la nouvelle loi militaire, imposant à tout Français propre au service: cinq ans de service dans l'armée active, quatre ans dans la réserve de l'armée active, cinq ans dans l'armée territoriale, et enfin cinq ans dans la réserve de l'armée territoriale. La loi militaire de 1889 a été substituée à celle-là.

L'assemblée vota quelques impôts nouveaux sur les allumettes, les billets de chemin de fer, le papier, les quittances.

Cependant l'accord était loin d'exister entre Thiers et l'assemblée. Les

L'EUROPE DEPUIS 1870 (suite).

L'Europe depuis 1870 (*Suite*). — 1° La France. — Troisième république.

partis dynastiques ne pouvaient s'entendre sur le nom du prince qu'ils appelleraient au trône, et Thiers prétendait que la république était le seul gouvernement possible. Le 19 février 1873, une commission de 30 membres fut chargée de préparer un projet de loi relatif à l'organisation et au mode de transmission des pouvoirs législatif et exécutif, et à la création d'une deuxième Chambre et à la loi électorale. Cette loi fut votée le 13 mars : le 1er avril, Grévy donna sa démission de président de l'assemblée, et fut remplacé par M. Buffet; le 23 mai, Thiers, blessé d'un ordre du jour de défiance proposé à la suite de l'élection Barodet à Paris, donna sa démission ; dans la même séance, Mac-Mahon fut élu président de la république. M. Thiers est mort le 3 septembre 1877.

Présidence de Mac-Mahon (1873-1875). — **Le septennat.** — **La constitution de** 1875. — La droite de l'assemblée reprit aussitôt ses tentatives de restauration monarchique. Le 5 août 1873, le comte de Paris reconnut le comte de Chambord comme chef de la maison de Bourbon; mais Henri V ayant refusé d'accepter le drapeau tricolore, la restauration échoua, et Mac-Mahon invita, par un message, l'assemblée à établir la stabilité des pouvoirs publics. La majorité vota alors le *septennat*, puis une commission fut chargée de l'examen des lois constitutionnelles. C'est à cette époque qu'eut lieu le procès de Bazaine, le vote de l'église du Sacré-Cœur à Montmartre (13 juillet 1873), et celui de la loi municipale (juillet 1874).

En janvier 1875, la commission soumit à l'assemblée le résultat de ses travaux, et par 353 voix contre 352, elle vota un amendement de M. Wallon, qui établissait la république. — Le *président*, élu par les Chambres pour sept ans, a le pouvoir exécutif; il est irresponsable, sauf dans le cas de haute trahison : les ministres sont solidairement responsables. — Les lois doivent subir trois lectures; le pouvoir législatif est donné à deux Chambres, celle des députés et le Sénat, composé de sénateurs inamovibles et de sénateurs élus au suffrage restreint (les conseils généraux et des délégués des conseils municipaux).

La Chambre est élue pour quatre ans. — Le Sénat et la Chambre ont concurremment l'initiative et la confection des lois; mais les lois de finances doivent d'abord être votées par les députés. — Les Chambres ont le droit de déclarer qu'il y a lieu de reviser les lois constitutionnelles. Cette constitution a été modifiée, en 1884, par la suppression des sénateurs inamovibles par voie d'extinction; en 1885, par la substitution du scrutin de liste au scrutin de département; en 1889, par l'établissement du scrutin d'arrondissement.

L'*Assemblée nationale* s'est séparée après le vote de cette constitution et de la loi sur l'enseignement supérieur, autorisant la fondation des universités catholiques et l'établissement des jurys mixtes.

Les élections de janvier-février 1876. — *Le* 16 *mai* 1877. — *Démission de Mac-Mahon.* — Les élections pour les nouvelles Chambres furent favorables aux républicains; seul le Sénat eut encore une faible majorité monarchiste. Mac-Mahon, entraîné ainsi dans une voie qui lui déplaisait, provoqua la démission de Jules Simon, son chef de cabinet, et prit un ministère de droite (16 mai 1877), qui renouvela tout le personnel administratif et judiciaire et subit le 18 juin un vote de défiance (les 363), à la suite duquel la Chambre fut dissoute. Les royalistes croyaient la royauté presque rétablie, mais leurs divisions compromirent leurs intérêts. L'opposition s'agita en attendant les élections : pendant que Mac-Mahon parcourait le nord et le centre, Gambetta, chef des républicains après la mort de Thiers (3 septembre), faisait une ardente propagande. Aussi les élections du 14 octobre donnèrent 318 voix aux républicains et 208 aux conservateurs. — Le maréchal dut bientôt céder à l'opinion, et donna sa démission (30 janvier 1879). — Malgré ces divisions, l'état de la France était prospère; elle en témoigna par l'exposition universelle de 1878.

II. **Première présidence de Jules Grévy** (1879-1885). — Le congrès nomma président M. Jules Grévy par 563 voix. — Gambetta devint président de la Chambre. — 19 juin, retour des Chambres à Paris. — 14 juillet, fête nationale célébrée pour la première fois en 1880. — Malgré de très fréquents changements de ministère, de grands travaux de fortification s'accomplirent sur toute la frontière de l'Est. — On s'occupa aussi beaucoup de l'enseignement à tous les degrés; on s'efforça de le rendre gratuit, obligatoire et neutre. — En 1880, expulsion des religieux par application de prétendues lois existantes.

Les élections du 24 août 1881 donnèrent 457 sièges aux républicains. — L'expédition de Tunisie, entreprise par le cabinet Ferry à l'insu des Chambres, amena la chute du ministère (11 novembre 1881). — Dans les deux années qui suivirent il y eut trois ministères, dont les princi-

L'EMPIRE DEPUIS 1870 (suite).

L'Europe depuis 1870 (*Suite*).

1° La France. — Troisième république.

paux actes furent : le rétablissement du scrutin de liste, la loi municipale donnant aux conseils, sauf à celui de Paris, le droit d'élire les maires, et celle qui interdisait l'enseignement religieux dans les écoles. — Le 21 février 1883, Jules Ferry revint au pouvoir pour la seconde fois, il poursuivit les campagnes du Tonkin et de Madagascar, prit des mesures sévères contre les princes, et, en 1884, accepta la proposition Naquet sur le rétablissement du divorce. — En 1884, un congrès des deux Chambres autorisa la revision des lois constitutionnelles sur quelques points : suppression des sénateurs *inamovibles :* les sénateurs seront nommés pour *neuf ans*, et renouvelés par *tiers ;* la répartition des sièges fut modifiée d'après la population des départements, et dans les collèges électoraux le nombre des délégués municipaux proportionné au chiffre des membres de chaque conseil.

Ferry tomba pour n'avoir pas tenu la Chambre au courant de notre situation au Tonkin (Lang-Son).

Les élections de 1885 donnèrent 382 voix aux républicains.

III. **Deuxième présidence de Jules Grévy.** — *Expulsion des princes. — Chute de Jules Grévy* (1885, 18 décembre-2 décembre 1887). — Le septennat de Grévy étant accompli, il fut réélu. — De Freycinet, chef du ministère, déclara aux Chambres qu'il saurait rappeler aux fonctionnaires leurs obligations envers l'Etat et renfermer le clergé dans ses attributions religieuses, et il procéda à un grand nombre de révocations et de privations de traitements. — Le 11 juin 1885, les princes furent expulsés du territoire. — Boulanger était alors ministre de la guerre. — Des désordres graves eurent lieu dans plusieurs centres ouvriers (Decazeville, Armentières, Châteauvillain). — Enfin, au commencement d'octobre 1887, on apprit que la décoration de la Légion d'honneur avait été l'objet d'un trafic honteux, dans lequel était mêlé Wilson, le gendre du président ; celui-ci donna sa démission le 2 décembre, et le lendemain fut remplacé par M. Sadi Carnot.

IV. **Présidence de M. Carnot.** — Les faits les plus importants à signaler sont : la réduction du service militaire à 3 ans, la création de 18 nouveaux régiments d'infanterie et 9 de cavalerie ; la création de l'Ecole supérieure de guerre, et celle des sous-officiers à Saint-Maixent ; des travaux militaires considérables qui ont fait de Paris un vaste camp retranché ; les travaux d'embellissement de la capitale. — L'exposition de 1889. — La conspiration et le procès du général Boulanger.

II. — L'EUROPE — LE MOUVEMENT DE POLITIQUE LIBÉRALE ET PARLEMENTAIRE

2° L'Europe. — Le mouvement de politique libérale et parlementaire.

1° L'Angleterre.

Les hommes d'Etat. — Les réformes électorales. — L'Irlande. — En Angleterre, l'aristocratie a une grande influence, grâce à son esprit libéral, et tous ceux qui se signalent par leurs talents ou leurs services peuvent y entrer (lord Russell, Palmerston, Disraëli, Gladstone). Les principes de 1789 avaient pénétré en Angleterre de 1829 à 1832 ; mais les tendances libérales des classes inférieures bénéficièrent encore des agitations de l'Europe en 1848. — La réforme électorale de 1832 fut développée par celles de 1867, de 1869, de 1872 de 1884, qui établirent presque le suffrage universel, remanièrent les districts électoraux pour répartir plus équitablement la représentation, et établirent le scrutin secret pour éviter le tumulte des élections publiques.

Cette initiative libérale des ministres anglais explique pourquoi le Royaume-Uni n'a pas eu de révolutions depuis 1688 ; les réformes se sont faites une à une et sans secousse, et le gouvernement est resté monarchique, tout en faisant à la démocratie une part de plus en plus large. Le ministère n'est qu'une partie du conseil privé qui subsiste toujours ; la Chambre des pairs, héréditaire, est la plus haute expression de la représentation nationale ; son consentement est nécessaire pour les bills, mais l'initiative des lois de finances et le pouvoir réel appartiennent à la Chambre des communes.

Ce sont les propriétaires qui remplissent presque toutes les fonctions, gratuites et électives dans les comtés,

L'Europe depuis 1870 (*Suite*).

2° L'Europe. — Le mouvement de politique libérale et parlementaire.

1° L'Angleterre.

les villes, les bourgs et les paroisses. La paroisse est administrée par un conseil (vestry), le comté par le *lord-lieutenant*, qui a l'autorité militaire, et par le *shériff*, qui a la haute surveillance de la police et fait procéder aux élections. Les « magistrates », ou justice de paix, ont les attributions administratives et judiciaires, et traitent des affaires générales du comté. — Le jury fonctionne pour les affaires civiles et criminelles.

L'armée se recrute par voie d'enrôlement, elle comprend : la milice provinciale et une réserve importante formée de volontaires; la flotte se recrute encore par la *presse des matelots*.

L'instruction est concentrée dans les quatre grandes universités de Londres, Oxford, Cambridge, York, qui se gouvernent elles-mêmes et sont représentées au Parlement. — L'enseignement est libre.

Les *trades-unions*. — Ce sont des associations ouvrières qui tendent à ouvrir le Parlement au peuple, et réclament le suffrage universel. Elles sont très puissamment organisées et très nombreuses. Les ouvriers ont des représentants et obéissent à un pouvoir central (l'exécutif). Plusieurs règlements sont rigoureux et despotiques. Ces sociétés organisent des grèves dangereuses, dans lesquelles les grévistes d'un corps de métier sont soutenus et payés par les ouvriers des autres métiers.

L'*Irlande*. — Les souffrances et la misère ont causé en Irlande une émigration considérable vers les Etats-Unis : ces émigrés ont formé des sociétés secrètes (Fénians) dans le but de ruiner la domination anglaise en Irlande. Ils ont excité de graves soulèvements en 1867, 1879, 1880. — En 1868, Gladstone a fait voter la suppression de l'Eglise d'Etat en Irlande; en 1870, étant premier ministre, il fit voter le *land bill* sans réussir à satisfaire les exigences des Irlandais. — La famine de 1879 fut affreuse et amena la constitution du *land league* (Parnell) excitant les fermiers à ne plus payer leurs loyers. Gladstone fit voter en 1881 un projet de loi établissant à Dublin une *cour agraire*, conférant au tenancier un droit de co-propriété dont il pouvait disposer, fixant le terme légal des baux à 15 ans, et recommandant de faciliter au tenancier les moyens de devenir propriétaire. Mais, en même temps, le ministère présentait le *bill de coercition*, que les députés irlandais firent échouer à force de faire de l'obstruction. — La ligue agraire lutta par tous les moyens, même par l'assassinat (lord Cavendish et Thomas Burke); elle alla dans une réunion, à Dublin, jusqu'à déclarer que la domination étrangère était la cause des maux de l'Irlande : Parnell fut arrêté, et la ligue dissoute. En 1886, Gladstone proposa au Parlement de voter le *home-rule*, c'était une éclatante quoique tardive réparation des anciennes erreurs; ce projet échoua cependant, et, dans les élections qui suivirent immédiatement, les gladstoniens furent battus. Depuis lors le gouvernement est revenu à la politique de compression, et a voté, le 10 mai 1887, un bill pour réprimer les crimes agraires.

2° L'empire allemand.

Nouvelle constitution de l'Allemagne. — La Prusse organisa la confédération du Nord, qui comprit 22 Etats. — La Bavière, le Wurtemberg, Bade et la Hesse-Darmstadt, formèrent la confédération du Sud, qui s'unit à celle du Nord par des traités secrets, mais surtout par le Zollverein. — Pendant la guerre de 1870, le conseil fédéral rétablit pour le roi de Prusse la dignité impériale, qui lui fut conférée à Versailles (18 janvier 1871). Le nouvel empire comprend 26 Etats : 4 royaumes (Prusse, Bavière, Saxe, Wurtemberg); 6 grands-duchés (Bade, Hesse-Darmstadt, Mecklembourg-Schwerin, Mecklembourg-Strelitz, Saxe-Weimar, Oldenbourg); 5 duchés (Brunswick, Saxe-Meiningen, Saxe-Altenbourg, Saxe-Cobourg-Gotha, Anhaldt); 7 principautés (Schwartzbourg-Rudolstadt, Schwarzbourg-Sondershausen, Waldeck, Reuss-Gretz, Reuss-Géra, Lippe, Schaum-

L'EUROPE DEPUIS 1870 (suite).

L'Europe depuis 1870 (*Suite*).

2° L'Europe. — Le mouvement de politique libérale et parlementaire.

2° L'empire allemand.

bourg-Lippe, Deutmold); 3 villes libres (Brême, Hambourg, Lubeck); un pays d'empire, l'Alsace.

Chaque État a son gouvernement pour les affaires intérieures; le gouvernement fédéral traite les affaires d'intérêt général. Le pouvoir est donné héréditairement au roi de Prusse, qui est empereur en Allemagne et commande les forces militaires de l'empire. Il exerce son pouvoir par un chancelier, président du conseil des ministres de Prusse; il est assisté d'un conseil fédéral (58 députés, dont 17 pour la Prusse seule). Pour certaines questions, il a besoin de l'assentiment du *Reichstag*, composé de 382 membres élus pour trois ans au suffrage universel (236 membres pour la Prusse seule).

M. de Bismarck suscita de grands troubles en Allemagne par sa persécution contre les catholiques (le Kulturkampf. — Les lois de mai). Cependant, après la mort de Pie IX, ses rapports avec le clergé furent moins tendus, et en 1881 il proposa lui-même de modifier les lois qu'il avait fait voter.

D'autre part, la situation matérielle de l'Allemagne était déplorable, et la pesante organisation militaire à laquelle elle se croyait tenue ne faisait que la rendre plus mauvaise. Les socialistes en profitèrent pour soulever la population, et former contre l'empereur Guillaume et son ministre des complots de mort (Kullemann, Hœdel, Nobiling). Le chancelier fit élire un nouveau Reichstag, qui renouvela les lois sévères sur les associations et décréta l'état de siège.

En Alsace-Lorraine, toutes les intrigues du gouvernement allemand n'ont pu réussir à gagner les habitants, qui, à chaque élection, nomment des candidats protestataires (1881-1884).

M. de Bismarck a annexé à l'empire, en 1885, le duché de Brunswick, en refusant de reconnaître comme héritier du duché le duc de Cumberland, fils du roi de Hanovre, et en faisant nommer régent le prince Albert de Prusse.

En novembre 1886 M. de Bismarck demanda au Parlement de voter le *septennat militaire*, projet repoussé le 14 janvier 1887 par les députés, qui ne voulaient accorder que trois années; M. de Bismarck prononça la dissolution du Reichstag en faisant de violentes menaces pour le cas où les nouvelles élections ne lui seraient pas favorables. Il réussit enfin à le faire voter, le 11 mars 1887. L'opposition de l'Alsace-Lorraine dans cette question, entraîna des persécutions de toutes sortes (expulsions, dissolutions de sociétés, procès, affaire Schnœblé.)

Guillaume Ier mourut le 9 mars 1888, à l'âge de quatre-vingt-onze ans. Il a voulu fonder l'unité allemande, et n'a peut-être réussi qu'à établir, pour un temps, l'hégémonie prussienne. Ce souverain ambitieux a obligé l'Europe à se transformer en camp retranché, et a accumulé de gros nuages pour l'avenir.

Règne de Frédéric III (9 mars-15 juin 1888). — Ce prince maladif avait épousé la princesse Victoria d'Angleterre. A la nouvelle de la mort de son père, il quitte San-Remo, où il passait l'hiver, et se rendit à son château de Charlottenbourg, près de Berlin. Ce règne, qui s'annonçait sous les apparences les plus pacifiques, grâce à l'influence de l'impératrice Victoria, se termina le 15 juin. L'empereur mourut le larynx détruit par un cancer.

Règne de Guillaume II. — Fils de Frédéric, il est aussi belliqueux que son père était pacifique. Elève de M. de Bismarck, avec qui il fut d'abord très lié, il visita les principales cours de l'Europe, et s'appliqua à fortifier la *Triple alliance* (Prusse, Autriche, Italie). Il aggrava le régime des passeports pour l'Alsace-Lorraine, et peu à peu se sépara de Bismarck pour suivre une politique personnelle.

Guillaume II s'est occupé beaucoup de réformes sociales. A la suite des grèves importantes en Westphalie (1889), il publia tout un programme social, se déclarant plus pour les ouvriers que pour les patrons, et

L'EUROPE DEPUIS 1870 (suite).

L'Europe depuis 1870 (*Suite*).

2° L'Europe. — Le mouvement de politique libérale et parlementaire.

2° L'empire allemand.

rompant ouvertement avec son chancelier, qui voulait la résistance et la reprise des lois contre les socialistes. M. de Bismarck ne fut suivi ni par l'empereur ni par le Reichstag. Guillaume II fit appel aux puissances pour tenir à Berlin une conférence internationale sur les questions ouvrières. On y arrêta les principes suivants : restreindre le travail des dimanches, fixer à douze ans la limite de l'admission des enfants dans les ateliers, limiter et adoucir le travail des femmes, interdire les travaux souterrains aux enfants âgés de moins de quatorze ans.

Enfin, le 18 mars 1890, le prince de Bismarck, à la suite de conflits incessants avec l'empereur, se retira comblé d'honneurs, mais disgracié. Depuis lors il n'a cessé de faire de l'opposition à la politique impériale, qui a subi d'ailleurs de nombreux échecs.

3° La Russie.

L'émancipation des serfs, publiée le 3 mars 1861 après une préparation de plusieurs années, avait été une révolution pacifique et bienfaisante. Les hautes classes espéraient, en retour, obtenir des libertés politiques ; mais le czar se borna, par une série d'ukases, de 1825 à 1865, à introduire dans l'organisation judiciaire quelques innovations empruntées à l'Occident : publicité des débats, intervention du jury dans les affaires criminelles, abolition des châtiments corporels dans l'armée. La presse périodique obtint aussi plus de liberté, tout en restant sous la surveillance du gouvernement.

Cependant les réformes libérales d'Alexandre II et son heureuse campagne contre la Turquie, 1877-1878 (Voir la question d'Orient), n'empêchaient point de graves difficultés intérieures. Elles étaient le fait des *nihilistes;* ils se recrutaient beaucoup dans les classes moyennes, et, grâce à leur organisation mystérieuse, causèrent des troubles sérieux en Russie en 1878, 1879 et 1881. Le 13 mars 1881, ils tuèrent l'empereur.

Alexandre III. — Ce prince ne fut couronné que le 26 mai 1883, à cause des inquiétudes inspirées par les complots des anarchistes. Enlacé d'abord dans la Triple alliance, il s'en dégagea par antipathie pour les Allemands, et se retourna vers la France. D'autre part, l'empereur était inquiété par une incessante immigration allemande, tandis qu'on refusait aux Polonais russes de pénétrer dans le duché de Posen. Le czar en fut réduit à chasser les Allemands qui avaient immigré en Pologne, et à imposer l'enseignement de la langue russe dans les provinces baltiques. Le journaliste *Katkov*, directeur de la *Gazette de Moscou*, contribua puissamment au réveil de la race slave.

4° L'Italie.

(Voir, au 2e Empire, l'histoire de la formation de l'unité italienne.)

5° L'Espagne.

Anarchie de 1868 *à* 1874. — Après la déchéance d'Isabelle, les chefs de l'émeute convoquèrent les Cortès, élus par le suffrage universel, et proposèrent le rétablissement de la monarchie. Le général Prim proposa *Léopold de Hohenzollern* (beau-frère du roi de Portugal), dont le frère cadet régnait en Roumanie depuis 1866. Les négociations engagées à l'occasion de cette candidature amenèrent la guerre franco-allemande. On s'arrêta à *Amédée de Savoie*, deuxième fils de Victor-Emmanuel ; il se retira à cause des divisions du pays. On proclama alors la *république* (1873-1874) ; mais, en janvier 1874, l'ordre ne se rétablissant pas, on donna la dictature à Serrano. — Le 29 décembre, le général Martinez Campos, qui venait de se signaler en Navarre contre les carlistes, rétablit *don Alphonse*, fils d'Isabelle, au pronunciamento de Valence.

Règne d'Alphonse XII (1874-1885). — *Guerre carliste.* — Don Carlos (Charles VII), depuis 1872, s'efforçait de soulever les provinces basques, la Navarre, l'Aragon, la Catalogne. La mésintelligence affaiblit ses troupes; elles se dispersèrent, et il dut chercher asile en France avec quelques partisans qui avaient refusé l'amnistie offerte par le gouvernement d'Alphonse.

L'EUROPE DEPUIS 1870 (suite).

L'Europe depuis 1870 (*Suite*).

2° L'Europe. — Le mouvement de politique libérale et parlementaire.

5° L'Espagne.

Constitution de 1876 (la douzième depuis 1812). — Le roi a le titre de Majesté catholique, et gouverne avec des ministres responsables. Le pouvoir législatif est aux Cortès, qui comprennent le Sénat et les députés, ces derniers nommés à raison de 1 pour 50000 habitants.

Les insurrections excitées par la société de la *Main-Noire* furent encore aggravées par les malheurs qui accablèrent l'Espagne (inondations, tremblements de terre, choléra). Alphonse XII chercha un appui à l'extérieur, rendit visite à l'empereur Guillaume à Berlin, et en reçut un titre militaire. Cependant, dès 1885, la guerre faillit éclater entre les deux puissances à propos des îles *Carolines*, sur lesquelles les Allemands avaient arboré leur drapeau, malgré les droits des Espagnols. Léon XIII, choisi comme arbitre par M. de Bismarck, donna raison à l'Espagne. — Alphonse XII mourut le 25 novembre 1885. — La reine régente, Marie-Christine, mit au monde Alphonse XIII le 17 mai 1886.

6° La Suède.

La Suède avait ressenti assez faiblement le contre-coup de notre révolution de 1848. Dès 1860, *Charles XV* modifia l'organisation communale en créant des *assemblées provinciales* analogues à nos conseils généraux, et prépara la réforme législative qui fut adoptée le 7 décembre 1865. La *diète* se compose de deux *Chambres* ayant même autorité : la première Chambre est élue pour neuf ans par les assemblées provinciales, la deuxième pour trois ans par les électeurs payant un certain cens. Pour compenser la perte de leurs privilèges, on permit au clergé et à la noblesse de tenir une assemblée particulière tous les quatre ou cinq ans. Depuis 1871, la Norvège a sa représentation spéciale, les *storthings* annuels, elle a aussi un drapeau particulier de commerce et de marine, et une cocarde nationale.

7° L'Autriche.

(Voir l'Europe depuis 1848.) — Malgré une grande crise financière en 1873 après son exposition universelle de Vienne, l'Autriche s'est relevée; ses chemins de fer se sont développés, son commerce s'est accru, et l'agriculture a grandement bénéficié de l'exportation des grains.

Elle a joué un rôle important dans la guerre d'Orient de 1877, et elle a pu obtenir au congrès de Berlin le droit d'occuper militairement la Bosnie et l'Herzégovine. Elle est entrée dans la Triple alliance.

L'Autriche soutint dans ces dernières années une lutte assez vive en Hongrie, où la politique de M. Tisza a suscité une opposition considérable. D'autre part, elle est troublée par un grand mouvement antisémitique.

8° La Confédération suisse.

La Suisse a remanié en 1874 la constitution qu'elle s'était donnée en 1848. Le pouvoir législatif est donné à deux Chambres : le *conseil national* (un député pour 20000 habitants), le *conseil des Etats* (deux députés par cantons). Le pouvoir exécutif est donné au *conseil fédéral* (un député par cantons), élu au scrutin de liste par les deux Chambres réunies. Le président et le vice-président de la confédération sont choisis par le conseil fédéral dans ce même conseil : ils sont nommés pour un an. Un *tribunal fédéral* juge les différends entre les cantons.

Cependant la Suisse marche de plus en plus vers l'unité. Le pouvoir central dirige les postes et les télégraphes, surveille les poids et mesures, vérifie la fabrication des poudres. Toutes les monnaies, les douanes et les armées cantonales ont été supprimées. Le mouvement revisionniste est très puissant; il demande la centralisation des finances, l'exploitation des chemins de fer par le gouvernement central, la liberté du commerce et de l'industrie.

HUITIÈME PARTIE

L'EXPANSION COLONIALE EUROPÉENNE AU XIXe SIÈCLE

I. — La France.

L'expansion coloniale européenne au XIXe siècle. — 1° La France.

1° **En Asie.** — Nous avons fait cinq expéditions : en Chine (1858-1860), au Japon (1864), en Cochinchine (1857-1868), au Tonkin (1882-1884), en Chine (1884-1885). — (Pour les trois premières expéditions, voir les guerres du second empire).

Guerre du Tonkin (1882-1884). — *Cause.* — Pour devenir florissante, notre colonie de Cochinchine avait besoin de communiquer avec la Chine. Le Mé-Kong étant impropre à la navigation, on explora, dans le Tonkin, le *Song-Koï* (fleuve Rouge), qui sort de la Chine méridionale. Les Français Dupuis et Garnier utilisèrent assez facilement cette voie, et occupèrent *Hanoï* et le delta du fleuve, malgré les difficultés suscitées par le gouvernement annamite. Dès la fin de 1873, le Tonkin était conquis, malgré l'assassinat de Garnier. Le 15 mars 1874, nous signions avec Tu-Duc la *convention de Saïgon :* le Tonkin se mettait sous notre protectorat et cessait de persécuter les chrétiens; plusieurs ports seraient ouverts au commerce étranger, et on y admettrait des consuls français avec une garde militaire. En vertu de ce traité, les ports de *Haïphon* et de *Hanoï* furent ouverts en 1875, et celui de *Quin-hoa* en 1876.

Tu-Duc avait traité à contre-cœur; encouragé par la Chine, il entrava notre commerce et soutint les Pavillons-Noirs et les contrebandiers. En mai 1882, le commandant Rivière alla réclamer l'exécution des traités et prit *Hanoï*. La même année, notre ministre résident en Chine signait un traité que le gouvernement désavoua. En 1883, Rivière et le lieutenant de vaisseau Berthe de Villers furent tués; c'est pour les venger qu'on fit l'expédition.

L'amiral Courbet attaqua l'Annam, pendant que le général Bouët luttait dans le Tonkin. Courbet prit *Hué* et imposa le traité de Hué, qui établissait notre protectorat définitif sur l'Annam. — Au Tonkin, Bouët, après deux échecs à *Song-Taï*, laissa le commandement au colonel Bichot, qui se tint sur la réserve. Courbet prit ensuite la direction générale des opérations et occupa *Song-Taï* (décembre 1883). — Après l'arrivée des généraux Brière de l'Isle et de Négrier, nous occupâmes : Bac-Ninh, Hong-Hoa, Tuyen-Quan (mars-avril 1884).

Premier traité de Tien-Tsin (mai 1884). — La Chine demanda la paix : elle rappellera ses troupes du Tonkin, reconnaîtra notre protectorat sur l'Annam et le Tonkin, et consentira à la liberté du trafic entre l'Annam, la France et les provinces chinoises de Yun-Nan, Kouang-Si, Canton.

Guerre de Chine (1884-1885). — La Chine s'efforça d'empêcher l'exécution de ce traité, puis nous attaqua en arrêtant les troupes qui allaient occuper *Lang-Son* et *Lao-Kay*, conformément au traité. Après notre retraite de *Bac-Lé*, la guerre reprit aussitôt. — Le 23 août, Courbet bombarde *Fou-Tchéou;* le 2 octobre, bombardement et prise des forts de *Kélung* (Formose). Le gouvernement oblige l'amiral à s'établir dans l'île, au lieu de porter la guerre dans le Pé-Tchi-li, comme il le désirait; il fut réduit à l'impuissance.

Au Tonkin, Brière de l'Isle, commandant après la démission du général Millot, resta longtemps sur la défensive; enfin il prit *Lang-Son* (février 1885). Il dégagea ensuite *Tuyén-Quan*, défendue depuis cent jours par le colonel Dominé et le sergent Bobillot. Pendant ce temps, de Négrier, isolé dans l'est du Tonkin, où ses troupes étaient dispersées, avait été attaqué par les Chinois; à la suite d'une blessure, il remit le commandement au colonel Herbinger, qui crut devoir reculer jusqu'à *Chu*, d'où la colonne était partie deux mois auparavant.

Sur mer, le dernier fait d'armes fut la prise des *Pescadores* par Courbet (mars 1885), suivie du second traité de *Tien-Tsin*, qui ratifia le premier. Cette guerre avait été sans résultat. — Peu après le traité, Courbet mourut du choléra.

L'EXPANSION COLONIALE EUROPÉENNE AU XIX° SIÈCLE (suite).

L'expansion coloniale européenne au XIX° siècle (*Suite*).

1° La France.

2° **En Afrique.** — La France a fait cinq expéditions en Afrique : la conquête de l'Algérie (voir plus haut), la guerre de Tunisie (1881-1882), l'expédition de Madagascar (1883-1885), les campagnes du Sénégal (1863-1884), les expéditions au Congo.

Guerre de Tunisie (1881-1882). — *Cause.* — Le bey Mohammed-es-Sadok, profitant de nos désastres et influencé par le consul italien, retira à nos nationaux des concessions faites pour les chemins de fer, et arrêta les travaux de la ligne de Tunis à Sousse. La France, qui avait obtenu, au congrès de Berlin, de développer son influence en Tunisie, se décida à agir à la suite des nombreuses violations du notre territoire par les Kroumirs (1881).

Les faits. — Le général Forgemol prit *Kef* et *Béja;* la flotte débarqua à *Tabarka* et à *Bizerte*, et le 12 mai, la Tunisie fut mise sous notre protectorat par le traité du *Bardo*. Mais bientôt les tribus se soulevèrent en masse, et le général Saussier dut envahir une seconde fois la Tunisie, pendant que l'amiral Garnault attaquait les ports. Nous prîmes : *Sfax, Gabès, Kairouan* (juillet-octobre). Les tribus révoltées se soumirent. — Seule l'Italie essaya d'entraver notre action en Tunisie.

Expédition de Madagascar. — *Cause.* — En 1881, la reine Ranavalona II fit abattre le drapeau français et occuper militairement le territoire des Sakalaves, qui était sous notre protectorat ; en même temps elle restreignait la vente des terres à ses sujets. C'était la violation d'un traité signé avec la France en 1868. La reine refusant toute réparation, l'amiral Pierre fut chargé d'une intervention armée.

Les faits (1883). — L'amiral bombarde la côte occidentale de l'île et jette une garnison dans *Majunga*. En juin, il bombarde et occupe *Tamatave* sur la côte orientale, et meurt en rentrant en France. Les amiraux Galiber et Miot lui succèdent et n'obtiennent rien de la reine ; Miot fut même battu par les Hovas, commandés par des Anglais. La reine céda cependant par crainte d'une intervention plus active.

Traité du 17 décembre 1885. — Madagascar passe sous notre protectorat ; les Hovas nous laissent la baie de *Diégo-Suarez* et nous donnent 10 millions d'indemnités. Les Français pourront conclure et renouveler leurs baux en toute liberté. — Aujourd'hui encore les Anglais soulèvent mille difficultés contre l'observation de ce traité.

Campagnes du Sénégal. — Les traités de 1815 nous avaient rendu le Sénégal, que les Anglais avaient occupé pendant la révolution. Malgré la création de plusieurs postes, de 1820 à 1840, cette colonie végétait, et les missionnaires musulmans poussaient les noirs à nous chasser. *Faidherbe*, nommé gouverneur en 1854, changea la situation. Il repoussa les indigènes dans l'intérieur, fortifia *Bakel* et éleva les forts de *Rufisque, Portudal, Joal, Médine*. En 1860, il soumit le souverain de *Bambouk;* il occupa ensuite la *côte de Cayor*, la *presqu'île du Cap-Vert*, où fut créé le port de *Dakar* (1863). — Plus tard, nous annexions les bouches du *Saloun*, du *Rio-Nunez*, du *Rio-Pungo*, de la *Mellacorée*, où l'on construisit un certain nombre de forts. De plus, des missions scientifiques remontèrent le Sénégal et allèrent jusqu'au Niger nous préparer des alliances (Mage alla jusqu'au Ségou en 1864).

En 1879, *Galliéni* imposa un traité au roi du *Ségou* (comptoirs, voies commerciales, résident français dans la capitale). — En 1881, le docteur *Bayol* alla jusqu'aux sources de la Gambie, et mit le *Fouta-Djallon* sous notre protectorat. — *Borgnis-Desbordes* (1881-1883) s'appliqua à relier, par des postes, le Sénégal et le haut Niger ; il fit trois expéditions, traversa le *Bafoulabé*, battit Samory, roi des Malinkés, et alla jusqu'à *Bammakou* sur le Niger, où il fit construire un fort pendant que Bayol s'avançait jusqu'à *Moundia*, au N.-O. du Ségou.

Pendant ces expéditions, Ahmadou était devenu notre ennemi, tandis que Samory se déclarait notre allié ; en 1886, Samory envoya son fils à Paris et se mit sous notre protectorat. — Nous avons établi une grande voie commerciale entre le Niger et l'Océan ; elle se compose : 1° du chemin de fer Dakar-Saint-Louis ; 2° du Sénégal, navigable de Saint-Louis à Médine ; 3° d'une route de Saint-Louis à Bammakou par Médine, et protégée par des forts entre Médine et le Niger. En 1884, on a lancé la première canonnière sur le Niger.

Expédition au Congo. — En 1843, nous avons occupé le *Gabon*, où des esclaves affranchis avaient bâti *Libreville* (1849) ; plus au sud, nous avons pris l'embouchure de l'*Ogboué*, dont on ignorait les sources.

L'EXPANSION COLONIALE EUROPÉENNE AU XIXe SIÈCLE (suite).

L'expansion coloniale européenne au XIXe siècle (*Suite*).

1° La France.

C'est pour trouver ces sources que MM. *Marche* et *Compiègne* firent une expédition en 1872; ils reculèrent devant la férocité des indigènes. En 1875, MM. *Marche, Savorgnan de Brazza* et *Balay*, remontèrent l'Ogooué jusqu'au point où il cesse d'être navigable, et poussèrent leurs explorations jusqu'à l'*Alima*. Ils constatèrent que l'Ogooué n'est pas affluent du Congo, et reconnurent la richesse du pays.

Rentré à Paris, Brazza apprit les résultats du voyage de Stanley et les difficultés de la navigation du Congo; il voulut prévenir Stanley et tourner la difficulté en établissant, au nom de la France, une priorité d'occupation sur la rive droite du moyen Congo; il pensait amener ainsi à l'Océan, par l'Ogooué, les produits du centre de l'Afrique. Parti en 1879, il fonda *Franceville* sur l'Ogooué supérieur, pénétra sur le territoire des Batékés, et par le traité du 10 septembre 1880, obtint pour la France le territoire qui va jusqu'au Congo entre les rivières Djoué et Empila. Il fonda *Brazzaville* et rentra en France. — En 1883, Brazza partit pour la troisième fois, prit la baie de *Loango*, à l'embouchure du Quillou, celle de *Ponto-Negro*, retourna chez les Batékés et fonda de nouvelles stations. — En 1887, il repartit avec le titre de commissaire général de la république française.

Conformément aux conventions signées avec l'Allemagne, le Portugal et l'Association internationale du Congo, le *Congo français* est limité, au nord, par la baie et la rivière de Campo avec le parallèle correspondant jusqu'au 15° de longitude orientale; à l'est et au sud-est, par l'Oubandji et le Congo jusqu'à Mayanga; au sud, par le cours supérieur du Chiloango et par la ligne de faîte droite de ce bassin jusqu'à la pointe Chamba; à l'ouest, par l'Océan, sauf sur un point où l'Espagne revendique le cap San-Juan et les îles Elobey et Corisco.

3° **En Amérique.** — *Percement de l'isthme de Panama.* — Dès le XVIe siècle, l'Espagne, dans la crainte de perdre le monopole du commerce, rejeta une proposition de F. Cortez, ayant pour but de percer l'isthme qui relie les deux Amériques. En 1855, on relia, par un chemin de fer, Colon et Panama; en 1879, M. de Lesseps sut faire accepter, malgré l'opposition des Etats-Unis, un projet de canal dont il commença l'exécution en 1881. Les difficultés imprévues des travaux ont absorbé les fonds; la compagnie a liquidé sa situation et suspendu les travaux.

4° **En Océanie.** — 1853, occupation de la Nouvelle-Calédonie; 1863, des Loyalty; 1880, de Taïti, qui était sous notre protectorat depuis 1843; 1881, occupation des îles *Gambier*, Bapa et Tubouaï.

II. — L'Angleterre.

2° L'Angleterre.

1° **En Asie.** — *Les Russes et les Anglais en Asie.* — *Progrès des Anglais en Hindoustan.* — En 1799, à la mort de Tippo-Saïb, les Anglais annexèrent le *Mysore* et le *Carnatic*, et imposèrent l'autorité de la compagnie des Indes à l'*Oude* et au *Deccan*. Les princes indigènes se soulevèrent contre le chef des Mahrattes qui avait reconnu l'autorité de la compagnie; les Anglais les battirent (Wolseley, Wellington, 1803-1805) et occupèrent la vallée du Gange. De 1807 à 1813, la soumission des Sikks leur donna le *Lahore*, la vallée du Cachemire et une partie de l'Asie centrale. Après l'alliance de Napoléon et du czar à Tilsitt, les Anglais négocièrent avec Caboul et Téhéran et obtinrent que la Perse fermât la route des Indes aux Russes. — De 1813 à 1823, ils se rendirent maîtres du pays compris entre le cap Comorin, le Gange et l'Indus, par l'acquisition d'une partie du *Nepaul*, par l'établissement d'un résident à *Katmandou*, et la reconnaissance de l'autorité de la compagnie par les rajahs du *Radjpout*. — De 1823 à 1857, les Anglais acquirent : Malacca, Singapoor, l'archipel Mergui, Périm, Aden.

Progrès des Russes au sud du Caucase. — Les Russes, cherchant une route vers les Indes, avaient conquis, de 1799 à 1804 : la *Géorgie*, la *Gourie*, la *Mingrélie*, l'*Iméritie*; en 1813, ils prirent à la Perse : le *Daghestan*, le *Chirvan* et les ports de *Bakou* et *Derbent* sur la Caspienne; en 1828, ils acquirent la province d'*Erivan* et le droit exclusif d'avoir des vaisseaux sur la Caspienne; en 1859, ils soumirent définitivement les *Circassiens* (entre mer Noire et mer Caspienne). — Les Russes pénétrèrent en Asie en tournant la Caspienne, maîtres du pays des Kirghiz et d'Orenbourg, sur l'Oural, leurs relations commerciales les entraînèrent jusqu'à *Boukhara*, *Samarcande* et *Kaschgar*. La Perse et l'Afghanistan allaient devenir le théâtre de leur lutte contre les Anglais.

Les Russes et les Anglais dans le Turkestan. — *Hérat*, position militaire et commerciale du premier ordre, attaquée dès 1838 par la

L'EXPANSION COLONIALE EUROPÉENNE AU XIXe SIÈCLE (suite).

L'expansion coloniale européenne au XIXe siècle (*Suite*). — 2° L'Angleterre.

Perse, que soutenaient les Russes, se défendit grâce aux Anglais, qui dès lors s'efforcèrent de prendre une forte position dans l'Afghanistan. En 1840, ils suscitèrent une révolution à *Caboul*, qu'ils prirent, ainsi que *Kélat* et *Kandahar*. Les Afghans se vengèrent en massacrant les Anglais (1842); mais leur pays fut mis à feu et à sang, et la compagnie s'annexa le *Sindy* et le *Pendjab* en 1843 et l'*Oude* en 1855.

Les Russes arrivèrent à *Hérat* par l'Amou-Daria. En 1854, ils imposèrent un traité d'alliance au khan de *Kiva*, où ils étaient arrivés par la mer d'Aral, et depuis lors le czar a dans cette ville un corps de cavaliers indigènes commandés par des officiers russes.

Révolte des cipayes (1857-1858). — Le gouvernement anglais, ayant racheté l'actif de la compagnie, l'avait réduite au seul gouvernement de l'Inde. Les exactions des agents et des résidents irritèrent les Hindous; ils se soulevèrent avec l'armée indigène des cipayes, fatiguée des expéditions hors de l'Inde. Le gouvernement acheva de les exaspérer en leur imposant de se servir de cartouches enduites à la graisse de vache, animal sacré pour les Hindous. Les Européens furent massacrés dans la vallée du Gange, et les Hindous prirent *Delhi*; enfin, en 1858, les Anglais rétablirent l'ordre après avoir poursuivi les révoltés jusque dans le Népaul. L'Angleterre rendit la compagnie responsable de ces révoltes, la supprima et, en 1859, la couronne prit le gouvernement des Indes. En 1860, l'armée royale s'y installa, un vice-roi s'établit à Calcutta, et en 1867 la reine prit le titre d'*impératrice des Indes.*

Les Russes et les Anglais depuis 1867. — Les Anglais gagnèrent l'émir de Caboul et le soutinrent contre la Perse, alliée des Russes. En 1863, l'émir prit *Hérat*. A sa mort, Russes et Anglais se disputèrent l'alliance du nouvel émir; il se mit sous le protectorat russe. Les Anglais intervinrent alors et obtinrent par les armes des concessions importantes au traité de *Gandamak* (mai 1879). En 1880, les Afghans révoltés battirent une armée anglaise venue de l'Hindoustan. Après de longues querelles intérieures, l'émir accepta une pension des Anglais et devint leur vassal.

Les Russes, pendant ce temps, avaient occupé : *Tachkend, Kochend, Samarcande*, qui leur livraient, avec le Syr-Daria, le marché du Turkestan chinois. Le khan de *Bokhara* se déclara vassal du czar (1868) et celui de *Khiva* abandonna la rive gauche de l'Amou-Daria. En 1876, ils annexèrent le *Kokand*; en 1881, *Geok-Tépé*; en 1883, *Serraks*. — En 1887, Bismarck fit régler à Londres la frontière afghane et empêcha la guerre qui était sur le point d'éclater. Cette frontière part des bords de l'Hériroud, laisse Pul-I-Katum aux Russes, le défilé de Zulficar aux Afghans, franchit le Mourg-ab en amont du Pendjeh et rejoint l'Amou-Daria. — Depuis lors les Russes et les Anglais ont ouvert des routes qui leur permettent de transporter rapidement leurs troupes aux frontières afghanes. Les Anglais ont fait un chemin de fer qui part de *Charkapour* sur l'Indus et aboutit à Kandahar. Les Russes ont fait le *transcaspien.*

Le transcaspien. — Sa longueur jusqu'à Samarcande est de 1360 verstes ou 89120 mètres, depuis *Ouzoun-Ada*, dont la baie est toujours remplie de bateaux arrivant de Bakou et de Tchikichliar; ce port a l'avantage de ne pas geler, ce qui garantit l'accès de la voie ferrée par mer et lui assure une communication directe et constante avec la Russie. Cette ligne permet à la Russie de concentrer des forces sérieuses aux portes de Hérat, ou même de les transporter par les vapeurs qui circulent aujourd'hui sur l'Amou-Daria jusqu'au pied des passes de l'Hindou-Kousch, qui mènent aux Indes.

L'importance commerciale de ce chemin de fer n'est pas moindre que l'importance stratégique, et tous les moyens ont été pris pour l'accroître encore; aussi les quais de *Tchardjoui* (où l'Oxus a 1500 mètres de large et une profondeur moyenne de 1 mètre pendant la moitié de l'année), sont déjà couverts de cargaisons de laine, de soie, de fruits secs et surtout de coton. Jusqu'à présent, les neuf dixièmes du coton nécessaire aux manufactures russes venaient d'Amérique ou d'Egypte, et un dixième seulement de l'Asie centrale. Les principales stations sont : Kazandjik, Kizil-Arvât, Geok-Tépé, Askhabad, Douchak, Merv, Bokhara, Kata-Kourgan et Samarcande.

A l'est des Indes, les Anglais ont imposé, en 1885, leur protectorat au roi de Birmanie.

En Chine. — *Guerre de l'opium. — Traité de Nankin* (1839-1842). — Bien que la Chine ne tolérât le commerce étranger qu'à *Canton* et à *Macao*, les Anglais vendaient, argent comptant, pour 120 millions d'opium par an. L'empereur interdit ce trafic, arrêta les résidents anglais et les menaça de mort si dans les trois jours ils ne livraient

L'EXPANSION COLONIALE EUROPÉENNE AU XIXe SIÈCLE (suite).

L'expansion coloniale européenne au XIXe siècle (*Suite*).

2° L'Angleterre.

l'opium qu'ils détenaient (il fit jeter à la mer 22000 caisses). Les relations commerciales furent rompues à la suite de ces violences et une collision entre des jonques chinoises et des corvettes anglaises amena la guerre.

En juin 1860, les Anglais bloquèrent la rivière de Canton, occupèrent l'île de Chusan et s'établirent à l'embouchure du Peï-Ho. Les Chinois demandèrent à traiter, mais l'empereur refusa de signer la *convention de Canton*. Les Anglais prirent alors : *Amoy*, *Chang-Haï*, *Ning-Po*, et remontèrent le Yang-Tsé-Kiang jusqu'à *Nankin*, où fut signée la paix ; les Anglais obtenaient Hong-Kong et 100 millions. Les ports de Canton, Amoy, Fou-Tchéou, Ning-Po, Chang-Haï, étaient ouverts aux étrangers (août 1842).

Les Anglais firent aussi avec nous la campagne de 1859-1860 (traité de Tien-Tsin).

2° **En Afrique**. — En 1857, le capitaine *Burton*, chargé par la société géographique de Londres de reconnaître un grand lac signalé dans l'est africain par les missionnaires de Zanzibar, découvrit le *Tanganika*; en 1858, *Speke* découvrit le *Victoria-Nyanza*; *Baker* (1862-1864), venu par l'Égypte, découvrit l'*Albert-Nyanza* et constata que ces deux derniers lacs étaient les réservoirs du Nil.

Les explorateurs de race anglaise les plus illustres sont : Livingstone, Cameron, Stanley.

1° *Livingstone*. — Né en 1813, il étudia à Glasgow et fut reçu docteur en médecine et ministre protestant. Parti pour l'Afrique méridionale en 1840, il séjourna trois ans au Cap, passa chez les Betchouanas et se lança dans l'intérieur. Dans un premier voyage, il alla jusqu'à *Saint-Paul-de-Loanda* par le désert de *Kalahari*, le lac *N'gami*, qu'il découvrit (1851); le *Zambèze*, qu'il remonta, ainsi que le *Liba*, son affluent, jusqu'au lac *Dilolo*. De *Kalango* il alla à *Saint-Paul*, où il arriva en mai 1854. Dans un deuxième voyage (1855), il explora le cours inférieur du Zambèze et arriva à *Quilimane*. En 1858, nommé consul à Quilimane, il reprit ses voyages et découvrit le lac *Nyassa*, qui se déverse par le *Chiré* dans le Zambèze. La maladie l'empêcha de reconnaître le cours supérieur du Congo. Longtemps on le crut mort; Stanley, envoyé à sa recherche, le trouva à *Oujiji*, sur les bords du Tanganika, mais ne put le décider à rentrer en Europe. Le corps de Livingstone, rapporté à Londres après sa mort, a été déposé à Westminster.

2° *Cameron*. — Ce lieutenant de marine s'offrit à la société géographique pour relever le cours du *Loualaba*. Parti de *Bagamoyo*, il découvrit le *Loukouga*, par où le Tanganika se déverse dans le Loualaba, qu'il ne put explorer à cause de la férocité et des superstitions des indigènes. Il aboutit sur l'Atlantique près de *Benguelo*. C'est le premier Européen qui ait traversé l'Afrique tropicale au XIXe siècle (1873-1875).

3° *Stanley*. — Parti de Bagamoyo en 1874, il explora les lacs Victoria et Albert-Nyanza (1875), et visita l'*Ouganda* et fit le tour du Tanganika (600 km. 14857 kc.). En août 1876, il aboutit au Loualaba, qu'il remonta jusqu'au point qu'il appela *Stanley-Pool*. Le 8 mai 1878, il était à *Banana*, à l'embouchure du Congo, après avoir reconnu l'identité du Loualaba et du Congo.

Léopold II, roi des Belges, fonda, en 1876, l'Association internationale africaine, dont il fut le protecteur et Stanley le directeur. Presque toutes les puissances y adhérèrent; l'Angleterre s'abstint.

En 1879, Stanley partit des bords du Congo, sur lequel il créa des stations commerciales, et d'où il fit ouvrir une route jusqu'à Stanley-Pool. Sur la rive droite, le sergent Malamine lui montra le traité signé par de Brazza avec Makoko, et l'obligea à passer sur la rive gauche, où il fonda *Léopoldville*; il créa ensuite des postes jusqu'à *Stanley-Falls*.

Conférence de Berlin (1884-1885). — Pour prévenir les conflits, les puissances européennes et les États-Unis se réunirent en conférence à Berlin. On reconnut l'*État libre du Congo* sous la souveraineté du roi des Belges, la neutralité de la vallée du Congo et la liberté de commerce pour tous les pavillons. Le nouvel État fut limité, au nord, par la ligne de faîte qui sépare le bassin du lac Tchad de celui du Congo; à l'est, par les lacs Tanganika, Moéro, Banguélo; au sud, par les monts Lokinga, le Congo portugais, l'Océan, le Congo français. — Toute puissance qui voudra fonder des établissements en Afrique devra notifier sa prise de possession à toutes les puissances adhérentes à la conférence, et s'engager à maintenir l'ordre sur son territoire.

L'EXPANSION COLONIALE EUROPÉENNE AU XIXe SIÈCLE (suite).

L'expansion coloniale européenne au XIXe siècle (*Suite*).

2° L'Angleterre.

Les Anglais au Cap. — Les traités de 1815 avaient confirmé aux Anglais la possession du Cap, pris aux Hollandais pendant les guerres de l'empire. — Les *Boërs*, pour protester contre le bill de 1834, qui abolissait l'esclavage dans les colonies anglaises, occupèrent le pays des Zoulous et des Cafres et fondèrent la *Société sud-africaine de Port-Natal*. Poursuivis par les Anglais, ils fondèrent, derrière les monts *Drakemberg*, l'*Etat libre du Fleuve-Orange* et la *république du Transvaal* (1842-1848). L'Angleterre reconnut leur indépendance en 1852. — En 1880, l'Angleterre prit à l'Etat du Fleuve-Orange le *Gringualand*, et, tout en lui laissant son indépendance intérieure, lui imposa un résident pour régler ses affaires extérieures. En 1884, la république a pris le nom de *république sud-africaine* et a signé des traités de commerce avec la Hollande, la Belgique, la France et le Portugal. — En 1872, *Cettivayo*, roi du Zoulouland, refusa de diminuer son armée et vit ses Etats annexés à la colonie du Cap (1878). C'est dans cette dernière campagne que périt le fils de Napoléon III.

Les Anglais en Egypte. — En 1863, le vice-roi Ismaïl voulut occuper toute la vallée du Nil, et introduire dans ses Etats la civilisation européenne. En 1866, il prit le titre de khédive; en 1874, il annexa la Nubie, le Darfour et la région du haut Nil; en 1875, il fit une expédition en Abyssinie, mais il ruina son trésor et la banqueroute devint imminente; la France et l'Angleterre menacèrent d'intervenir. Ismaïl donna alors aux Anglais, pour 100 millions, ses 177000 actions du canal de Suez, et prit dans son ministère un Anglais et un Français. Les indigènes chassèrent bientôt les ministres étrangers; le sultan obtint la démission d'Ismaïl en faveur de son fils *Tewfik* (1879), qui ne supporta pas longtemps l'influence européenne. En septembre 1880, une émeute militaire, excitée par le colonel *Arabi*, éclata au Caire; Arabi se fit nommer ministre de la guerre. L'arrivée de la flotte anglo-française devant Alexandrie ne fit qu'accroître la révolte. Les Arabes massacrèrent les Européens, et les Anglais bombardèrent la ville. La Chambre française refusa les crédits pour cette expédition et fit rappeler nos vaisseaux. Arabi se retira sur le Caire; mais les Anglais, après la prise d'*Ismaïlia*, le battirent à *Tel-El-Kébir*, le prirent et le reléguèrent à *Ceylan*. L'administration égyptienne fut alors placée sous la surveillance d'un résident anglais et le pays occupé par 6000 hommes. — Dans le même moment, un mahdi prenait *El-Obeid* et prêchait la guerre sainte en Nubie et dans le Soudan égyptien. Il battit les Anglo-Egyptiens en novembre 1883 et février 1884. *Gordon-Pacha*, envoyé pour délivrer les troupes enfermées dans *Kartoum*, y fut cerné par le mahdi et capitula (juin 1885, après trois cent dix-sept jours de siège). — *Emin-Pacha*, établi par Gordon gouverneur du haut Nil et bloqué par le mahdi, fut délivré par Stanley et ramené à Bagamoyo (1889). Dans cette expédition, Stanley avait remonté le Congo, reconnu l'Aruwimi et constaté l'existence de la forêt du Congo, plus grande que la France et la péninsule ibérique réunies.

L'Egypte doit rester sous le protectorat anglais tant qu'il y aura danger pour la paix. En 1885, la conférence de Londres a proclamé la liberté absolue du canal de Suez et l'obligation pour l'Egypte de poursuivre l'amortissement de sa dette.

3° **Les Anglais dans l'Amérique du Nord.** — Après la guerre de l'indépendance des Etats-Unis, l'Angleterre possédait encore la Nouvelle-Bretagne, mais les provinces arrachées à la France par les traités de Paris et d'Utrecht étaient peu sympathiques au nouveau gouvernement, et les Etats-Unis cherchaient à les gagner à leur alliance. Aussi l'Angleterre leur rendit une autonomie presque complète en 1867. Le haut et le bas Canada, la Nouvelle-Ecosse, le Nouveau-Brunswick, formèrent le *Dominion of Canada* (cap. *Ottawa*). Le vice-roi eut le pouvoir exécutif, et les affaires communes furent traitées par le parlement fédéral. Les Canadiens eurent la liberté des cultes, de la presse, de réunion, et le libre exercice de leurs lois, de leurs coutumes et de leur langue. Le territoire de la baie d'Hudson, la Colombie anglaise, l'île du Prince-Edouard, entrèrent un peu plus tard dans la confédération. — Un chemin de fer fut construit entre *Halifax* sur l'Atlantique et *New-Westminster* sur le Pacifique.

4° **Les Anglais en Australie.** — Cook avait pris possession de la côte orientale de l'Australie en 1770. Après la perte des Etats-Unis, c'est là que se portèrent les Anglais et qu'ils réussirent, aux dépens des Hollandais. En 1788, un pénitencier fut fondé à *Botany-Bay*, et peu après, un autre à *Sidney*. On cessa de déporter les convicts quand la découverte des mines d'or eut attiré de nombreux émi-

L'EXPANSION COLONIALE EUROPÉENNE AU XIXe SIÈCLE (suite).

L'expansion coloniale européenne au XIXe siècle (*Suite*).

2° L'Angleterre. — grants. Ce continent, de neuf cents lieues de largeur sur sept cents de longueur, a été exploré par les Anglais à partir de 1828. En 1860, il a été traversé pour la première fois par Burke. On a reconnu, au centre, une grande région déserte et sablonneuse comme le Sahara.

3° L'Allemagne. — L'Allemagne a commencé à se créer des colonies en 1884, par l'intermédiaire de compagnies spéciales fondées à Hambourg et à Brême, sous l'autorité du gouvernement et protégées par la marine de l'État. — *En Afrique.* — Elle possède : *Petit-Popo*, le territoire de *Cameroun*, sur les côtes de Guinée, la terre de *Luderitz*, entre le cap Frio, le désert de Kalahari et le fleuve Orange. Sur l'océan Indien, elle a le protectorat de l'*Ousagara* et du littoral entre le Tana et le cap Guardafui. Une convention avec l'Angleterre (1er juillet 1890) lui a donné le protectorat de la région comprise entre la rive orientale du Tanganika et la côte.

4° L'Italie. — Ils se sont établis sur la baie d'*Assab* en 1880, et ils ont occupé *Massouah* en 1885 sous prétexte d'aider les Anglais dans leur lutte contre le Mahdi ; mais les Abyssins refusent de reconnaître leurs droits sur ce territoire et cherchent à les expulser.

LE NOUVEAU MONDE

I. Les États-Unis.

Les États-Unis ont aujourd'hui 62 millions d'habitants répartis en 42 États, 5 territoires, 1 district fédéral, l'Alaska, et le territoire indien. Cette prospérité est due à l'activité de la race anglo-saxonne, à la richesse du sol, au développement considérable de l'émigration européenne, et aussi à la constitution américaine, qui donne une large place à la liberté et à l'initiative personnelle.

La guerre de sécession. — *Causes :* 1° Les États du Nord, livrés à l'industrie et au commerce maritime, demandaient des *tarifs protecteurs*, pendant que les États du Sud, exclusivement agricoles, voulaient le libre-échange; 2° le Nord, en proclamant la liberté du travail, pensait gagner des bras à l'industrie, et pour cela voulait abolir l'esclavage. Le Sud, qui avait besoin du travail des nègres, était opposé à cette suppression, qui touchait d'ailleurs à une question électorale; 3° les républicains du Nord voulaient donner tout pouvoir au congrès en matière législative; les démocrates du Sud voulaient respecter et étendre les libertés de chaque État; 4° en 1860, l'élection d'*Abraham Lincoln*, opposé à l'esclavage, fut le signal de la guerre. Dix États se séparèrent aussitôt de l'Union et prirent les armes (les deux Carolines, le Mississipi, Alabama, Floride, Géorgie, Louisiane, Texas, Tennessee, Virginie). *Richmond* devint leur capitale et *Jefferson* leur président.

Le Nord avait sur le Sud l'avantage d'une population plus nombreuse (26 millions contre 6), mais le Sud était mieux commandé. Les principaux généraux du Nord, furent : Grant, Mac-Clellan, Butler; — ceux du Sud : Jackson, Beauregard, Jonhston, Lee.

Faits militaires. — En avril 1861, les sudistes prirent le fort de *Sumter*, en face de Charlestown, et marchèrent sur Washington. Dans l'est, la lutte se borna cependant à des expéditions sans importance. On peut signaler le premier combat entre deux vaisseaux cuirassés, le *Mérimac* et le *Monitor*. Au printemps 1862, Grant et les nordistes agirent dans l'ouest et s'avancèrent sur le Mississipi par l'Ohio et le Tennessee; ils furent vainqueurs à *Pittsburg* et à *Memphis*, pendant que Butler débarquait à l'embouchure du Mississipi et prenait la *Nouvelle-Orléans* et *Bâton-Rouge*. Les nordistes coupèrent aux États maritimes toute communication avec les États de l'ouest.

Sur la côte orientale, Mac-Clellan arriva jusqu'à dix milles de Richmond, d'où, après une semaine de lutte (semaine des sept batailles), il dut battre en retraite. Les sudistes reprirent l'avantage, et marchèrent sur Washington. Malgré cela, Lincoln fit voter à ce moment même la conscription et l'abolition de l'esclavage (22 septembre 1862). Depuis lors la lutte redoubla de férocité. Cependant Mac-Clellan arrêta les sudistes à *Shapsburg*, puis, accusé de viser à la dictature, il fut remplacé successivement par Burnside et Hooker, qui faillirent laisser prendre Washington par Lee. Les nordistes furent sauvés par la victoire de *Gettysbury*. Grant, de son côté, prit *Wicksburg* et *Port-Hudson*, les dernières places qui le séparaient de l'autre armée nordiste commandée par Butler.

Le triomphe définitif des nordistes fut assuré par une campagne de Grant dans l'est et par une de Sherman dans le centre et le sud. Ces deux généraux, réunis en Virginie, firent capituler Lee à *Petersburg*, et obligèrent Johnston à se rendre et le président Jefferson à fuir vers le Mississipi. *Lincoln* fut assassiné au théâtre, le 14 avril 1865.

LE NOUVEAU MONDE (suite).

I. Les États-Unis (Suite).

Résultats. — Cette guerre coûta la vie à 500000 hommes; il y eut un million de blessés; l'Union s'endetta de 17 milliards, et le Sud se ruina; le commerce anglo-français souffrit de ce que l'exportation du coton fut arrêtée; les Etats du Nord durent augmenter leur flotte et leur armée. — Le 31 mai 1865, le Congrès vota l'abolition de l'esclavage.

Constitution des Etats-Unis. — C'est une confédération d'États indépendants liés seulement par le besoin de la défense et de la prospérité communes. La constitution fédérale et les constitutions particulières sont basées sur ce principe : liberté de l'industrie dans l'Etat, liberté des Etats dans l'Union. — Le gouvernement de l'Union comprend trois pouvoirs distincts : les pouvoirs législatif, exécutif, judiciaire. Le pouvoir législatif est exercé par deux Chambres, l'une (Chambre des représentants) élue pour deux ans au suffrage universel et direct, l'autre (Sénat) formée de deux sénateurs de chaque Etat, élus par les législatures locales; elle est renouvelable par tiers tous les deux ans. Ces deux Chambres réunies forment le *Congrès*, qui seul a l'initiative des lois, règle les taxes et les impôts, fait les emprunts et les traités, lève les troupes. — Le pouvoir exécutif est donné au *président*, qui n'a pas d'initiative législative, et dont les ministres ne siègent pas au Congrès. Il commande en chef les troupes de l'Union, mais ne nomme qu'avec l'agrément du Sénat les ambassadeurs, les ministres, les consuls et les juges de la cour suprême. Il est élu pour quatre ans par un collège d'électeurs choisis dans chaque Etat; il est rééligible.

II. Haïti.

Affranchie de la domination française en 1807, Haïti n'a cessé depuis lors d'être en guerre civile. Depuis 1843, l'île est partagée en deux Etats : la *république dominicaine*, capitale *Saint-Domingue*, et la *république haïtienne*, capitale *Port-au-Prince*. Cette division n'a pas ramené la paix; une dernière insurrection a éclaté en 1889 à Haïti, où les généraux Légitime et Hippolyte se sont disputé le pouvoir les armes à la main.

III. L'Amérique du Sud.

Depuis 1830, l'Amérique du Sud a été souvent l'objet de guerres intestines et de guerres étrangères sans qu'aucun Etat, sauf le Chili, ait accru son territoire. D'ailleurs, les sociétés secrètes sont maîtresses dans ces contrées, et elles ont fait assassiner (6 août 1875) le docteur *Garcia Moreno*, président de l'Equateur, qui avait voulu lancer son pays dans le progrès moderne, en prenant le catholicisme pour base.

Guerres du Chili. — 1° En 1864, les Espagnols occupèrent les îles *Chinchas*, au sud de Callao; en 1866, le Chili, le Pérou, l'Equateur, se coalisèrent pour les chasser. Il y a trois faits à signaler dans cette lutte, où les Américains eurent l'avantage : le combat des îles *Chiloé*, le bombardement de Valparaiso et celui de Callao par les Espagnols.

2° En 1879, le Chili entra en guerre contre le Pérou et la Bolivie alliés, au sujet des mines d'argent et de nitre découvertes dans le désert d'Atacama, sur la frontière des trois Etats. Le Chili fut vainqueur et se fit céder tout le territoire maritime de la Bolivie, qui depuis fut reléguée dans l'intérieur. — En 1888, le Chili prit possession de l'île de *Pâques*. — Aujourd'hui il est en guerre civile.

Le *Brésil*, après une lutte assez longue contre le Paraguay, dont il a dû reconnaître l'indépendance, a été lui-même victime d'une révolution. L'empereur don *Pedro II*, qui régnait depuis 1831, a été renversé le 15 novembre 1889, à la suite d'un pronunciamento.

La confédération Argentine, l'Uruguay, le Paraguay, sont souvent en révolution depuis 1830, et l'immigration européenne, qui avait été considérable jusqu'à ces dernières années dans ces régions, diminue considérablement aujourd'hui.

NEUVIÈME PARTIE

LE MOUVEMENT INTELLECTUEL, ÉCONOMIQUE ET SOCIAL DEPUIS 1848

Le mouvement intellectuel, économique et social depuis 1848.

1° Les lettres.

I. **Les lettres.** — *En poésie*, le *romantisme* a pris fin à l'avènement de l'influence scientifique et industrielle; il donna cependant encore quelques chefs-d'œuvre. Les *parnassiens* ont succédé aux romantiques; ils ont donné au vers plus de souplesse et de précision François Coppée et Sully-Prudhomme sont les principaux artistes de ce groupe.

En prose, le réalisme a succédé au romantisme. La foule a voulu trouver dans les œuvres des représentations plus conformes aux enseignements des sciences positives; elle a voulu y voir le sentiment de la complexité de la vie des êtres et des idées, qui dans notre temps a remplacé le goût de l'absolu. Ce réalisme a changé le théâtre contemporain et a produit un mélange confus des trois anciens genres dramatiques qu'on distingue sous le nom général de « pièces ».

Le théâtre. — Il faut remarquer qu'aujourd'hui il y a un très grand nombre de genres dramatiques intermédiaires entre le drame pur, le tragique du XVIIe siècle et la comédie pure. Les pièces caractéristiques de ce siècle, et les plus belles, sont dans ces genres mixtes.

Le drame historique. — L'art de la mise en scène a été complètement renouvelé à l'occasion du drame historique; on a voulu sur la scène la couleur locale comme dans la pièce elle-même. Par l'étude des estampes et des anciennes miniatures, on a fait revivre les monuments, les paysages et les types; on a déployé une magnificence inouïe pour les décors et les costumes.

Nos principaux auteurs dans ce genre sont : *Louis Bouilhet* (La Conjuration d'Amboise, 1866); — *Victorien Sardou* (Patrie, 1869; la Haine, 1875; Théodora, 1884, La Tosca, 1887); — *Alexandre Dumas* fils (la Jeunesse de Louis XV, 1874); — *Henri de Bornier* (la Fille de Roland, 1875; les Noces d'Attila; Mahomet); — *François Coppée* Mme de Maintenon, 1881; Severo Torelli; 1883; les Jacobites, 1885).

La comédie de mœurs. — La comédie de mœurs n'a étudié que les types secondaires de notre nouvelle société, les situations tragiques nées de la lutte des mœurs et des lois, et les sources quotidiennes des drames domestiques; elle a même fouillé les plaies sociales et exposé parfois des thèses dangereuses et audacieuses. Parmi les auteurs plus remarquables, on peut citer : *Ponsard* (l'Honneur et l'argent, 1853); — *E. Augier* (Gabrielle, 1849, et le Gendre de M. Poirier, 1855, en collaboration avec J. Sandau; le Fils de Giboyer, 1862; Mme Caverlet, 1876); — *George Sand* (le Mariage de Victorine, 1851); — *Octave Feuillet* (le Roman d'un jeune homme pauvre, 1858); — *Jules Sandeau* (Mlle de la Seiglière, 1854); — *C. Doucet* (la Chasse aux fripons, 1846; le Fruit défendu, 1855); — *Pailleron* (le Monde où l'on s'ennuie, 1879); — *A. Dumas* fils (la Dame aux camélias, 1852; le Demi-monde, 1855; la princesse Georges, 1871); — *Alphonse Daudet* (Sapho, 1886); — *G. Ohnet* (le Maître de forges, 1885); — *V. Sardou* débuta par une comédie d'intrigues (les Pattes de mouches), fit ensuite des comédies de mœurs (la Famille Benoiton, 1865; nos Bons villageois, 1866), et donna même, en 1872, une comédie politique (Rabagas).

Il faut enfin signaler la *comédie fantaisiste*, qui part d'une exacte observation des mœurs et des caractères, et pousse tout au comique et au grotesque. *Labiche* (1825-1888) en est le principal et le plus fécond représentant (le Chapeau de paille d'Italie; le Misanthrope et l'Auvergnat; l'Affaire de la rue de Lourcine; le Voyage de M. Perrichon; la Cagnotte; les Trente millions de Gladiator); — Sardou a donné dans ce genre, *Divorçons*, 1880.

Autres genres littéraires. — 1° *Poésie lyrique et épique.* — *Victor Hugo* est le grand poète national de cette dernière partie du siècle; ses poésies les plus remarquables ont un caractère militant (les Châtiments, 1853; les Contemplations, 1856; la Légende des siècles, 1859; les Chansons des rues et des bois, 1865; l'Année terrible, 1873;

Le mouvement intellectuel, économique et social depuis 1848 (*Suite*).

1° Les lettres.

la deuxième partie de la Légende des siècles, 1876); — *Théodore de Banville*, artiste de style (Odelettes; Odes funambulesques); — *Baudelaire*, le dernier venu de l'école romantique, qui ne recule devant aucun sujet horrible ou répugnant, et a créé un « frisson nouveau », selon la parole de Victor Hugo (Fleurs du mal, 1857); — *Leconte de Lisle*, dont le vers ample et rude s'unit à toutes les recherches de l'art moderne (Poèmes antiques, 1852; Poèmes barbares, 1862); — *François Coppée, Sully-Prudhomme, A. Theuriet, C. Mendès, J. Richepin, E. Manuel*, de tempéraments différents, mais tous également préoccupés par la recherche de sujets, de formes et de rythmes inédits.

2° *La chanson*. — *Pierre Dupont* a créé une chanson grave et sévère, d'une poésie populaire et accompagnée d'une mélodie originale et forte (les Bœufs; la Vigne; le Chant de Paix; le Chant du Pain; le Chant du Blé, le Chant des Nations; le Chant des Transportés; le Chant des Soldats). *G. Nadaud* se distingue par une philosophie douce et moqueuse et une bonhomie ironique.

3° *Le roman*. — Le roman exprime plus exactement et plus largement que le théâtre les évolutions ou les révolutions littéraires du XIXe siècle. On voit là plus nettement se succéder l'école classique, l'école romantique, l'école réaliste et enfin l'école naturaliste. Le roman a pris chez nous toutes les formes, et s'est produit par milliers.

Victor Hugo est revenu au roman dans les dernières années de sa vie, mais il est alors préoccupé des thèses sociales ou morales; son style est moins simple et subit l'influence de l'école impressionniste (les Misérables, 1862; les Travailleurs de la mer, 1866; l'Homme qui rit, 1869; Quatre-vingt-treize, 1874).

Ed. Quinet a fait un roman mythique et épique dans (Merlin enchanteur); — *Théophile Gautier* (le Capitaine Fracasse); — *Prosper Mérimée* (Matteo Falcone; la Chronique de Charles XI; l'Enlèvement de la redoute); — *Octave Feuillet* (le Roman d'un jeune homme pauvre); — *Alexandre Dumas* (la Dame aux camélias; le Roman d'une femme); *Edmond About* (Germaine; l'Homme à l'oreille cassée).

Georges Ohnet, Alfred Assolant, Pierre Loti, Cherbuliez, Ferdinand Fabre, Paul Arène, Paul Bourget, André Theuriet, Jules Claretie, George Sand, J. Sandeau.

Le roman *réaliste* ou *naturaliste* tient, dans ce dernier demi-siècle, un rang à part. On a voulu expliquer les passions et leurs manifestations extérieures par l'influence des choses sur l'organisme. On a analysé les sentiments et les sensations, les aspirations et les appétits, les passions et les maladies; le romancier a dû se former dans les laboratoires, les cliniques, les salles d'anatomie. Le roman est ainsi devenu matérialiste, il a exagéré l'influence des milieux et de l'hérédité; il a consacré toutes ses ressources à exprimer la couleur, le son, les odeurs, sans redouter ni indécences ni immoralité.

Flaubert (Mme Bovary, 1857); — *Feydeau* (Fanny, 1858), marquent les débuts de cette école, dont les maîtres furent les *Goncourt* et *Zola*, et après eux *Guy de Maupassant* et *Alphonse Daudet*.

Il faudrait ajouter à cette liste déjà longue : le *roman satirique* (Henri Monnier, Edmond About, Edouard de Laboulaye); — le *roman national* (Erckmann-Chatrian); — le *roman scientifique* (Jules Verne); — le *roman-feuilleton* ou *roman d'aventures* (A. Dumas, Ponson du Terrail).

4° *La critique littéraire et artistique*. — Les maîtres de la critique littéraire sont d'abord *Villemain, Sainte-Beuve, Saint-Marc Girardin*. Viennent ensuite *Taine* (1864), qui a expliqué la littérature anglaise par l'Angleterre elle-même et le tempérament britannique. *Francisque Sarcey*, dans les Lundis qu'il a publiés dans le journal *le Temps*; *Guizot*, avec ses études sur Corneille et Shakespeare; *Paul de Saint-Victor, Prevost-Paradol, Weiss, Bersot, Despois, Paul Albert, D. Nisard, Boissier, Mézières.*

Les critiques d'art sont : *Louis Vitet* (Etudes sur l'histoire de l'art); — *Ch. Blanc* (Histoire des peintres); — *Taine* (Philosophie de l'art en Italie); — *Guillaume, Paul Muntz, Charles Bigot.*

5° *L'éloquence au barreau : Chaix d'Est-Ange, Jules Favre, Lachaud*, l'avocat de Bazaine, *Allou*, avocat de Proudhon, d'Emile de Girardin et de Gambetta; *Rousse*, le défenseur des accusés de la Commune et des congrégations religieuses.

Dans l'éloquence politique : *V. Hugo, Baroche, Rouher, J. Favre, E. Olivier, J. Simon, Gambetta, de Mun, Mgr Freppel.*

Dans l'éloquence de la chaire : *Lacordaire, de Ravignan, P. Félix, P. Monsabré, Mgr Mermillod, Mgr Besson, Mgr Pie.*

LE MOUVEMENT INTELLECTUEL, ÉCONOMIQUE ET SOCIAL DEPUIS 1848 (suite).

Le mouvement intellectuel, économique et social depuis 1848 (*Suite*).

1° Les lettres.

6° *L'histoire.* — *Mignet, Michelet, Amédée Thierry, de Barante, duc de Broglie, Edgar Quinet, Louis Blanc, de Viel-Castel, H. Martin, V. Duruy, C. Rousset, Zeller, Chéruel, Wallon, Fustel de Coulanges.* — *Perrot et Chipiez.* — *Taine, Albert Sorel.*

7° *L'érudition.* — Les antiquités égyptiennes ont été étudiées et interprétées par *Champollion, de Rougé, Mariette, Ampère, Maspéro.* On a créé un musée à Boulaq, et une école des études orientales au Caire. — Les antiquités grecques et romaines ont fait l'objet des mémoires et des livres de l'école d'Athènes. — L'Ecole des chartes a fourni de nombreux archivistes qui ont étudié et publié les documents de notre histoire du moyen âge. L'Académie des inscriptions poursuit les travaux des Bénédictins, et publie le *Corpus inscriptionum semiticarum.* — L'Académie des sciences morales publie de nombreux mémoires historiques et philosophiques. — Le comité des travaux historiques publie une importante collection de documents inédits. Les études indiennes ont fait des progrès considérables. — La science des antiquités américaines se constitue : en 1880, s'est ouverte à Nancy la première session du congrès des américanistes. — L'archéologie préhistorique a commencé à se montrer comme une science organisée. Enfin la philososophie a été représentée par les philosophes spiritualistes : J. Simon, Ch. de Rémusat, E. Saisset, P. Janet, Bouillier, Lévêque, Vacherot, Caro, et par les positivistes, A. Comte et Littré.

Les littératures étrangères. — 1° *La littérature anglaise.* — L'esprit d'observation qui a donné naissance au réalisme est la forme même de l'esprit anglais, et tient à sa façon de comprendre la vérité. Cette aptitude naturelle a trouvé son expression dans le roman de mœurs. L'Angleterre a eu des hommes supérieurs, et presque de génie dans ce genre : *Dickens, Thackeray, Bulwer, Charlotte Brontë,* et surtout *G. Eliot. Disraëli.*

La littérature anglaise contemporaine a eu aussi des hommes supérieurs dans la poésie lyrique. Taine estime qu'il n'y en a point qui vaille la leur : *Byron* (le Corsaire ; Childe-Harold) ; *Shelley, Tennyson,* surnommé « le plus populaire des romantiques anglais ».

Dans l'histoire, l'Angleterre a donné : *Macaulay, Thomas Carlyle, Hallam, lord Brougham, Grote, Buckle.* — Dans la philosophie : *Dugald Stewart, David Hume, John Stuart Mill, Bain, Herbert Spencer,* qui proposa un système du monde dont le fond est l'idée d'une universelle évolution, idée que *Ch. Darwin* a voulu appliquer à l'histoire naturelle, en prétendant que les types se transforment par la sélection naturelle et sous l'influence de la concurrence vitale.

2° *La littérature allemande.* — La littérature allemande ne s'est pas maintenue pendant cette seconde moitié du siècle au point où l'avaient élevée Gœthe, Schiller et Heine. Son théâtre n'a presque que des pièces traduites ou imitées du français ; Frédéric Hebbel est son plus remarquable poète dramatique ; le roman de mœurs a été traité surtout par G. Freytag et Paul Heyse ; le roman historique par G. Ebers, qui a ressuscité l'Égypte des Pharaons, et G. Freytag, qui a retracé les principales époques de la vie allemande.

Mais les Allemands ont une grande part dans le mouvement archéologique et historique du XIXe siècle. Les recueils de leurs académies abondent en mémoires précieux ; leurs principaux historiens sont : *Ranke, Mommsen, Voigt, Gervinus, Curtius, Janssen, de Sybel ;* — leurs géographes : *Kiepert* et *Petermann ;* — leurs critiques : *Schlegel* et les frères *Grimm ;* — leurs philosophes : *Schopenhauer,* qui a fondé l'école pessimiste, et les rationalistes *Strauss* et *Bauer.*

3° *La littérature russe.* — Les Russes ont commencé par nous imiter servilement, puis ils ont trouvé des formes propres et originales pour exprimer leurs pensées. De 1815 à 1840, déjà dégagés du joug français, les Russes subirent encore l'influence des romantiques allemands et anglais. Vers 1840, l'école réaliste russe apparut dans le roman, rappelant beaucoup plus Dickens que Balzac. Les quatre principaux romanciers russes sont : *N. Gogol, Ivan Tourguéneff,* tous deux répandus en France par Prosper Mérimée ; le comte *L. Tolstoï* et *Dostoïewsky.*

2° Les arts.

II. **Les arts.** — 1° *La peinture.* — L'art, de nos jours, est devenu cosmopolite, les artistes sont très nombreux partout.

Les peintres du second empire. — Peintres d'histoire : *H. Vernet* (l'Alma) ; — *Philippoteaux* (Balaklava ; Puebla) ; — *Pils* (les batailles de Crimée) ; — *Yvon* (le premier consul au passage des Alpes ; Malakoff ; Solférino ; Magenta) ; — *Protais* (Inkermann ; Vainqueurs ; la Grande halte) ; *Chenavard,* le peintre historien de la révolution (la Fin des religions ou la Divina tragœdia) ; — *Muller* (Appel des vic-

LE MOUVEMENT INTELLECTUEL, ÉCONOMIQUE ET SOCIAL DEPUIS 1848 (suite).

Le mouvement intellectuel, économique et social depuis 1848 (*Suite*).

2° Les arts.

times sous la terreur; Marie-Antoinette à la Conciergerie); — *Laugié*, *Boulanger*, *Gérôme*, élève de Delaroche, et dont l'œuvre est considérable (le Siècle d'Auguste; Ave Cæsar; les Deux augures; Louis XIV et Molière; l'Eminence grise); *Baudry*, qui a décoré l'Opéra; — *Giacomelli*, *Isabey*, *Meissonnier*, renommé pour ses miniatures. — Parmi les *orientalistes*, *Frère*, *Fromentin*, *H. Regnault*, tué à Buzenval. *Cabanel* et *Bouguereau* rappellent Ingres, et l'ont même surpassé. Leurs succès ont provoqué l'école réaliste, dont le chef fut *Courbet*, le maître d'Ornans. Il s'était formé lui-même, et se trouva dès le début en révolte contre toutes les écoles, à qui il reprochait de ne pas voir la nature telle qu'elle est. L'école impressionniste, dont Manet fut le chef, n'était qu'une section de l'école réaliste; sa théorie consiste à prétendre que la réalité agit sur nos yeux, non par les formes, mais par les couleurs, d'où il suit qu'il est inutile de dessiner, et qu'il suffit d'appliquer sur les toiles des tons et des touches.

Le paysage. — Il a éprouvé une révolution complète dans cette période; ce genre était inconnu au XVII° et au XVIII° siècle, et même sous la Révolution et l'Empire. Depuis Poussin, on n'exposait plus de paysage sans y jeter quelque groupe historique ou mythologique. Ce sont les Anglais Constable, Varley et Fielding, qui nous apprirent ce que c'est qu'un paysage: *Huet*, *Cabat*, *Dupré*, publièrent alors leurs toiles; vers 1844, *Denecourt* (le Sylvain) nous révéla la forêt de Fontainebleau. Après lui vinrent *Corot*, *Rousseau*, *Millet* (l'Angélus), *J. Breton* et *Rosa Bonheur*. *Fromentin*.

Les peintres contemporains. — *Detaille*, *de Neuville*, *Puvis de Chavannes*, *Moreau*, *Benjamin Constant*, *Rochegrosse*, *J.-P. Laurens*, *Bastien Lepage*, *Carolus Duran* et *Bonnat* pour le portrait. — *Gustave Doré* est un dessinateur remarquable, supérieur peut-être à Callot, et à qui il n'a manqué que de savoir peindre pour être le plus grand artiste des temps modernes. — *Bida*.

Peinture anglaise. — L'école anglaise procède de l'école flamande; elle se caractérise par ses tendances à exprimer des pensées philosophiques et morales dans ses paysages et ses tableaux de genre. *Wilkie*, *Landseer*, *Maclise*, *Leslie*, *Hunt*, *Mulready*, *Turner*; on peut leur reprocher une coloration trop criarde, et une minutie de détails désagréable.

Peinture allemande. — Les tableaux de genre et ceux d'histoire dominent dans la peinture allemande. Les deux écoles principales sont celles de Dusseldorf et celle de Munich; la première est représentée par *Charles Lessing*, *Bendemann*, *Hubner*, *Schnoor*; la seconde, par *Guil. Kaulbach*.

Le peintre hongrois *Munckaczy* se fait une grande réputation par ses tableaux religieux et historiques.

2° *La sculpture.* — Elle tient aujourd'hui une place importante dans la décoration des monuments publics et des tombeaux. Sous la restauration et la révolution de Juillet, elle a subi l'influence classique, l'influence romantique, et aussi les tendances maniérée et réaliste.

L'école de *Carpeaux* est romantique. *Chapu*, *Falguière*, *Idrac*, *Dubois*, se font remarquer par la pureté des lignes et l'élégance. — *Millet*, *Barrias*, *Mercié*, *Bartholdi*, par la vigueur des statues colossales. — *Guillaume*, par la finesse des bustes.

L'Allemagne peut se glorifier de *Rauch* et de *Ernest Rietschef*.

3° *L'architecture.* — Elle se distingue plus par sa science et sa critique que par son imagination; aussi elle est habile à restaurer les monuments anciens. Les constructions modernes sont d'un style composite formé d'éléments divers (l'Opéra de Paris, par Garnier); on construit aujourd'hui avec le fer et la brique émaillée, qui sont des matériaux beaucoup plus légers.

4° *La musique et l'opéra-comique.* — La musique a pris une grande importance au XIX° siècle dans l'éducation. Presque toutes les grandes villes ont leur théâtre de musique ou leurs concerts.

Beethoven est regardé comme le plus grand de tous les musiciens. — Pendant la première moitié du siècle, on a distingué deux écoles distinctes d'origine et de caractère: l'*école allemande* (Beethoven, Mozart, Weber, Schubert, Mendelssohn, Schumann), qui a produit surtout des symphonies, des sonates, des ouvertures et des mélodies; l'*école italienne* (Bellini, Donizetti, Rossini, Verdi), qui a travaillé surtout pour le théâtre, composant des opéras destinés au public français et sur des paroles françaises (la Traviata, Hernani, Rigoletto, le Trouvère, Aïda.)

Le Saxon *Richard Wagner* a renouvelé l'opéra en créant le « drame musical ». Il a composé à la fois la pièce et la musique, de telle façon

LE MOUVEMENT INTELLECTUEL, ÉCONOMIQUE ET SOCIAL DEPUIS 1848 (suite).

Le mouvement intellectuel, économique et social depuis 1848 (*Suite*).

2° Les arts.

que cette dernière est liée à l'action; le chanteur est en même temps un acteur. Il tire ordinairement ses sujets des légendes du moyen âge (Tannhaüser, les Maîtres chanteurs de Nuremberg, Lohengrin, Parsifal.)

Les compositeurs français ont combiné les procédés de leurs devanciers avec ceux des maîtres italiens et allemands. Ils ont eu trois grands maîtres dans cette seconde moitié de siècle : Félicien David, Ambroise Thomas, Charles Gounod.

Félicien David, disciple d'Haydn, fut adepte de la révolution symphonique; presque tous ses sujets sont orientaux ou exotiques (le Désert; Moïse au Sinaï; Herculanum; la Perle du Brésil; Lalla-Roukh, le Saphir).

Ambroise Thomas, né à Metz, est aujourd'hui directeur du Conservatoire; il doit beaucoup à Lesueur, Halévy, Auber, et même à Gounod; il excelle à faire ressortir une mélodie au milieu des recherches harmoniques (le Caïd; le Songe d'une nuit d'été; Psyché; le Carnaval de Venise; Mignon; Hamlet; Françoise de Rimini). Ses meilleurs élèves sont : *V. Massé* (Galathée; les Noces de Jeannette); — *Bazin* (le Voyage en Chine).

Charles Gounod, né à Paris, se fait remarquer par l'ampleur de sa composition, la fécondité et la variété de son génie; il doit beaucoup à Bach, à Mozart, à Schumann. Le premier en France, il a su écrire avec aisance et perfection; c'est un éclectique de génie, qui a voulu fusionner au théâtre la symphonie et la mélodie. Il a fait pour l'opéra-comique : le *Médecin malgré lui*; *Philémon et Baucis*; *Mireille*; pour le grand opéra : *Sapho*; *Faust*; la *Reine de Saba*; *Roméo et Juliette*; *Polyeucte*; le *Tribut de Zamora*. Il faut ajouter à cela ses belles messes de Sainte-Cécile, du Sacré-Cœur, de Jeanne d'Arc, et sa cantate *Gallia*. — Ses meilleurs élèves sont : *Massenet* (Manon Lescaut; le roi de Lahore; Hérodiade; le Cid); — *Paladilhe* (Patrie); — *Widor*, *Saint-Saëns* (Etienne Marcel; Henri VIII); — *César Franck* (Ruth; les Béatitudes; la Rédemption). — *Bizet*, compositeur de talent, est mort à trente-sept ans, après avoir donné *Carmen*.

On doit remarquer que la musique française tend à devenir une musique de chambre dans l'oratorio et la symphonie.

Pendant le second empire est née l'*opérette*, qui descend jusqu'à la caricature et à la bouffonnerie. Ce genre a été créé chez nous par *Offenbach* : il cache d'ordinaire une peinture et une satire ingénieuses et fines d'une partie de la société française, telle que l'avait faite la cour impériale entre 1860 et 1867.

3° Les sciences.

III. **Les sciences.** — *L'astronomie.* — Le spectroscope et l'analyse spectrale ont permis aux savants d'étudier la composition du soleil, des planètes et des étoiles. On a reconnu dans le soleil les mêmes substances que dans le globe terrestre, et dans les planètes et les étoiles une composition chimique analogue à celle du soleil. Depuis 1848, *Le Verrier* a établi en France des postes pour noter les variations barométriques et les différents phénomènes de l'atmosphère; toutes ces observations sont centralisées par un *bureau*, et complétées par les renseignements venus de l'étranger, si bien que, grâce à la rapidité du télégraphe, on peut annoncer d'avance les tempêtes. Grâce à cette étude approfondie et journalière, la *météorologie*, science nouvelle, a fait des progrès considérables. Nos principaux astronomes sont : Le Verrier, Faye, Villarceau.

2° *La physique et la chimie.* — Les expériences des savants ont abouti à liquéfier ou solidifier plusieurs gaz, et ont diminué l'importance de la distinction des corps en solides, liquides et gazeux. La plus grande découverte est celle de l'*électricité d'induction* par l'Anglais *Faraday*. D'après les principes de ce savant, on a construit la machine à induction de Clarke, et les bobines Ruhmkorff, qui permettent d'appliquer l'électricité à une foule de mécanismes. D'autres découvertes, dont les principales semblent être celles des transports de la force à grande distance par l'électricité (1885), et celles de l'horlogerie électrique, qui permet, avec une seule pendule régulatrice, d'indiquer l'heure à grande distance sur des cadrans différents : ont fait de l'électricité une vraie science (éclairage électrique Jablochkoff et sa bougie électrique, 1876. — Thomas Edison et sa lampe à incandescence, 1878). — Il faut signaler aussi les immenses progrès de la photographie et les inventions du téléphone et du phonographe.

La théorie scientifique principale, fondée par trois savants allemands, danois, anglais, de 1842 à 1849, démontre comment la chaleur naît de toutes les actions mécaniques exercées sur les corps et conduit à la théorie de l'affinité de toutes les grandes forces de la nature, chaleur, lumière, électricité, magnétisme, mouvement.

Le mouvement intellectuel, économique et social depuis 1848 (*Suite*).

3° Les sciences.

La chimie, qui date à peine d'un siècle, a fait de rapides progrès, surtout en France. L'analyse spectrale a isolé de nouveaux corps simples. Berthelot, par ses études sur les alcools, les matières sucrées, les corps gras; Pasteur, par celles sur les fermentations, Dumas, Regnault, par celles sur les éthers, ont fait faire de grands progrès à la chimie organique. On a découvert et préparé de nouvelles substances explosives, dynamite, picrate de potasse, mélinite, qui deviennent de redoutables agents de destruction. Enfin, on a fondé la *philosophie chimique*, qui recherche la nature et la composition de la matière (Dumas, Würtz, V. Regnault, H. Sainte-Claire-Deville, Berthelot).

3° *Les sciences naturelles.* — En *zoologie*, on s'est appesanti sur la *morphologie* pour comparer les animaux jusque dans leur germe et leur embryon; on a ainsi créé l'embryologie.

Pasteur est l'auteur des principales découvertes zoologiques par ses études sur les bacilles, les bactéries et les vibrions, reconnus aujourd'hui comme les agents des maladies infectieuses.

En *botanique*, on a fait de grands progrès dans l'organographie et l'anatomie végétales, grâce aux microscopes perfectionnés dont on dispose, à l'emploi des réactifs chimiques et aux injections colorées dans les tissus. On est arrivé à constater un grand nombre des phénomènes de la vie des végétaux.

La paléontologie et la géologie se sont développées considérablement, grâce aux fouilles opérées par les savants et aux travaux des ingénieurs dans les carrières et dans les tranchées des chemins de fer. La géologie est ainsi devenue une science complexe, qui se subdivise en cristallographie, physique minérale, chimie minérale, histoire naturelle proprement dite, stratigraphie.

4° *La physiologie et la médecine.* — La physiologie a été créée par *Claude Bernard*, qui a étudié les sucs organiques et les fonctions des systèmes nerveux, découvert une fonction inconnue du foie et les circulations locales du sang à l'aide des vivisections. Grâce à la perfection du microscope, on a pu étudier très minutieusement la structure des tissus animaux, et on a ainsi fait faire des progrès considérables à l'*histologie*, en modifiant totalement la conception ancienne de l'être vivant.

Toutes ces découvertes scientifiques dans les différentes branches ont transformé la médecine, la chirurgie et la pharmacie. Les théories microbiennes de Pasteur ont changé le traitement de la fièvre typhoïde, du choléra, de la tuberculose; elles ont introduit en chirurgie l'emploi des antiseptiques et des anesthésiques.

4° Industrie et commerce.

IV. **Industrie et commerce.** — 1° *L'agriculture.* — Elle est devenue scientifique et raisonnée; on a étudié les terrains et les engrais chimiques, meilleurs et souvent moins chers que les fumiers; la mécanique a produit les machines agricoles. Les concours agricoles, dont le premier fut tenu à Poissy en 1844, et les comices agricoles, ont donné une vive impulsion à l'agriculture. On a remplacé partout la culture *extensive* par la culture *intensive*. On s'est appliqué à augmenter l'étendue des terres cultivées.

L'*Angleterre* obtient par hectare le double de la France, et elle a de nombreuses publications agricoles. — La *Suède* a des écoles, des fermes, des bergeries modèles et une académie royale d'agriculture. — La *Hollande* a conquis 15500 hectares sur les eaux en faveur de l'agriculture. — La *Belgique* est, comme les Flandres autrefois, le pays le mieux cultivé et le plus productif. — En *Suisse*, l'enseignement agricole est bien établi, et la vie pastorale très florissante. — En *Autriche-Hongrie*, l'agriculture a fait de rapides progrès depuis la suppression des droits seigneuriaux en 1848, et le relèvement des paysans. — En *Russie*, on trouve d'immenses champs de blé dans le *Tchernozion*. — L'Europe, qui avait 150 millions d'hectares en culture en 1850, en avait 200 millions en 1884. — Les États-Unis ont passé, dans le même temps, de 22 millions d'hectares à 64 millions.

2° *L'industrie.* — La science, au XIXe siècle, est arrivée à des conclusions assez précises pour qu'on puisse l'appliquer à la pratique. La découverte la plus féconde, *la vapeur*, a eu trois grandes applications industrielles : *la machine à vapeur, le bateau à vapeur, le chemin de fer* (l'Allemagne a 39000 km. de chemins de fer; la France, 35581; les Iles-Britanniques, 31500; la Russie, 24061; l'Autriche-Hongrie, 24000; l'Espagne, 9800; l'Italie, 13000; la Belgique, 4923).

L'électricité, appliquée depuis cinquante ans, a déjà donné naissance : au télégraphe, au téléphone, à l'éclairage électrique, à la galvanoplastie.

Le mouvement intellectuel, économique et social depuis 1848 (*Suite*).

4° Industrie et commerce.

C'est l'*Angleterre* qui a donné le plus grand essor à l'activité industrielle; on a pu dire qu'elle est un bloc de fer et de houille dont elle a su tirer le parti le plus excellent; elle travaille aussi avec grand succès le coton, la soie et la laine. — La *France*, sans être aussi puissante, a un grand nombre d'usines du premier ordre : le Creuzot, Indret, le groupe de Saint-Etienne, Paris et Saint-Denis, le groupe du Nord et de la Normandie. — La *Belgique* n'est qu'une immense manufacture. — La *Prusse rhénane*, la *Silésie*, la *Saxe*, ont des mines riches, et un grand nombre de villes où l'on travaille le fer et les étoffes. — L'*Autriche-Hongrie*, déjà remarquable au point de vue agricole et forestier, a d'importantes fabriques de tissus en Moravie, Bohême, Basse-Autriche, Galicie, Hongrie, et des usines métallurgiques en Styrie, Carinthie et Transylvanie. — La *Suisse* travaille les tissus avec succès. — La Russie a son centre manufacturier à Moscou. — L'Italie a d'importantes usines à Milan, Gênes, Côme, Udine et Florence.

Les principaux travaux d'art produits par l'industrie dans ces dernières années sont : les tunnels du mont Cenis et du Saint-Gothard, l'établissement de nombreuses lignes télégraphiques; les télégraphes sous-marins, dont le premier fut établi en 1858 entre l'Irlande et Terre-Neuve; le développement considérable de la navigation transatlantique par l'augmentation de la jauge et de la vitesse des navires; le percement de l'isthme de Suez.

Enfin les expositions universelles et internationales semblent avoir contribué au développement, ou tout au moins à la vulgarisation de l'industrie. On en eut la première idée en 1848, mais c'est l'Angleterre qui fit la première à Londres en 1851; depuis lors, la France en a fait une en 1855, l'Angleterre en 1862, la France en 1867, l'Autriche en 1873, l'Amérique en 1876, la France en 1878, l'Australie en 1879 et 1880, l'Espagne en 1888, la France en 1889.

3° *Le commerce.* — Les révolutions opérées dans ce siècle dans les moyens de transport et dans les moyens de communications ont transformé le commerce. Un bateau fait aujourd'hui, dans le même temps, cinq fois plus de transports qu'un navire à voiles de même tonnage, soit parce que le transport est plus rapide, soit parce que la route est moins longue, et ainsi on économise du temps et de l'argent. L'établissement du timbre-poste par l'Angleterre, la création de l'*union postale* et l'établissement des télégraphes ont facilité les relations rapides, au point qu'après la pose du câble entre la Colombie anglaise et le Japon par les îles Aléoutiennes, la distance entre les pays situés aux antipodes les uns des autres, ne sera plus que de cinq ou six heures.

Le crédit. — La découverte des mines d'or en Californie, en Australie, en Nouvelle-Zélande, a accru de beaucoup les richesses métalliques de l'Europe. Depuis 1848, ces mines donnent annuellement un milliard de numéraire; cependant cette quantité ne suffit pas, et il a fallu créer des valeurs de crédit. La *banque de France* a le droit exclusif de créer des billets de banque; elle fait trois choses importantes : elle escompte les effets de commerce, elle prête sur garantie, elle émet des billets de banque. Elle a deux milliards en espèces dans ses caisses, et elle met en circulation pour trois milliards de billets. Elle est devenue un rouage essentiel du crédit de l'Etat, à qui elle a versé 100 millions en échange de 100 millions de rente.

Mais la banque exige, en garantie du prêt, des rentes sur l'Etat ou d'autres valeurs solides; sous Napoléon III, pour faire face à de nouveaux besoins, on créa le *Crédit foncier* en 1852, le *Crédit mobilier*, 1852; le *Crédit industriel*, 1859; le *Crédit foncier colonial*, 1860; le *Crédit lyonnais*, 1863. De plus, les grandes entreprises financières et industrielles de tout ordre amenèrent la création de nombreuses compagnies dont le capital est divisé en *actions* et qui empruntent en émettant des *obligations*. Enfin Napoléon III, et après lui les grandes villes, ont cessé de faire des emprunts aux grands financiers pour s'adresser au peuple. Les rentes sur l'Etat, les emprunts des villes, les actions et les obligations de toutes sortes, forment une richesse *mobilière* de plus de cent milliards qui n'existaient pas au commencement du siècle, et dont le Code civil ne tient par suite aucun compte.

Protection et libre-échange. — Deux théories opposées règlent le commerce international, le *libre-échange* et le *protectionnisme*. Le libre-échange a pour principe que la libre concurrence est le régime le plus favorable à la production de la richesse; il demande qu'on puisse vendre ou acheter à l'extérieur comme on le fait à l'intérieur du pays, sans payer de droits d'entrée, ou en ne payant que des droits très faibles. Le protectionnisme a pour principe qu'une nation doit protéger son industrie contre la concurrence des autres nations;

Le mouvement intellectuel, économique et social depuis 1848 (*Suite*).

4° Industrie et commerce.

par suite, il demande que les objets manufacturés étrangers payent une taxe à l'entrée de façon à élever leur prix. Le libre-échange repousse donc les douanes, ou ne les admet qu'à titre d'impôt. Très en vogue au XVIIIe siècle, il fut abandonné pendant les guerres de l'empire; sous la restauration, on prit un régime intermédiaire; aujourd'hui les libre-échangistes ont triomphé en Angleterre. Tous les autres pays d'Europe sont restés protectionnistes.

Les traités de commerce. — Chaque Etat arrête une liste de droits à payer à l'importation des différentes espèces de marchandises; cela forme le tarif général. Il négocie ensuite avec les divers Etats des *traités* par lesquels il accorde des réductions sur certains produits, à condition qu'on en accorde aux siens. Les Etats signataires stipulent quelquefois que chacun d'eux jouira des réductions accordées plus tard à d'autres pays (clause de la nation la plus favorisée).

En 1860, Napoléon inaugura ce système de traités de commerce alors que notre industrie était mal préparée à soutenir la concurrence; de 1860 à 1866, on en signa de semblables avec d'autres puissances; les traités favorables au midi amenèrent de grandes crises dans le nord. En 1870, la Prusse, au traité de Francfort, s'est fait accorder la clause de la nation la plus favorisée, et l'industrie allemande en a largement profité.

Ces traités ont l'avantage d'assurer à l'industrie la stabilité des douanes étrangères pendant un temps donné; aujourd'hui ils ont peut-être autant d'importance que les traités politiques.

5° La question sociale.

V. **La question sociale. — Le socialisme. — Organisation du travail.** — *Origine du socialisme.* — Jusqu'au XIXe siècle, il y avait peu de grandes villes et peu de grandes industries; cela tenait aux règlements des métiers. La *grande industrie* s'est créée de nos jours, grâce aux *machines*, qui exigent un grand nombre d'ouvriers dans la même usine, et aux *mines* qui emploient des milliers de personnes pour l'extraction du combustible. La concession de la liberté de l'industrie a permis aux grands capitalistes de prendre de nombreux ouvriers en les payant *à la journée*. Ainsi on a distingué les *capitalistes* et les *salariés*.

Or l'ouvrier, réduit par la nouvelle industrie à n'accomplir qu'un effort musculaire, est descendu au-dessous du compagnon d'autrefois, et le capitaliste s'est élevé bien au-dessus du maître artisan; ces deux personnages appartiennent désormais à deux mondes différents, et ne sont en aucune façon liés l'un à l'autre, de telle sorte que si l'usine n'a plus besoin de l'ouvrier, ou si l'ouvrier n'est pas content, ils se séparent. L'ouvrier n'a donc que son salaire, rien ne lui garantit qu'il trouvera du travail, et le patron qui le paye à la journée, à la semaine ou au mois n'est pas obligé de le garder plus longtemps. Les ouvriers des fabriques et les mineurs ont ainsi formé une nouvelle classe, celle des *prolétaires* ou encore du *quatrième Etat*.

Quoique dans une condition matérielle meilleure que celle du peuple au moyen âge, les prolétaires sont moins satisfaits parce qu'ils ne peuvent compter sur aucune stabilité dans l'avenir. Aussi, depuis qu'on leur a dit que tous les hommes sont égaux devant la loi et qu'ils ont les mêmes droits que les riches, ils demandent des changements. Ils sont secondés dans leurs exigences par les théoriciens qui prétendent que la richesse est mal répartie entre les hommes et que l'Etat est mal organisé. C'est donc une révolution sociale qu'ils demandent, et leur doctrine est le *socialisme*. Ils attaquent tous notre régime de la propriété, mais ils diffèrent sur l'organisation nouvelle à introduire.

Les socialistes français. — Le socialisme, qui s'était déjà manifesté une première fois avec Babœuf sous le Directoire, ne fut formulé en système qu'après la restauration. Il eut deux écoles, celle de Saint-Simon et celle de Fourier. Ils attaquent la propriété comme contraire à la justice et à l'humanité, et proposent de refaire toute la société. Saint-Simon part de ce principe : « A chacun suivant sa capacité, à chaque capacité suivant ses œuvres; » selon lui, l'Etat doit être propriétaire et donner à chacun un revenu proportionné à son travail. Fourier a pour principe : « A chacun suivant ses besoins; » la société doit être fondée dans l'harmonie volontaire des hommes unis pour travailler en commun par amour pour le travail. Les hommes s'associeront par *phalanges* de 1800 personnes, logées dans un grand palais (phalanstère) avec un entretien commun. Les artistes et les savants devaient être payés par une contribution volontaire des phalanges.

Le gouvernement de 1848 comprit plusieurs socialistes, admettant que la société est tenue de fournir du travail à tout homme qui en

8

Le mouvement intellectuel, économique et social depuis 1848 (*Suite*).

5° La question sociale.

demande. On proclama donc le *droit au travail*, et on créa les *ateliers nationaux*, qui furent fermés après avoir coûté 14 millions. L'échec de cette entreprise déconsidéra les *socialistes* et le socialisme.

Le socialisme allemand. — Depuis 1863, le socialisme a pris une nouvelle forme en Allemagne. Lasalle et Karl Marx, juifs allemands, disciples de nos socialistes, sortis de la bourgeoisie et savants, fondèrent leur système au nom de l'économie politique et de la statistique. Ils prirent, comme point de départ, deux lois scientifiques admises par les économistes. Marx disait, avec A. Smith, que les richesses sont *uniquement le produit du travail;* que la *valeur* des objets vient du travail qu'il a fallu pour les produire, et que le *capital* est par lui-même sans valeur. Marx concluait de là que, le capital n'ayant de valeur que par le travail de l'ouvrier, les ouvriers seuls doivent recevoir les bénéfices, et se partager les revenus de l'industrie. — Lasalle partait d'un autre principe ainsi formulé par Turgot : « L'ouvrier n'a rien qu'autant qu'il parvient à vendre à d'autres sa peine; il la vend plus ou moins cher, selon l'accord fait avec celui qui paye. Or celui qui paye, ayant le choix des ouvriers, cherche évidemment à payer le moins possible; donc les ouvriers, pour avoir de l'ouvrage, seront amenés à baisser leurs prix à l'envi. On arrivera ainsi nécessairement à ce que le salaire du l'ouvrier se bornera à ce qui lui est nécessaire pour sa subsistance, quel que soit son travail. Le capitaliste seul bénéficiera. Il ne faut donc pas que le travailleur soit au service du capital, mais que le capital soit au service du travailleur. En conséquence, Lasalle demandait à l'État d'*organiser le travail* en fournissant des capitaux aux ouvriers.

Marx et Lasalle ont organisé un puissant parti, le *parti socialiste-démocratique,* qui a déjà un certain nombre de députés au Reichstag, et contre lequel on a voté, en 1878, des lois spéciales. Ils demandaient que l'État change l'organisation de la propriété, que les instruments de travail cessent d'appartenir à des particuliers ou à des compagnies. Ils deviendraient la propriété de la nation, qui les prêterait à des sociétés d'ouvriers; de là le nom de *collectivistes* donné à une branche du parti. Les chefs des socialistes allemands sont les députés au Reichstag Bebel et Liebknecht.

Il est démontré qu'il n'est pas vrai que la valeur d'un objet dépende du travail qu'il a coûté, et que le salaire ne baisse pas jusqu'au minimum nécessaire à l'ouvrier pour vivre.

Les anarchistes et les nihilistes. — Le chef des anarchistes fut le Russe *Bakounine,* que le congrès de 1872, à la Haye, avait chassé de l'*Internationale,* société fondée par Karl Marx, en 1862, pendant l'exposition de Londres, dans le but de grouper les ouvriers de tous pays pour faciliter l'organisation des grèves. Cette société tomba en 1874, par suite de la mésintelligence des chefs.

Les anarchistes veulent détruire tout ce qui existe dans le gouvernement et la société, mais ne proposent *rien* à la place. Le nom de *nihilistes* leur a été donné par le romancier russe Tourguéneff.

L'Angleterre a été l'un des principaux foyers du socialisme, qui y a pris naissance dans les sociétés coopératives, et surtout les *trade's unions;* les grèves considérables qui ont eu lieu dans ces dernières années tendent à l'application pratique des nouvelles idées.

Théories et réformes sociales. — Ces agitations et ces grèves, renouvelées fréquemment dans les grands centres ouvriers, ont amené les hommes d'État à chercher une solution à la question sociale. Une première école, dite *école libérale,* école orthodoxe, école de Manchester, réclame la liberté absolue de l'industrie, parce que, dit-elle, la société livrée à elle-même s'organise naturellement de la façon la plus avantageuse pour tous; les rapports entre ouvriers et patrons se régleront donc d'eux-mêmes, par la seule action des lois naturelles, la libre concurrence et la loi de l'offre et de la demande. Cette école, qui a son centre à Manchester depuis 1845, domine surtout parmi les économistes français.

Une seconde école, dite « école historique ou réaliste », prétend que la liberté absolue de l'industrie produira la misère et l'égoïsme, et par suite, la lutte entre les classes. La difficulté n'est pas de créer les richesses, mais de les répartir; c'est à l'État de faire des lois qui régleront cette juste répartition des profits. Cette école, dont les partisans sont nombreux en Allemagne, et surtout dans les universités, tient tous les ans, depuis 1872, un congrès de politique sociale.

Les gouvernements ont voulu aussi faire quelque chose pour résoudre « la question sociale ». M. de Bismarck a sévi contre les socialistes allemands par des voies répressives, en même temps qu'il cherchait à donner quelques satisfactions aux réclamations des ouvriers. Il a été dépassé par l'empereur Guillaume II, qui n'a cependant pas obtenu

LE MOUVEMENT INTELLECTUEL, ÉCONOMIQUE ET SOCIAL DEPUIS 1848 (suite).

Le mouvement intellectuel, économique et social depuis 1848 (*Suite*).	5° La question sociale.	tous les résultats qu'il espérait, à cause de la force morale donnée au socialisme par l'appui de la bourgeoisie, des universités et des savants. Les gouvernements ont réglé le travail des femmes et des enfants dans les manufactures et dans les mines. En Angleterre, même, des industriels sont obligés de fermer leurs ateliers un jour par semaine. — Des institutions et des établissements de divers genres ont été créés pour arriver à diminuer le paupérisme et à adoucir le sort de la classe ouvrière : assistance publique, hôpitaux, asiles, écoles primaires, écoles professionnelles gratuites. Les ouvriers eux-mêmes ont fondé des sociétés de secours mutuels, des sociétés de consommation, où l'on peut s'approvisionner à meilleur marché que dans les grands magasins, des sociétés de crédit, des sociétés coopératives, par lesquelles les ouvriers, mettant leurs épargnes en commun, peuvent arriver à acquérir l'atelier dans lequel ils travaillent. De leur côté, certains patrons ont créé des *cités ouvrières*, où chaque ouvrier peut devenir propriétaire d'une maison en la payant petit à petit ; ils ont établi des caisses de retraite, et quelques-uns même font participer les ouvriers aux bénéfices de l'entreprise. Enfin l'Église ne s'est pas tenue en dehors de ce grand mouvement social. En Allemagne, *Mgr von Ketteler* s'est mis à la tête du socialisme chrétien ; en Angleterre, le cardinal *Manning* a défendu les classes ouvrières, et dans plusieurs circonstances a servi d'arbitre entre patrons et ouvriers ; en Amérique, le cardinal *Gibbons* s'est posé comme le défenseur et le protecteur des *chevaliers du travail ;* en France, *M. le comte de Mun* est le grand chef du parti chrétien socialiste, et son intervention à la Chambre dans les discussions économiques a déjà eu d'heureux résultats. Enfin le pape Léon XIII, dans ses allocutions et ses encycliques (1891), a montré tout l'intérêt qu'il prenait à ces graves questions, et indiqué aux gouvernements, aux patrons et aux ouvriers les vrais principes de solution de la question sociale.

N. B. — Pour les questions du programme officiel groupées sous le titre de l'**Europe contemporaine et les principes de 1789**, voir l'*Histoire de l'Angleterre, de l'Allemagne, de la Russie, de l'Italie* et *de l'Espagne* depuis 1848.

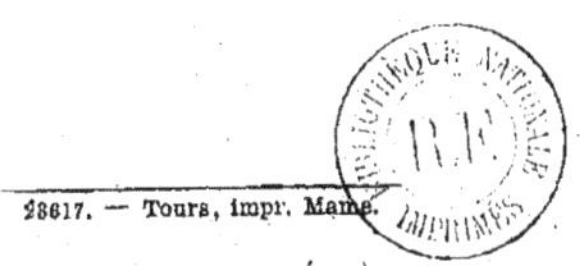

28617. — Tours, impr. Mame.

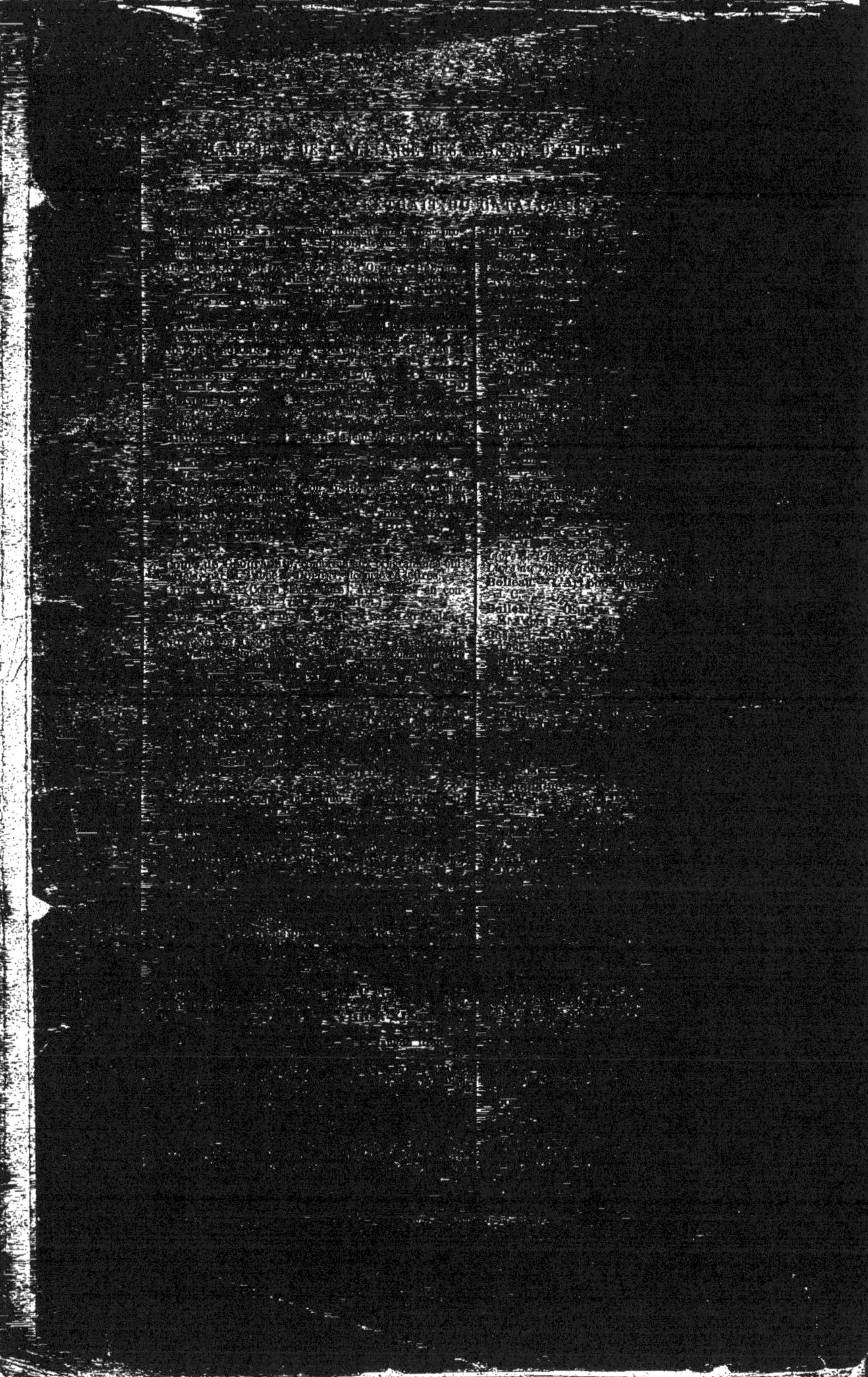

www.ingramcontent.com/pod-product-compliance
Ingram Content Group UK Ltd.
Pitfield, Milton Keynes, MK11 3LW, UK
UKHW021105220726
13924UKWH00004B/1531